理論とケースで学ぶ

第4版

国際ビジネス

江夏健一・桑名義晴

編著

IBI 国際ビジネス研究センター

著

INTERNATIONAL BUSINESS

同文舘出版

執筆者一覧（執筆順）＜2019年7月1日現在＞

桑 名　義 晴　桜美林大学名誉教授　　第1章

笠 原　伸一郎　専修大学経営学部　教授　　第2章

米 澤　聡 士　日本大学経済学部　教授　　第3章

土 井　一 生　九州産業大学商学部　教授　　第4章

池 上　重 輔　早稲田大学大学院経営管理研究科　教授　　ケース1

齋 藤　泰 浩　桜美林大学ビジネスマネジメント学群　教授　　ケース2

葉 山　彩 蘭　淑徳大学経営学部　教授　　ケース3

岸 本　寿 生　富山大学経済学部　教授　　第5章

竹之内　秀 行　上智大学経済学部　教授　　第6章

藤 澤　武 史　関西学院大学商学部　教授　　第7章

河 野　英 子　横浜国立大学大学院国際社会科学研究院　教授　　第8章

高 橋　意智郎　日本大学商学部　教授　　第9章

山 本　崇 雄　神奈川大学経済学部　教授　　第10章

藤 井　　健　白鴎大学経営学部　教授　　第11章

久 田　祥 子　東海大学政治経済学部　教授　　ケース4

今 井　利 絵　ハリウッド大学院大学　特任教授　　ケース5

ヌルハイザル・アザム・アリフ　広島市立大学国際学部　准教授　　ケース6

佐 藤　幸 志　拓殖大学商学部　教授　　ケース7

大東和　武 司　関東学院大学経営学部　教授　　第12章

長谷川　　礼　大東文化大学経営学部　教授　　第13章

今 井　雅 和　専修大学経営学部　教授　　第14章

江 夏　健 一　早稲田大学名誉教授　　第15章

肖　　　威　関西国際大学経営学部　教授　　ケース8

清 水　さゆり　高崎経済大学経済学部　教授　　ケース9

金 﨑　賢 希　青森公立大学経営経済学部　専任講師　　ケース10

(1)

はしがき

　国際ビジネスは，経済学，経営学，商学の分野では比較的新しい研究・教育分野であるが，いまや急速に進展する企業のグローバリゼーションを背景にして，最も重要な分野の1つになっている。このため，国際ビジネスに関する研究がますます盛んになると同時に，その講座もいまや世界中の大学で一般的になり，かつ学生には最も人気の高い科目の1つになっている。このようなことを念頭に置き，スタンダードな入門書を提供したいというのが，本書の初版の目的であった。

　本書の初版では，21世紀に向けて変化しつつある多国籍企業を対象にして，国際ビジネスの広範な諸問題について理論と実践の両面から包括的かつ体系的に取り上げ紹介した。その後，中国，インドなどのBRICsといった新興国市場の発展，サービス産業の国際化，多国籍企業のCSR（社会的責任）やナレッジ・マネジメントの展開など，現実世界では新しい動きがみられるとともに，それらが国際ビジネスの新しい研究課題にもなってきた。このため，2006年に本書の初版の枠組みを見直すと同時に，そこで取り上げたケース（事例）をリライトし，新版として上梓し，2012年にも各章において必要に応じて修正・加筆を行うと同時に，ケースもアップデートなものにした。しかし，国際ビジネス活動は日進月歩で，当時のデータが古くなったり，ケースも見直す必要性が生じてきた。そこで，今回も新版の枠組みを変更しないで，各章の内容を再検討し，必要に応じて修正・加筆を行うと同時に，とくに各部の末尾に配置するケースを全面的に入れ替え，よりビビットなものにした。

　さて，わが国においては，これまでに国際ビジネスに関する多くの優れた研究書やテキストが出版されてきた。しかし，理論と実践（ケース：事例）の両面から国際ビジネスの諸問題を包括的に扱った書物ということになると，きわめて少ないのが現状である。加えて，近年生起した新しい課題を取り上げ，内

(2)　はしがき

外の新しい研究成果を援用しながら，それらを体系的に編纂した書物ということになると，ほぼ皆無に近い。しかし，国際ビジネスを初めて学ぶ人々にとっては，そのような書物が是非とも必要である。本書はこのような問題意識と現実的要請に応えるべく執筆・編纂されたものである。

　さて，本書の狙いは次のような点にある。

（１）　国際ビジネスの重要で基本的な課題を理論と実践の両面から，新しい研究成果を援用しつつ包括的かつ体系的に整理し論述する。

（２）　現在の新しい時代を意識しつつ，国際ビジネス活動の新しいトレンドや焦眉の課題を取り上げ概説する。

（３）　国際ビジネスを初めて学習する大学生，大学院生，ビジネス・パーソンを対象にして，読者が国際ビジネスの世界に興味を持つように，実際の企業のビジネス活動（ケース）を盛り込む。

（４）　各章にキーワード，推薦・参考文献，予習・復習やデスカッションの課題を設けるなどして，読者の学習効果を高める。

　このように，本書は国際ビジネスのスタンダードなテキストとすることを念頭においているが，その内容は以下のとおりである。

　第Ⅰ部は，グローバル時代の国際ビジネスに焦点を当てている。まず，グローバル時代における国際ビジネス，国際ビジネスの特徴と対象領域，および新たな競争優位性を明らかにする。また国際ビジネスの歴史的変遷をトレースするとともに，多国籍企業と国家，およびその CSR にかかわる諸課題を概説する。

　第Ⅱ部は，多国籍企業の戦略（グローバル戦略）とマネジメントの諸問題について検討している。最近熾烈さを増しているグローバル競争は，多国籍企業に新たな競争優位性の構築を迫っている。このため，多国籍企業は多様な戦略とマネジメントを展開しなければならない。グローバル競争戦略，国際マーケティング，国際生産システム，国際経営組織，国際人的資源管理，異文化マネジメントなどである。ここでは，これらの多様な課題が新たな視点から議論される。

　第Ⅲ部は，国際ビジネスの焦眉の課題と将来展望を考える。国際ビジネスの研究は，BRICs など新興国市場でのビジネス，最近の外資系企業の動向，サ

はしがき　(3)

ービス産業の国際展開など，新しい課題に取り組む必要がある。ここでは，このような課題が取り上げられ，さらに今後の国際ビジネスのあり方が提示される。

　また本書は，第Ⅰ部から第Ⅲ部の末尾に，それぞれの内容に関連するホットでタイムリーなケースを3〜4つ配置している。これは読者にその前にある理論をより深く理解してもらうと同時に，その応用編として研究や学習の際に議論してもらうために設けたものである。理論編と並行して読んでいただければ，読者にとって国際ビジネスの諸問題がより身近なものになるものと思われる。

　なお，本書は，もともとIBI国際ビジネス研究センターの国際ビジネス研究部会の研究プロジェクトの1つとして企画・執筆されたものである。同プロジェクトは現在も，国際ビジネス・フォーラム(IBF)という名称で行われている。したがって，執筆陣も同研究部会に関係するメンバーとなっているが，この第4版にはそれ以外の新たなメンバーにも加わっていただいた。なお，本書の版を重ねるごとに，内容，論述・説明の方法などの不十分な箇所を修正してきたが，まだ不十分な点があるかもしれない。読者の忌憚のないご意見やご批判をお願いする次第である。

　最後に，この第4版の出版を強く進めていただき，完成するまで多くのご助言やご支援をいただいた同文舘株式会社取締役編集局長の市川良之氏に，心よりお礼申し上げたい。本書は2001年の初版出版から16年という長期にわたる「ロングセラー」となっているが，これは同氏の変わらぬご支援の賜物である。記して深甚なる謝意を表する次第である。

　　2018年1月

編　著　者

【本書の特徴と使い方】

　本書は，3部15章と10のケースから構成されている。それは国際ビジネスの新しいトレンドを視野に入れ，この分野の内外の新しい研究成果を援用しつつ，基本的で重要なテーマを包括的かつ体系的に論述している。また，今後国際ビジネスで重要になると思われる焦眉に課題についても概説している。加えて，ホットでタイムリーなケースも盛り込んでいる。

　本書は，このように国際ビジネスの広範な諸問題に対して，「理論」と「ケース」の両側面から接近しようとした点に大きな特徴がある。そこで，読者に本書を効果的に活用していただくために，その使い方を紹介したい。

　本書は，大別すると【理論編】と【ケース編】から構成されている。読者は，まず各部の冒頭にある【概説】を一読し，その内容に進んでいただきたい。各章ではそれぞれのテーマに関して，エッセンスが要領よく整理・概説されている。冒頭にある【キーワード】に注意して読み進んでもらいたい。国際ビジネス論を体系的に理解するためには，各章順を追って読んでいく必要があるが，その必要ない人は興味ある章だけを選んで読んでいっていただいても結構である。各章の末尾に【Review & Discussion】が用意されている。各章の重要事項の確認やグループ討論の課題として活用すると有益である。

　逆に，この【Review & Discussion】の設問を事前に読んでおくと，読者は焦点を絞った学習が可能になろう。

　各部の理論編を読み終えたら，次にその学習から得た知識の「総まとめ」または「応用」としてケースに進んでいただきたい。各ケースは理論編にある課題に関連したものを取り上げている。関連する章で学習した内容の確認やその応用として活用していただきたい。各ケースにも末尾に【Review & Discussion】が用意されている。理論編のそれと同様に，大学のゼミナールや企業の社内研修などの討論の課題として活用していただきたい。

　さらに，各章や各ケースの末尾には【次のステップへの推薦・参考文献】や

【参考文献】が提示されている。とくに【次のステップへの推薦・参考文献】には，各章の内容理解に役立つ文献やそのテーマに関する必読文献が紹介されている。そのテーマに関連する問題について，より深く学習をしてみたい，もしくはそのテーマに関連する問題に興味のある読者は，それぞれの文献について，さらに読み進められたい。またそれらの文献をレポート作成や各種論文執筆にも活用していただくと有益である。

(7)

目　　次

はしがき……………………………………………………………………(1)

本書の特徴と使い方………………………………………………………(4)

第Ⅰ部　グローバル時代の国際ビジネス

第1章　国際ビジネスとは————————————————3

　1　グローバル時代の到来と国際ビジネスの展開……………………3

　2　多国籍企業と国際ビジネス…………………………………………6

　3　国際ビジネスの新しいパラダイムを求めて………………………12

第2章　国際ビジネスの歴史————————————————17

　1　国際ビジネスの萌芽…………………………………………………17

　2　多国籍企業の成立とその海外展開…………………………………19

　3　グローバル展開と高度情報技術産業による世界支配……………24

　4　BRICs の台頭による多元的グローバリゼーションの進展…………27

第3章　多国籍企業と立地優位性———————————————31

　1　多国籍企業と立地選択………………………………………………31

　2　立地優位性の基本概念………………………………………………32

　3　立地優位性とクラスター……………………………………………35

　4　立地優位性と立地間の「バーゲニング」…………………………36

　5　多国間ベースのバーゲニングと政策枠組…………………………38

(8)　目　　次

第4章　多国籍企業の CSR ――――――――――――――――42

1　多国籍企業：巨大さゆえの脆弱性 …………………………42

2　CSR とは…………………………………………………………44

3　グローバルな CSR とは …………………………………………47

4　多国籍企業としての CSR …………………………………………50

ケース1　カルロス・ゴーンとグローバル・リーダーシップ：その背景と
行動 ――――――――――――――――――――55

ケース2　SHIFT：国際ビジネスのジレンマと日産自動車 ―――――――65

ケース3　経営理念を中核とした CSR の展開：ジョンソン・エンド・
ジョンソン ――――――――――――――――――76

第II部　グローバル戦略とマネジメントの新展開

第5章　グローバル競争戦略 ――――――――――――――――87

1　タービュランスと国際ビジネス …………………………………87

2　グローバル戦略の立案と構築 ……………………………………90

3　サステナビリティを求めて ………………………………………95

第6章　国際戦略提携と M&A ――――――――――――――100

1　戦略提携とは ………………………………………………………100

2　国際戦略提携のタイプ ……………………………………………102

3　国際戦略提携のマネジメント ……………………………………105

4　急増する M&A と統合プロセス …………………………………107

目　次　(9)

第7章　国際マーケティング ———————————————— 112

　1　国際市場細分化戦略と標的市場設定 ……………………………112

　2　国際市場参入方式の選択 ………………………………………114

　3　グローバル・マスカスタマイゼーションと製品政策 …………118

　4　グローバル・デファクト・スタンダードをめぐる競争行動 ………120

　5　グローバル・マーケティングにおける新しい研究パラダイム ………121

第8章　国際生産システム ———————————————— 125

　1　米国が育んだ革新的生産手法 …………………………………125

　2　世界を席巻した日本型生産システム …………………………128

　3　悲観論と再評価，生産システムの本質 ………………………132

第9章　トランスナショナル組織 ———————————————— 138

　1　多国籍企業の戦略課題と組織構造 ……………………………138

　2　伝統的組織モデルからトランスナショナル組織へ ……………140

　3　トランスナショナル組織のマネジメント ……………………146

第10章　国際人的資源管理 ———————————————— 156

　1　HRM と国際 HRM ………………………………………………156

　2　海外派遣者のマネジメント ……………………………………159

　3　日本企業における国際 HRM の課題と求められる方向性 …………162

第11章　異文化マネジメント ———————————————— 167

　1　企業のグローバル化と異文化マネジメント …………………167

　2　多文化主義と文化的多様性の管理 ……………………………168

(10)　目　　次

　　3　異文化シナジーとコミュニケーション ……………………………171
　　4　国際人的資源の開発：グローバル・マネジャーの育成 ……………173

ケース4　クロスボーダーM&A：ソフトバンクによる米国携帯電話会社
　　　　　スプリントの買収 ──────────────177

ケース5　現地化プロセス：日系ドラッグストアの中国華東進出 ──── 186

ケース6　多様性のビジネス：日本食レストラン「祭」のハラールの
　　　　　おもてなし ────────────────196

ケース7　ボーン・グローバル・ベンチャービジネス「WASSHA株式会社」：
　　　　　アフリカの未電化地域で火を灯す ──────────205

第Ⅲ部　国際ビジネス：焦眉の課題と将来展望

第12章　サービス化と国際ビジネス ──────────215

　　1　サービス化とは ………………………………………………………215
　　2　サービス化の進展過程 ………………………………………………216
　　3　インフラとしてのインターネットの発展過程 ……………………219
　　4　製造企業間競争とサービス化 ………………………………………221
　　5　サービス企業のサービス化 …………………………………………224
　　6　サービス化の展望 ……………………………………………………228

第13章　対日直接投資の新潮流 ────────────233

　　1　対日直接投資の推移 …………………………………………………233
　　2　リーマン・ショック以降の対日直接投資の変化 …………………236
　　3　対日直接投資の新潮流 ………………………………………………238

目　　次　(11)

　　4　外資系企業を取り巻く経営環境の変化 ………………………………241

第14章　新興国市場と日本企業 ————————————————246

　　1　新興国市場とは何か ……………………………………………………246
　　2　ビジネス制度と進化 ……………………………………………………250
　　3　日本企業の新興国市場ビジネス ………………………………………255

第15章　国際ビジネスの進化・共進化 ———————————260

　　1　メタ・グローバル・マネジメントへの進化の道程 …………………260
　　2　5Eと5Cを基準とする新しい国際ビジネス・モデルの構築 ………265
　　3　日本企業と国際ビジネスの再構築 ……………………………………270

ケース8　中国での事業展開とブランド戦略：資生堂 ————————272

ケース9　新興国企業の成長とグローバル化：タイ・ビバレッジ社 ———281

ケース10　グローバル競争と新興国企業：ナチュラ・コスメティコ ———288

索　　引 ——————————————————————————299

第Ⅰ部

グローバル時代の国際ビジネス

　第Ⅰ部は，グローバル時代の国際ビジネスに焦点を当てる。今，国際ビジネス世界は環境変化とともに，その対象領域を大きく広げつつある。その主役が「多国籍企業」である。そもそも多国籍企業とは何か，その活動にはいかなる特徴があるのかを知ることが，国際ビジネスを理解する第一歩である。経済のグローバル化やボーダレス化は，多国籍企業にいっそうの複雑化・多様化する国際ビジネスの世界をつくり出している。そこで，グローバル時代に突入した今日の国際ビジネスを理解するニュー・パラダイムを考える。そして，そのニュー・パラダイムにおいて，多国籍企業に必要な新たな競争優位性を明らかにする。

　次に，国際ビジネスの歴史的変遷をトレースする。その過程で，多国籍企業の成立の背景，ならびに海外展開の必然性が理解できるであろう。その多国籍企業は生成以来，多くの環境プレッシャーに直面してきている。その1つに国家との関係がある。多国籍企業と国家との関係は，両者の利害から歴史的に対立や協調を繰り返してきている。その関係はグローバル時代にはどのようになるにか，きわめて興味深いテーマである。また，今日の多国籍企業は多くのステークホルダーの期待にも応えていかなければ存続することができない。多国籍企業のCSR（社会的責任）という国際ビジネスにおける今日的課題についても議論している。

第1章　国際ビジネスとは

キーワード

グローバル時代，海外直接投資，多国籍企業，E-P-R-Gプロファイル，グローバル・ネットワーク，グローバルな組織学習

1　グローバル時代の到来と国際ビジネスの展開

1-1　グローバル時代の到来

われわれの棲む地球の大きさは，物理的には今も昔も変わらない。しかし，この地球は時間と空間の次元で考えれば，過去300〜400年の間に限りなく縮んだ[1]。これは，いうまでもなく交通・通信手段の発達によるものであるが，とくに第二次世界大戦後には，その飛躍的な発達で地球は急速に縮小した。このため現在では，ヒト，モノ，カネ，情報の国家間の移動が非常に活発になり，世界各国の経済や文化などが分かちがたく結びつけられている。また，われわれ人類が日常的に直面する問題も，国家の範囲を超えて地球規模で発生するようになっている。伝染病，犯罪，民族対立，各国間の経済摩擦，地球環境問題など，いずれも地球規模で発生し，一国レベルでは解決できない問題となっている。ここに，われわれは今まさに，地球規模で発想・思考し，その解決策を発見しなければならない，いわゆる「グローバル」時代を迎えている。

とりわけ経済現象についてみると，近年では世界的な規制緩和の流れにも呼応して，国家間や産業間を仕切っていた垣根が次第に低くなり，経済のグローバル化やボーダレス化が進展している。このトレンドは，現在世界的に急速に拡がっているICT革命によって加速化している。したがって，国際貿易，海外直接投資，国際金融取引などがいっそう拡大し，世界経済の相互依存関係がより深化するとともに，それはいっそうダイナミックに変化するようになって

4 第Ⅰ部 グローバル時代の国際ビジネス

いる。

　製品市場についてみても，かつてレビット（T. Levitt）がいみじくも主張したように，世界の顧客のニーズの同質化に呼応して，そのグローバル化がみられる[2]。すなわち，工業用製品，自動車，電気通信，医薬品，ファッション，食品など，多くの産業分野で世界標準化製品が次々と誕生し，世界的に急速な勢いで普及している。たとえば，ナイキのスポーツシューズ，マクドナルドのハンバーガー，ベネトンの衣料品などは，世界中の顧客の間に急速に拡がった。

　このような経済や市場のグローバル化に対応して，企業も次第にグローバル化するようになっている。企業は世界に目を向け，多くの地域や国に進出して，グローバルなパースペクティブからビジネス活動を展開するようになったのである。

　しかしながら，このようなグローバル時代が到来したからといって，直ちに世界が一体化し，地球が1つになるのではない。近年の世界のいろいろなトレンドや出来事をみてみると，むしろ各国のナショナリズム，文化，および人々の価値観などの相違が以前にも増して鮮明になってきているように思われる。社会主義体制の崩壊にともなう周辺諸国の独立，各国間の民族対立や経済・文化摩擦，先進諸国の人々の価値観の多様化などに，その傾向をみて取ることができる。加えて，近年では外国からの移民や難民の急増，テロ活動，政治・経済の混乱などから自国を優先する反グローバル化の動きもみられるようになっている。

　こうして企業は，一方でグローバルなパースペクティブに立つと同時に，他方で世界の異質性や相違をも尊重するような形でビジネス活動を展開しなければならなくなっている。換言すれば，地球社会の一員である現代企業は，「宇宙船地球号」のルールを守りつつ，グローバルに思考し，かつローカルに行動することが求められているのである。

1-2　国際ビジネスの展開

　グローバル時代を迎えた今日，企業の国際ビジネス活動はますます重要かつ活発になってきている。しかし，それは今に始まったことではない。第2章で詳説されるように，その歴史は古代地中海で活躍したフェニキア人や中世の冒

険商人にまでさかのぼるといわれる。また，今日の国際ビジネスの主役である多国籍企業も，17世紀から18世紀にかけてオランダや英国が設立した東インド会社に端を発するともいわれる。しかし，現代企業が国際ビジネスを本格化させたのは第二次世界大戦後のことである。

第二次世界大戦後になると，それまで国際ビジネスの主流であった貿易に代えて，現地生産を目的にして海外直接投資（foreign direct investment：FDI）を行う企業が多く出現するようになった。このため，海外直接投資が世界の多くの企業の国際ビジネス活動の中心をなすようになった。

まず米国企業は，1950年代後半から海外直接投資を本格化させた。戦後米国は世界経済で絶大なる地位を確立するが，多くの米国企業はこの経済力を背景に海外直接投資を活発化させた。鉱業や石油など資源開発関連の企業だけではなく，自動車，電気などの製造業に属する企業も，また地域的にも近隣のカナダや中南米にとどまらず，欧州やアジアにも目を向け，相当な直接投資を行うようになった。この米国企業の海外直接投資は，60年代になると，いっそう活発になり，多くの企業が多国籍化し世界的なネットワークを拡張していった。IBM，コカコーラ，ダウケミカル，P&G，GM，GEといった米国を代表する多くの企業が多国籍企業に成長・発展し，世界市場を席巻し始めたのである。

ところが，1970年代に入り，米国の経済力が相対的に低下すると，米国企業の海外直接投資も頭打ちになり，次第に減少するようになった。海外から撤退する企業もみられるようになった。この米国企業の退潮とは対照的に，70年代半ばになると，欧州企業や日本企業の海外直接投資が目立つようになった。

欧州企業の海外直接投資は，歴史的には米国企業よりも早かったが，60年代後半からECの経済統合の動きへの対応や米国企業の欧州進出に対抗する形で次第に活発化させた。フィアット，フォルクスワーゲン，シーメンス，ネッスル（現ネスレ），ユニリーバといった企業が多国籍企業として世界市場に登場した。しかし70年代半ばには，欧州企業よりも日本企業の海外直接投資が顕著であった。

日本企業の海外直接投資は，1960年代半ばから日本経済の高度成長にともなって少しずつ増加していったが，70年代になると国内外の環境変化の影響

6　第Ⅰ部　グローバル時代の国際ビジネス

を受けて急増するようになった。それは 70 年代後半から 80 年代半ばにかけて，欧米諸国との貿易摩擦の激化や急速な円高の進行によってさらに増加した。多くの日本企業は戦略を輸出から海外生産へシフトさせ，アジア，北米，欧州へと相次いで進出するようになった。味の素，松下電器(現パナソニック)，東芝，日立，ソニー，ホンダ，日産など日本を代表する企業は，多国籍企業として世界市場の舞台に躍り出たのである。

　さらに 1980 年代になると，韓国，台湾，香港などのアジア新興工業経済地域（NIEs）の企業も，海外直接投資を本格化させ，多国籍化の道を歩むようになった。これらアジア NIEs 企業は 80 年代半ばまでは地理的に近接するアジア地域に投資していたが，その後，自国の驚異的な経済成長にプッシュされる形で，北米や欧州へも進出するようになった。また，1990 年代後半から今世紀にかけて BRICs など新興国の経済成長が目覚ましく，そうした国々の企業も海外直接投資を行い始め，多国籍企業として世界市場に登場するようになった。この新興国の企業は，今，破壊的イノベーターとして先進国の多国籍企業を脅かし始めている。

2　多国籍企業と国際ビジネス

2-1　国際ビジネスの主役「多国籍企業」

　今日では国際ビジネス活動は，世界の多くの多国籍企業によって展開されるようになっているので，まさに多国籍企業がその主役となっている。それゆえ，今日では多国籍企業を語らずして，国際ビジネスはもちろんのこと，世界経済，各国の貿易，海外投資，国際収支，雇用問題なども考えられなくなっている。しかも，この多国籍企業のプレゼンスやインパクトはますます大きくなっている。1990 年代になると，多国籍企業による生産高は，世界全体の製造業の生産量の 40 ％，世界貿易の 25 ％を占めるようになった。また，世界の自動車生産の 85 ％，コンピュータの 70 ％，清涼飲料の 65 ％が多国籍企業によって生産，販売されるようになった[3]。さらに，エクソン，GM といった米国の巨大多国籍企業の総売上高は，多くの NIEs や発展途上国の GDP を上回る額に達した。

多国籍企業はまた，世界の国々への生産技術やマネジメント・ノウハウの移転，経営管理者や技術者の育成，雇用機会の創出などを通じて，その受入国の社会や経済の発展に貢献している。このため，多国籍企業は世界経済や各国経済の「成長のエンジン」とか，「変革の担い手」と称されるときもある。1980年代まで世界の多国籍企業が東南アジア諸国の驚異的な経済発展に貢献したのは，それを如実に物語っている。

もちろん多国籍企業は，このような世界経済や各国経済にとってプラスになる側面だけではなく，逆にマイナスになる側面をも有している。多国籍企業がその利益を追求せんがために，受入国の経済や産業を支配したり，さらには国家主権さえも侵害するケースがある。またそれは，多くの受入国で有害廃棄物を発生させ，今われわれ人類の生存すらも脅かすほど地球環境を悪化させてきてもいる。

とはいえ，多国籍企業は一定の条件と範囲内では間違いなく，世界経済や各国経済の「成長のエンジン」や「変革の担い手」となる。1960年代半ばから，このような多国籍企業が爆発的に増加してきたのである。

2-2　多国籍企業とは

では，多国籍企業とは何か。多国籍企業（multinational enterprise）という言葉は，1960年にリリエンソール（D. Lilienthal）が米国のあるシンポジウムの講演で使ったのが始まりとされている。それ以来，今日まで多国籍企業は多くの学者によって定義されてきたが，まだ統一的な見解をみるに至っていない。そこで，ここでは最も有力な定義を紹介し，多国籍企業とは何かを明らかにしていきたい。

まず，多国籍企業の有力な定義として，国連のそれがある。国連は，1973年の『多国籍企業と国際開発』という報告書の中で，多国籍企業を次のように定義している。

「多国籍企業とは，資産（工場，鉱山，販売事務所）を2ないしそれ以上の国において支配するすべての企業を意味している」[4]。

この定義はきわめて広義であるが，多国籍企業研究の初期の頃には有力なガイドラインとなった。しかしこの定義では，多国籍企業の本質やその多様なビ

8 第Ⅰ部 グローバル時代の国際ビジネス

ジネス活動を十分に把握できない。

　次に，ハーバードの多国籍企業研究プロジェクトの定義がある。同プロジェクトは，1960年代から台頭した米国の多国籍企業を調査研究するために，多国籍企業を次の基準を満たすものと定義した[5]。

　（1）　雑誌『フォーチュン』誌に掲載の米国鉱工業最大500社のリストに含まれている。

　（2）　自社（親会社）の出資比率が25％以上である海外製造子会社を6ヵ国以上に持っている。

　（3）　他の子会社でない。

　この定義は国連のそれよりも具体的で，多国籍企業の定量的な調査研究には有益である。しかし，それは定量的な基準を提示しているにすぎず，国連の定義と同様に，多国籍企業の本質や近年のその多様なビジネス活動を説明できない。その定義では，たとえば子会社を5ヵ国で持っている企業と6ヵ国で持っている企業とでは本質的な違いがあるのか，また銀行，流通会社，広告代理店，情報関連企業などといった非製造業の国際ビジネス活動についても説明できない。

　この2つの定義の欠点を補うより広範な定義がパールミュッター（H.V. Perlmutter）のそれである[6]。彼は，図表1-1にあるように，多国籍企業の本質や国際ビジネス活動を把握するためには，組織・構造基準，成果基準，および姿勢基準が必要になると考える。組織・構造基準とは，企業が保有している海外子会社数，親会社による出資比率や所有形態，トップ経営者の国籍などである。成果基準とは，企業の国際ビジネス活動の結果もたらされた業績，たとえば海外収入，海外販売高，在外資産高，外国人従業員数などである。そして姿勢基準とは，親会社（本社）のトップの国際ビジネス活動に対する基本的態度である。

　このうち組織・構造基準と成果基準は，いうまでもなく定量的な基準であるが，姿勢基準は定性的な基準である。なおパールミュッターによれば，本社のトップの国際ビジネス活動に対する基本的態度には，次のようなタイプがある。

　（1）　本国志向型（ethnocentric）……国際ビジネスに関する主要な意思決定は，すべて本社の首脳陣が行い，子会社には裁量権はない。本国至上主

図表 1-1 多国籍企業化の定義

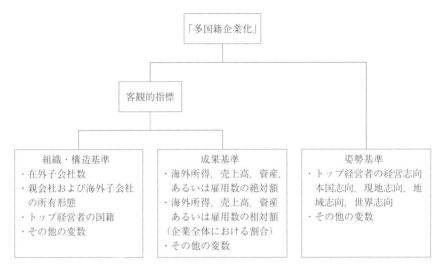

出　所：Heenan, D. A. and H. V. Perlmutter, *Multinational Organization Development*, Addison-Wesley Publishing Company, Inc., 1979, p. 16. (江夏健一・奥村皓一監修『グローバル組織開発』文眞堂, 1990年, 17ページ)。

　　　義の経営を行うタイプである。
（2） 現地志向型（polycentric）……俗にいう「郷に入っては郷に従え」という考え方でビジネス活動を行う。このため，子会社の主要ポストのほとんどは現地人が占め，日常的な活動に関する意思決定の権限は子会社に委譲される。しかし，財務，研究開発などの重要な問題については，本社側が握っている。
（3） 地域志向型（regiocentric）……人材の採用，訓練，評価，マーケティング，生産立地の選定などを地域ベースで考えるほうが，個別市場や国家単位で実施するよりも効率的であると考えるタイプである。
（4） 世界志向型（geocentric）……この段階の企業では，親会社と子会社が有機的に結びつき，グローバルなビジネス活動を展開する。すなわち，偏狭なナショナリズムの域を脱し，人事交流，重要な政策決定に関する意見交換などはグローバルな規模で行われる。真のグローバル経営を追求する態度である。

図表1-2　多国籍化の方向

出所：Heenan, D. A. and H. V. Perlmutter, *op. cit.*, p. 21, 前掲邦訳書，12ページ。

パールミュッターは，このトップの基本的態度を「E-P-R-Gプロファイル」と称しているが，企業の多国籍化の度合いが高まるにつれて，それがどのように変化するかを図表1-2のような形で示している。彼によれば，大多数の多国籍企業は本国志向型から現地志向型へ（次いで特定の地域では地域志向型に），そして最終的には世界志向型へと発展する。したがって，世界志向型が最も高度に発達した多国籍企業といえるが，企業によっては，必ずしもそのような発展段階をたどらず逆行するケースもある。

この本社のトップの基本的態度に着目するパールミュッターの定義は，やや客観性に欠けるという批判があるとはいえ，定性的であるので意義深い。いずれにしても，多国籍企業はグローバルなパースペクティブで，世界の多くの地域や国で生産やサービス活動を展開する巨大企業グループであるので，その定義には経営者の志向，経営戦略，組織構造，経営成果など，多様な基準を組み合わせた複合的なアプローチが必要になろう。

2-3　国際ビジネスの特徴と対象領域

それでは，多国籍企業の国際ビジネスにはどのような特徴があるのか。またその対象領域にはどのような課題があるのか。ここでは国内ビジネスと比較しながら，その特徴や対象領域の課題について考えてみたい。

まず，国内ビジネスであるが，それは一国の範囲内でのビジネス活動であるので，比較的同質的な環境条件のもとで行われるのを特徴としている。これに対して国際ビジネスは，国境を越えて世界の複数の地域や国で展開されるので，国内とは異質で，しかも多様な環境条件を考慮に入れなければならない。世界

の国々は，地理や気候など自然条件，歴史，言語，習慣，価値観，宗教，法律，政治，経済制度などを異にしている。この環境条件が国によって違う，という点が国際ビジネスと国内ビジネスの決定的な相違である。ちなみに，国際ビジネス研究の泰斗，ロビンソン（R. D. Robinson）は，国際ビジネスには次の6つの環境要因が重要変数になるといっている。①国家主権の相違，②国民経済条件の相違，③国民の価値観および制度の相違，④国内の産業革命のタイミングの相違，⑤地理的遠隔性，⑥地域および人口の相違である[7]。

　企業が国内とは異質で多様な環境条件のもとでビジネス活動を行えば，当然国内ビジネスとは異質で多様な問題に直面するので，新しいビジネスのやり方や問題解決方法を考えなければならない。たとえば，日本企業が米国に進出し，現地生産を開始するとき，終身雇用制や年功序列制に代表される日本的経営というよりも，能力主義をベースとする米国的経営を導入しなければならないであろう。また，日本企業がマレーシアに進出したとすれば，イスラム，マレー，中国，インドなど多様な文化を尊重する労務管理方式を採用し，多様な視点から問題解決にあたらなければならないであろう。

　こうして国際ビジネスでは，その対象領域も国内ビジネスとは比較にならないほど広範で複雑かつ多岐にわたることになる。まず，多国籍企業には，世界や各国の政治，経済，技術，社会・文化など，外部環境の変化への対応という課題がある。多国籍企業は世界の政治，経済，技術のトレンド，各国の政治・経済状況や経済政策，貿易や外資政策，技術的変化，人口動向，教育制度，国民の価値観や行動様式など，実に多くの環境変数を考慮しながらビジネス活動を展開しなければならない。

　もちろん多国籍企業は，外部環境の変化への対応だけを課題にしているのではない。多国籍企業はまた，ヒト，モノ，カネ，情報といった経営資源を有効に活用しながら，最大の経営成果を達成しようとする組織体である。それゆえ，多国籍企業の国際ビジネス活動には，経営戦略やマネジメント上の問題もきわめて重要な課題になる。たとえば，海外市場参入戦略，グローバル競争戦略，所有戦略，戦略提携やM&A，マーケティング，生産，財務，組織，研究開発，人的資源のマネジメントなどである。これらの諸問題がまた，国際ビジネスの重要な対象領域となるのである。

12　第Ⅰ部　グローバル時代の国際ビジネス

　多国籍企業は，今日の熾烈なグローバル競争で勝ち残るためには，このような経営戦略やマネジメントをどのようにデザインし，実行していくかを課題にしている。そのためには，多国籍企業は常に新しい時代を洞察したうえで，新たなパラダイムに立って，新たな競争優位性（competitive advantage）の構築を目指して，経営戦略やマネジメントをデザインし，実行していく必要があろう。

3　国際ビジネスの新しいパラダイムを求めて

3-1　変わる国際ビジネスのパラダイム

　1950年代後半から本格化した国際ビジネス活動は，今，大きく変化しつつある。その主役である多国籍企業は環境変化とともに進化し，そのビジネスの方法や課題も変わりつつある。ここに今，国際ビジネスの新しいパラダイムが求められている。

　周知のように，今，地球社会は，歴史的な大転換期を迎えている。日，米，欧の先進諸国は，かつてトフラー（A. Toffler），ベル（D. Bell），ドラッカー（P. Drucker）などの世界の著名な学者が予言したように，工業社会から情報社会や知識社会へとシフトしつつある。これは，近年のICT革命によっていっそう加速化している。また発展途上国，とくにアジア諸国をみると，先進諸国と連携しながら急速に工業化し，驚異的な経済発展を遂げてきた。さらに，欧州，北米，アジアではリージョナリズムの台頭がみられ，加えてロシア，東欧，中国などの社会主義諸国は市場経済へと移行した。近年ではBRICsなど新興国市場が急速に拡大している。

　このような大きな時代潮流を反映して，多国籍企業を取り巻くビジネス環境も大きく変化している。たとえば，近年では世界の顧客の価値観やニーズの多様化，製品ライフサイクルの短縮化，リスクの増大，急速な技術変化，グローバル競争の激化などが顕著になっている。とくに，近年の世界の多国籍企業間のグローバル競争の激化は，競争のルールやプレーヤーを変え，多国籍企業の国際ビジネス活動を大きく変えるとともに，新たな課題を提起している。これ

は，換言すれば，多国籍企業が今までのパラダイムや競争優位性に固執していたのでは，その成長・発展はもちろん，その生存の可能性すらも見い出せないことを意味するものである。かくして，今日の多国籍企業は，新しい時代に相応しいパラダイムに立って，新たな競争優位性の構築を目指して経営戦略やマネジメントをデザインし，実行する必要に迫られている。

　では，これからの多国籍企業はどのようなパラダイムに立って，どのような競争優位性を構築したらよいのか。これは，簡単に答えの出せる問題ではない。けれども，ややラフな言い方が許されるとすれば，今後の地球社会は情報社会や知識社会へと移行するという点を考えると，モノのような「見える経営資源」よりも，むしろ情報や知識といった「見えざる経営資源」が企業の成長や発展にとって重要になる，というパラダイムで競争優位性を構築することが大事になるのではないだろうか。こうして，これからの国際ビジネス活動の主要課題は，多国籍企業の新しい競争優位性の源泉になる「新しい情報や知識」を世界各地からどのように獲得し，共有・創造していくかということになろう。

3-2　新しい国際ビジネス展開に向けて

　これからの国際ビジネスの主要課題は，新しい情報や知識の獲得・共有・創造にあるとすれば，多国籍企業はそれをどのように獲得・共有・創造したらよいのか。

　今日，多くの多国籍企業は，企業内国際分業体制を確立し，各組織が世界的に機能分担するとともに，相互にリンクするというグローバル・ネットワークを構築している。たとえば，ある自動車会社のスポーツカーの製造についてみると，カリフォルニアでデザインされ，東京で資金調達され，英国のワーシングで試作され，ミシガンとメキシコで組み立てられ，ニュージャージーで発明された電子部品を使って，東京で完成させているという[8]。この例にみるように，今日の多国籍企業は，それを構成するユニット，たとえば親会社と子会社，および子会社同士が機能分担し，相互に経営資源を交換・共有しながら連携して新しい製品やサービスを創造するようになっている。そこではグローバル・ネットワークを通じて，絶えず新しい情報や知識の共有と創造が試みられている。

14　第Ⅰ部　グローバル時代の国際ビジネス

　しかし今日の多国籍企業は，この種のネットワークだけを構築しているのではない。多くの多国籍企業は，他企業や顧客ともネットワークを構築し，国際ビジネス活動を展開している。他企業とのネットワークについてみると，近年多くの産業分野で盛んなグローバル戦略提携（global strategic alliance）をあげることができる。国際的な企業間提携は，かつては自社の経営資源の補完のために形成されるケースが多かったが，最近ではそうした次元にとどまらなくなってきている。最近の多国籍企業は，グローバル市場で熾烈な競争を繰り広げているライバル企業であっても，その企業から新しい情報や知識を獲得するチャンスがあるとみれば手を組むのである。共同技術開発，共同生産，共同販売などがその例である。

　また最近の多国籍企業は，顧客との間でもネットワークを構築し，彼らから製品やサービスに関する新しい情報や知識を獲得・創造するようになっている。たとえば，ベネトンは，世界の販売拠点を情報通信ネットワークで結び，各拠点の顧客のニーズに関する情報をリアルタイムで収集・分析し，それを製品開発や生産システムの改善へと結びつけた。

　こうして，今日の国際ビジネス展開には，グローバル・ネットワークの構築が不可欠となっている。その意味では，21世紀の多国籍企業はヒエラルキー（階層）型ではなく，フラットなネットワーク型の組織構造となりつつある。しかし，多国籍企業がグローバル・ネットワーク型組織になったからといって，新しい情報や知識が簡単に獲得・共有・創造できるのではない。新しい情報や知識の獲得・共有・創造のためには，そのグローバル・ネットワークを構成するユニット，たとえば親会社，子会社，取引企業，提携パートナー，顧客などの相互の学習が必要になる。多国籍企業のグローバル・ネットワークを構成するユニットの相互学習を通じて，はじめて新しい情報や知識が獲得・共有・創造できるのである。その意味では，これからの多国籍企業には，このようなユニット間の相互学習，すなわちグローバルな組織学習（global organizational learning）がきわめて重要になるといえる[9]。

　これからの多国籍企業は，地球社会の一員であるとの自覚のもとで，「宇宙船地球号」のルールを守りながら，絶えずイノベーションに挑戦し，グローバルな組織学習を実行して新しい情報や知識を獲得・共有・創造することが求め

られる。したがって，これからの多国籍企業の経営戦略やマネジメントも，このような視点からデザインし，実行される必要があろう。それは換言すれば，メタナショナル・マネジメント（meta-national management）のデザインと実践でもある[10]。ここに，これからの国際ビジネス活動の課題があるといっても過言ではない。

(注)
（1） 江夏健一「グローバル時代の国際ビジネス」桑名義晴・笠原伸一郎・高井透編著『図説ガイドブック国際ビジネス』中央経済社，1996年，第1章参照。
（2） Levitt, T., "The Globalization of Markets," *Harvard Business Review*, May-June 1983.（諸上茂登訳「市場のグローバル化」，中島・安室・鈴木・江夏監訳『国際ビジネス・クラシックス』文眞堂，1990年）。
（3） Bartlett, C. A. and S. Ghoshal, *Transnational Management,* Richard D. Irwin, Inc. 1992.（梅津祐良訳『MBAのグローバル経営』日本能率協会マネジメントセンター，1998年，6ページ）。
（4） 外務省監修『多国籍企業と国際開発』国際開発ジャーナル，1973年，11ページ。
（5） Vernon, R., *Sovereignty at Bay: The Multinational Spread of U.S. Enterprises,* Basic Books, 1971.（霍見芳浩訳『多国籍企業の新展開—追いつめられる国家主権—』ダイヤモンド社，1973年，第1章参照），吉原英樹『多国籍経営論』白桃書房，1979年，66ページ。
（6） Heenan, D. A. and H. V. Perlmutter, *Multinational Organization Development*, Addison-Wesley Publishing Company, Inc., 1979. Chap2.（江夏健一・奥村皓一監修『グローバル組織開発』文眞堂，1990年，第2章参照）。
（7） Robinson, R. D., *International Management,* Holt, Rinehart and Winston, Inc., 1967.（池田義一・戸田忠一訳『多国籍企業戦略』ダイヤモンド社，1976年，5-8ページ）。
（8） Rhinesmith, S. H., *A Manager's Guide to Globalization,* The McGraw-Hill Companies, 1993.（齋藤彰悟監訳『新グローバリゼーション・ガイド』春秋社，1999年，25ページ）。
（9） 桑名義晴「多国籍企業の進化と組織間学習」国際ビジネス研究学会編『国際ビジネス研究学会年報』1999年。
（10） Doz, Y., J. Santos and P. Williamson, *From Global to Metanational: How Companies Win in the Knowledge Economy*, Harvard Business School Press, 2001. 参照。

［Review & Discussion］
（1） グローバル時代における国際ビジネスの特質について説明してみよう。
（2） 多国籍企業の特質とその世界経済や各国経済に与える影響について検討してみよう。
（3） 国際ビジネスと国内ビジネスの相違と対象領域について説明してみよう。
（4） 21世紀の地球社会を展望しつつ，国際ビジネスのあり方について考えてみよう。

16 第Ⅰ部 グローバル時代の国際ビジネス

──**次のステップへの推薦・参考文献**──

1 浅川和宏『グローバル経営入門』日本経済新聞社, 2003 年。
2 Bartlett, C. A. and S. Ghoshal, *Transnational Management,* Richard D. Irwin, Inc., 1992. (梅津祐良訳『MBA のグローバル経営』日本能率マネジメントセンター, 1998 年)。
3 Buckley, P. J. and M. Z. Brooke, *International Business Studies: An Overview,* Basil Blackwell Limited, 1992. (江夏健一訳『国際ビジネス研究：総論』文眞堂, 1993 年)。
4 江夏健一・太田正孝・藤井健編『国際ビジネス入門』中央経済社, 2008 年。
5 江夏健一・桑名義晴・岸本寿生編『国際ビジネスの新潮流』中央経済社, 2008 年。
6 Jones, G., *The Evolution of International Business: An Introduction,* International Thomson Business Press, 1995.(桑原・安室・川辺・榎本・梅野訳『国際ビジネスの進化』有斐閣, 1998 年)。
7 竹田志郎編著『国際経営論』中央経済社, 1994 年。
8 安室憲一『グローバル経営論』千倉書房, 1992 年。

(桑名 義晴)

第2章　国際ビジネスの歴史

キーワード

マーチャント・バンクと投資銀行，多国籍企業とグローバル企業，規制緩和，高度情報ネットワーク産業とBRICs，ソーシャルビジネスとBOPビジネス

1　国際ビジネスの萌芽

1-1　国際ビジネスの基盤形成

　人類は，文明の発祥とともに民族，国家などの枠組みを超えて商業，交易などの活動を行ってきた。それは遠く古代フェニキア時代，または商人国家ヴェネチア共和国，商人利益共同体としてのハンザ同盟，さらにはメディチ家やフッガー家のようなファミリービジネスといった中世の地中海沿岸や西欧での商人による国民国家形成以前の交易にまで遡ぼることができる。これらのビジネスの手法や仕組みは，近世以降に出現する会社を代表する事業組織の原型を形成するとともに，今日のグローバル企業の源流を築き上げてきた。しかし古代，中世の交易と現在の貿易の異なるところは，会社組織，とくに株式会社を媒介としている点が大きな相違点である。たしかに，17世紀から18世紀にかけて，オランダ，英国がそれぞれ東インド会社を設立し，欧州とアジアを結ぶ貿易を展開したが，これらは株式会社の原型ではあるが植民地経営および統治が主たる目的の国策会社であり，民間主導の近代株式会社組織ではない。

1-2　マーチャント・バンクの台頭

　国際ビジネスは，貿易のみを通じて行われるのではなく，それと並行して国境を越えた証券投資（間接投資）が存在することで，よりいっそうの国際的相互依存関係が強められる。こうした本格的な近代貿易活動は，19世紀以降か

ら頭角を現すマーチャント・バンク（merchant bank）または投資銀行の母胎
となった大商人，なかでも 18 世紀後半から欧州を舞台に貿易および仲介金融
を展開したドイツのユダヤ商人ロスチャイルド家の活躍からであり，国際ビジ
ネスを大規模に展開し，その基盤を形成した。そして 19 世紀後半，産業革命
が欧州大陸および米国に波及して英国が資本輸出国に変貌していく過程で，英
国から諸外国への資本の供給，とくに鉄道，鉱山，製造業などへの投資に大き
な役割を果たすロンドンのベアリング商会（Baring Brothers）のようなマーチ
ャント・バンクが新たな勢力として台頭した。またサミュエル社（Samuel&Co.）
のように，金融以外に貿易にも進出し，その多角的な貿易活動にかかわる物資
輸送の円滑化から海運シンジケートを組織し，1897 年にはシェル・トランス
ポート社（Shell Transport）に改組してロシアのバクー油田の石油をアジア市
場に送り込むために世界初の 5,000 トン級石油タンカーの建造に着手し，1907
年にオランダのロイヤル・ダッチ社と合併してロイヤル・ダッチ・シェル（Royal
Dutch-Shell）を形成したところもある。

1-3　投資銀行の発展と国際ビジネス活動の推進

　米国の鉄道業は当初から民営産業であったため，鉄道建設資金は主として地
元商人たちの民間資本によって賄われていた。しかし，1869 年に完成する大
陸横断鉄道の例をみるまでもなく，南北戦争後の路線延長にともなう鉄道建設
の巨大化は巨額の資本調達を必要とし，新たな資本調達先を投資銀行の前身で
ある個人銀行に求め，個人銀行はこれらの需要を満たすと同時に，欧州のマー
チャント・バンカーと連携し，証券販売を通じて外国資本，とりわけ英国資本
の導入の仲介役を果たし，国際金融業として 19 世紀後半から急激に頭角を現
す J・P モルガン商会（J. P. Morgan&Co.）などに代表される投資銀行へと成長
した。

　このように投資銀行（investment bank）は，南北戦争での公債引き受けを契
機に本格的に登場し，さらに戦後の鉄道証券の発行引き受けに参入したことで，
よりいっそうの発展をみることになったが，そのなかで J・P モルガン商会は
公債金融に重点を移し，次第に鉄道企業に対し特殊な金融関係を持つとともに
鉄道路線網の伸展による鉄道業界の競争激化を受けて，その調停役を演じるこ

とで次第に鉄道金融王としての地位を確立していった。そして同商会は 19 世紀末のトラスト運動の頂点に立つ第一次企業合同に際しても金融支配力を強め，1893 年のトムソン・ヒューストン社（Tomson-Houston Electric Co.）とエジソン社（Edison General Electric Co.）の合併によるジェネラル・エレクトリック社（General Electric Co. = GE）の成立，続いて 1898 年のフェデラル・スチール社（Federal Steel Co.）の結成などの製造企業の証券金融にも関係を強めていった。1901 年には米国最大規模のカーネギー製鋼会社（Carnegie Steel Co.）を買収し，9 種の大製鋼企業ならびに加工企業の大合同による US スチール（U. S. Steel Co.）を成立させ，他方で信託，保険などの間接投資機関や商業銀行をも支配下におき，子会社として証券会社を設立するなど各種金融機関を統括して巨大金融グループを形成し，鉄道・鉄鋼・金融を 1 つに結ぶモルガン金融グループを誕生させた。

　このように，米国での近代産業の発展には，投資銀行が国際的資金調達面で大きな役割を演じたが，そのなかで 19 世紀後半から 1930 年代にかけて J・P モルガン商会は，金融業にとどまらず多数の鉄道業，製造業に投資し，さらにそれらを金融的側面から育成して，後の米国系多国籍企業を誕生させる基盤を形成した。

2　多国籍企業の成立とその海外展開

2-1　米国系多国籍企業の基盤形成

　南北戦争を境に米国は 19 世紀後半以降，著しい経済発展を経験したが，1850 年代までにも大量生産に関連した金属産業の分野で工作機械，銃器，刈取機，ミシンなどの世界で主導権を握るほどの革新的な新発明がなされ，一部で海外に進出する企業が現れ始めた。たとえば，1848 年にサミュエル・コルト（Samuel Colt）がコネチカット州に設立したコルト・パテント銃器製造会社（Colt Patent Fire Arms Manufacturing Co.）は，1852 年にロンドン工場を建設，連発式ピストルの現地生産に着手し，また 1850 年設立のシンガー（Singer Co.）も，1868 年に英国で組立工場を，さらに 1872 年に現地一貫生産工場を建

20　第Ⅰ部　グローバル時代の国際ビジネス

設し,多国籍企業への道を歩み始めた。これら企業以外にも,コダック（Eastman Kodak Co.：フィルム）,ジレット（Gillette Safety Razor Co.：剃刀）,ナショナル金銭登録機（National Cash Register ＝ NCR：キャッシュ・レジスター）,オーティス（Otis Elevator Co.：エレベーター）,ウェスタン・エレクトリック（Western Electric Co.：電話機）なども海外活動を開始していたが,例外の域を出るものではなかった。世界戦略のもとで管理組織を整え,各国相互に関連を持って販売および生産拠点を運営する本格的な海外進出が行われるのは 19 世紀末から 20 世紀初頭にかけて,とくにビッグ・ビジネスの時代以降のことになる。

　こうしたなかで,19 世紀末から 20 世紀初頭にかけて,いわゆる新産業と呼ばれる化学,電気,自動車,航空機などの産業分野が頭角を現し始めていた。なかでも自動車産業は米国が国際的地位を確立していくのと並行して発展し,20 世紀を代表する多国籍企業となっていく。

2-2　米国自動車産業の生成とその海外展開の必然性

　互換性部品生産の伝統のうえに,19 世紀後半に伸展し,広大な全国市場を作り上げた鉄道業,その中心基盤となった金属加工技術,工作機械技術,鉄鋼生産技術などを統合化した産業が 20 世紀に花開く自動車産業である。つまり米国自動車産業は互換性部品生産の原理に立脚した自転車,馬車などの製造技術を大幅に取り入れ,また米国独自に高度化した各種の金属加工や鋳造技術,機械加工などの工作機械技術を統合化することにより,産業的基盤を確立していった。とりわけ自動車工業の中心が東部ニュー・イングランド地域から新興工業地帯の中西部,とくに鉄鋼業,機械工業などが急速に成長しつつあったデトロイトへ移動したことは,これら関連産業を活用する同工業の飛躍に重要な意義があった。しかしながら,自動車産業をさらなる飛躍へ導くには合理的な設計のもとに各種関連産業が生産工程の各プロセスで分業し,それらを統合化するシステムが形成され,本格的な大量生産体制の確立がなされる必要がある。この量産システムを確立したのが,他ならぬヘンリー・フォードであり,また彼の手によって開発されたモデル T であった。

　フォード社による組立ラインによる量産システムの進展は,鉄道に加えてトラックによる輸送手段の発達,それにともなう郵便サービスの改善,さらに当

時のイノベーションにより生じた電信・電話の全国的ネットワークの整備がなされ，地域的に孤立していた市場は全国的な規模に広がり，市場の同質化が促進された。ところが，こうした全国市場の充実と企業での大量生産はやがては製品の過剰生産，すなわち国内市場の飽和状況を生み出し，一方で大量消費を誘導する流通産業の発展を導き，他方で製品販路を海外市場に向けさせ，企業の多国籍化への基盤を開くことになった。

2-3　米国系自動車産業の海外展開

　フォード社（Ford Motor Co.；フォード）設立の1903年，第1回株主総会において，株主たちは「海外事業獲得のために必要な処置をとる」[1]よう役員に要請したといわれ，1904年のカナダ・フォード設立以後，1907年までに8ヵ国，22の取次店で約200台を輸出，国際企業としての同社の性格が設立当初から企業目的となっていた。さらに1908年，世界初の量産車モデルTの完成は輸出の急激な上昇および海外進出の拡大を促し，現地支店，販売基地の増設，輸出部の設置のほかに海外組立生産が本格的に開始された。これらは英国で最初に試みられ，1909年のロンドン支店の開設，1911年には英国フォードに改組され，マンチェスター工場でモデルTの組立生産が開始された。しかも第一次世界大戦による海外輸送の危険性，マッケナ関税（McKenna duties）の制定が英国フォードを本格的生産基地へと変身させ，大量生産方式を導入するまでに至らせた。こうして，1926年までに18ヵ国19ヵ所のモデルTの組立工場を設置，約1,500万台が生産され，単に国内のみならず世界的に標準化されたモデルTを中核にフォードの海外戦略が展開された。

　ところが1920年代後半，国内でのGMの急迫，欧州での量産システムの波及といった内外の急変に対処するため，フォードは1928年，英国ダゲナム（Dagenham）に一大生産拠点を設立，海外子会社に完全な自立性を与える海外戦略に転換したが，GMとはまさに対照的な管理組織上の問題点が露呈することになった。しかしながら，第二次世界大戦勃発までに英国，ドイツ，フランス，カナダに生産拠点を置き，組立工場数も23ヵ国26ヵ所に増大し，間接統治方式のもとで多国籍企業の基盤をほぼ完成させていった。

　一方，GM社（General Motors；GM）もフォードと同様，完成車輸出，海外

22 第Ⅰ部 グローバル時代の国際ビジネス

組立，そして海外生産という順序で進展するが，その海外活動が積極化するの
は，GM 創設後 3 年目の 1911 年，GM 輸出会社（General Motors Export Co.
1923 年，輸出グループに変更）が設立され，さらに 1918 年，カナダのマクロー
リン社を完全吸収してカナダ GM を設立し，現地企業買収の第一歩を踏み出
したときからである。初期の海外活動は，国内での拡大政策の延長および調整
の役割にすぎなかったが，フォードとの海外販売競争の激化に加え，欧州主要
国による関税その他輸入制限の強化は，完成車輸出から現地組立生産への転換
を余儀なくさせ，1928 年までに 15 ヵ国 19 ヵ所の組立工場が設立された。

　GM が海外現地生産を主体とする多国籍企業段階に移行したのは，1925 年
の英国のヴォグゾール社（Vauxhall Co.）買収以降のこととされる。その背景
にはスローン（A. Sloan）による新たな組織原理に基づく事業部制組織が 1921
年に実施され，1925 年に確立したことと密接に関係している。すなわち，
1920 年代に本格的な海外生産段階に入った GM は，海外事業組織の再編を断行，
1935 年に輸出・組立事業をヴォグゾール，ドイツのオペルの海外 2 子会社を
包摂した GM 海外事業部（GMOO）に変え，続く 1936 年，経営委員会に直属
する海外政策グループ（Overseas Policy Group）を設立して基本方針は総合本
社の同政策グループが担当し，その遂行は海外事業部以下の組織が負う体制を
確立したのである。こうして 1930 年代までに基本的な海外事業部体制を完成
させ，多国籍企業としての第一歩を踏み出した。

2-4　米国系多国籍企業の成立とその海外展開

　第二次世界大戦後，伝統的な国際貿易から多国籍にまたがるまで拡がった企
業活動は，規模の面でもきわめて大きくなり，世界の政治，経済そして社会の
発展に重要な影響を及ぼすほどになった。1960 年，リリエンソール（D.E.
Lilienthal）は，こうした国際的企業形態を多国籍企業と名付けた。

　多国籍企業の発展の主流をなしてきたのは，米国自動車産業などにみる米国
の巨大企業であり，1950 年代後半からの急激な対欧製造業投資を契機に，
1960 年代以降本格化したものである。すなわち，米国系多国籍企業は 1957 〜
58 年の景気後退を 1 つの契機として，国内的には利潤率の低下，技術輸出の
反省，独占禁止政策の展開などの関連で，また海外における高率関税，非関税

第2章　国際ビジネスの歴史　23

障壁，経済ブロック化，租税対策上の利点などの存在によって，さらに EC の設立が誘因となって本格化したものである。この時代的風潮に乗って，多業種にわたって米国の多国籍企業経営は大きく前進したが，その経営も 1970 年代に入り，発展途上国を中心とするナショナリズムの高揚，さらには 1980 年代に至って，先進国間の経済摩擦といった大きな環境変化に直面することになった。

こうした海外直接投資を基盤とする多国籍企業は，①自社の製品・技術の販売対象市場を国内と同様に海外に広げ，②国内生産による輸出を含めて経営資源の国際的な有効利用を図るため現地生産・販売・輸出を行い，そして③その活動が原則的に現地子会社の永続的支配を軸として長期的かつ国際的な視野に立って展開されるところに特徴がある。

さて，1960 年代以降，ほとんどの米国系巨大企業が多国籍企業段階を迎えたなかで，GM，フォードなどの米国系自動車産業は，第二次世界大戦後，米国を象徴する典型的多国籍企業となっていた。

戦後，フォードⅡ世が実権を握って 3 年後の 1948 年，欧州の戦後市場の有望性に着目したフォードは，組織上の戦略転換を図り，海外子会社に対して本社による直接的な統制を行うため国際事業部を設置し，さらに 1950 年から 60 年代初頭にかけて，海外子会社の完全所有および GM をまねた製品別事業部組織を採用して多国籍企業としての性格を一段と強めていった。

続いてフォードは，1958 年以降の米国市場の急激な縮小とは反対に，欧州市場が EC の結成ならびに経済成長による市場拡大期に入り，欧州自動車産業も実用小型車中心の本格的量産体制を確立し，米国に対抗しうる競争力を持つまでに成長してきたため，欧州での海外事業の本格的再編を決意，1967 年には機構改革を実施して英国に本社と同等の権限を持つ欧州事業本部（Ford of Europe）を設置し，車種，部品の共通化を内容とする国際分業体制の形成を目指す新たな世界戦略の展開を開始した。その結果，誕生するのが欧州共同開発車カプリ（1968 年）であり，70 年代後半の小型車フィエスタであった。

他方，多国籍企業段階を完成させた GM は，1930 年代以降の GM 中心のビッグスリー寡占体制のもとで支配体制を強固なものにし，戦後もスローン主義マーケティングを踏襲した大型車依存の硬直化した製品政策，さらに伝統的財

務主導の管理構造を続行したため，環境変化への柔軟性・機動性の欠如といったいわゆる大企業病に陥ることになった。日本の小型車は，こうした寡占構造に付帯する競争への抵抗と技術的硬直化を衝く形で，第一次石油危機後の1970年代後半から大量に米国市場に流れ込み，貿易摩擦を引き起こすことになった。そのためGMは輸入小型車への対抗策として，1973年のワールド・カー構想に基づきブラジル製シェベット（1975年）を，続いて初のFF方式「Xカー」を発売（1979年）したが，欠陥車問題を引き起こすなど中途半端なものに終わり，1980年代の停滞期を迎えることになる。

このように1970年代後半から1980年代前半にかけて，低価格・高品質を武器に多分野で日本企業の輸出攻勢が続き，米国系多国籍企業は危機に瀕し，政治問題化するとともに，1980年代に入り，米国の企業経営の関心はいわゆる日本的経営システム，とくに日本的生産システムに向かっていった。

3 グローバル展開と高度情報技術産業による世界支配

3-1 多国籍企業のグローバル展開と日系多国籍企業の台頭

1969年に人類初の月面着陸が達成され，地球的視野で世界を概観する社会状況が1970年代以降に醸成され，多国籍企業活動もよりグローバルな視点での活動，すなわちグローバル企業段階に進展した。

企業のグローバル化とは，企業が本社へのこだわりを捨て，事業機会のあるところにはどこにでも進出し，ヒト，モノ，カネ，情報といった経営資源の調達・配分の権限を地域本社に任せていこうとする動きであり，きわめて国際的な機動力にあふれた事業展開をいう。戦略的にも国内対海外という二分法的発想を乗り越え，自国市場も企業戦略上の1つの市場にすぎないとする全地球的視野での発想を必要とする。

1980年代，企業のグローバル化が本格的に進展するなか，戦後一貫して輸出中心型の国際化戦略を推進してきた日本企業も，ほとんど全業種で貿易摩擦に直面し，1985年の先進5ヵ国蔵相会議（G5）でのプラザ合意を境に多国籍化，グローバル化への戦略転換を余儀なくさせられ，多くの日系多国籍企業が台頭

することになった。

　この間フォードは，欧州フォードに加えて，日本のマツダ，韓国の起亜産業，高級車のジャガーなどを傘下に国際分業に基づくグローバルな生産体制とワールドワイドな販売体制のもとで世界戦略を展開し，さらに1994年には北米と欧州の自動車事業が一体化され，生産，開発，マーケティングなどの事業を統合した本格的なグローバル戦略が推進され，グローバル企業段階に到達した。

　他方，GMは，1984年，トヨタとのジョイント・ベンチャー企業NUMMI（New United Motor Manufacturing Inc.）を設立，日本的生産方式を学ぶとともに対日戦略車開発に傾注したが，1990年代後半以降は，対中国市場戦略，また対環境戦略車の開発に向け，自動車産業の世界的再編を視野に入れた新たなグローバル戦略を推進した。しかし今世紀に入り，GMなどの米国自動車産業を基盤とした世界的枠組みは日欧を含めた世界的再編の進行により崩れ，とくに2009年のGMの破綻以降，新たな新興国自動車メーカーの参入とそれにともなう新興市場の拡大により，日系メーカーは，市場の二極化への対応という新たな問題を抱えることになった。こうした「新興国」問題に加えて「環境」への対応にも迫られ，ハイブリッド車（HV），プラグインハイブリッド車（PHV），電気自動車（EV）などの研究開発競争も激化し，21世紀の自動車産業は，「新興国」と「環境」を軸に，さらに今日，自動運転技術競争も加わって，新たな再編の嵐の時代を迎えている。

3-2　規制緩和によるグローバル企業の世界的再編

　自動車産業と並んで20世紀を代表する新産業の1つである航空機産業は，二度の世界大戦および冷戦構造下での国際的緊張を経て飛躍的な進歩を遂げたが，それに比べて航空輸送事業は経営管理面での革新はほとんどなく，比較的安定した経営が長く続いた。こうした航空会社間の競争欠如に対して大きな懸念を抱く消費者団体および大きな政府に反対する人々の不満を背景に，「1978年航空会社規制緩和法」（The Airline Deregulation Act in 1978）が成立，航空輸送業界は激しい販売競争に突入した。しかしながら，規制緩和は，多くの新規航空会社を誕生させる一方で，大西洋路線にも飛び火し，ECの航空自由化を誘発するとともに欧米間，そしてアジアと欧米企業間との企業競争にも波及し

26　第Ⅰ部　グローバル時代の国際ビジネス

て航空業界の世界的再編を促す結果となった。それは，今日の安さを競う格安航空会社（LCC）の台頭につながるとともに，関連する航空機製造業に加えて観光産業などにまで多大な影響を与えることになる。

　こうした規制緩和はその後，運輸，エネルギー，金融，電気通信などの分野にも広がり，大規模な再編が行われるとともに，当初の目的を越えた思いもかけない方向，すなわち寡占化，グローバル化の方向に事態を急変させていくことになった。

3-3　高度情報技術産業による世界支配とグローバル・ネットワーク社会

　18世紀の英国で起きた産業革命は，米国においては大量生産システムによる工業化の発展をもたらし，英国とは明らかに異なる方向でグローバル化を進展させた。そして今世紀に入り，情報分野を含む広い意味でのエレクトロニクス産業が，すべての産業を包摂しながら新たな潮流となって21世紀のリーディング・インダストリーとして浮上してきた。つまり情報ネットワークを通して地理的な違いを越え，それらがすべて繋がり，世界が同時に変化するという人類がいまだ経験したことのないグローバル高度ネットワーク社会がまさに実現しようとしている。

　こうしたICT革命によって，経済のグローバル化が内外市場で一体化するなか，世界の企業と戦える競争力を持つ経営システムをいかに速く（スピード）確立するかが新たな課題となる。その際，その競争は同じ条件で戦う必要から，企業の目指す経営スタイルも世界標準（グローバル・スタンダード）経営へと収斂されることになる。このため世界標準に合わない経済システム，とくに1980年代に主流となった日本的経営システムは，変革が迫られることになった。すなわち，企業活動のグローバル化が規制緩和および高度情報技術の進展によって，多数の企業が多数の国家で同時に事業活動を展開するようになると経済活動の規制や慣行が一定の標準に合致する必要があり，さらに情報通信コストの著しい低下を背景に経営資源の国際移動が活発化し，しかも大規模かつリアルタイムで移動可能となったことで，グローバル企業は単一市場の形成を前提に，グローバル・スタンダード経営に向けて動き出すことになった。

　このような新たな経済段階を迎えたなかで，高度情報ネットワーク革命の新

たな担い手となろうとしたのは，輝かしい技術的伝統を保持してきた米国のコンピュータ・通信産業であり，その代表は1984年の規制緩和により足かせが解かれたAT＆TとIBMであり，加えてパソコンソフトの巨人マイクロソフトなどを包含するコンピュータおよび通信ネットワークを主体とする高度情報技術産業に関連する企業群であった。これらは，インターネットを基盤に，マルチメディア化を推進し，家電，放送，運輸，金融，食品，医療，教育などあらゆる産業を巻き込んで，コンピュータおよび通信ネットワークで結びつけようとしてきた。

　ところが，1990年代末からこれらの流れに新たな革命が加わることになった。すなわち，1998年創業のグーグルがネット広告に参入し，翌年にはアップル創業者の1人であるスティーブ・ジョブズがアップルに復帰して正式にCEOに就任して以降，圧倒的な企業向け市場で優位なIBMやマイクロソフトに変わって，消費者向けの情報コンテンツ，情報端末の飛躍的普及がなされ，高度情報ネットワークの転換点となった。なかでも2007年に発売されたアップルの多機能携帯電話iPhoneは，電子書籍，携帯ゲーム機などと同様，パソコンに代わる新たな情報機器としての可能性を開くことになった。

　そして今日，IoT（Internet of Things）とAI（Artificial Intelligence：人工知能）技術を駆使した第4次産業革命の進展で，インターネットを通して，すべて繋がり，世界が同時に変化するグローバル高度ネットワーク情報社会が現実になりつつある。

4　BRICsの台頭による多元的グローバリゼーションの進展

4-1　BRICsの台頭によるグローバリゼーションの進展

　インターネットに代表される通信技術の急速な進展は，グローバル化によってその技術を世界中に拡散し，国際的コミュニケーションを活発化させる効用をもたらす一方，日米欧などの先進地域では製造業で中国に，サービス産業でインドなどへのアウトソーシングが進み，製造コスト面での要因も加わって，産業の空洞化と膨大な経常赤字という深刻な問題を引き起こすことになった。

こうした現象を加速させた背景には，中国，インドなどのBRICsの急速な台頭によって世界経済は，20世紀末の「日米逆転」から21世紀は，いわゆる「東西逆転」というグローバリゼーションの新たな潮流が動き出したからにほかならない。なかでも，中国は，先進国が中国製品に門戸を開いて以来，グローバル化の最大の受益者となり，「世界の工場」の地位を獲得し，国際ビジネスは新たな大転換期を迎えた。

このように，今世紀以降，グローバル化と情報革命の進展は，かつての米国の強大さによる文化の多様性を減じる傾向への危惧，つまり「世界の均質化」ないし「文化のアメリカ化」への危惧は払拭され，新たなBRICsの台頭によって，米国一極集中の構図を塗り替える新たなグローバル化の時代が到来することになった。

4-2　グローバリゼーションの進展による格差社会の出現

他方で，高度通信技術の飛躍的な発展を背景にしたグローバリゼーションは，情報，モノ，サービス，ヒトすべてが国境を越えて動き回ることになり，世界的な貧富の格差を助長する現象を引き起こした。いわゆるグローバル格差社会の出現である。情報通信技術の進歩は，高スキル労働者の需要を高め賃金を上昇させる一方で，低スキル労働者は取り残される存在となったのである。さらに国家間においても，新たな情報化の波に乗った国と乗れない国の格差が次第に拡がる現象をもたらした。加えて，自由貿易の推進および資本移動を通じた経済統合の進展が貧しい国と豊かな国との差を縮める「世界のフラット化」を果たす一方で，それぞれの国では「社会の不平等化」をもたらす現象が同時進行の形で起きてきた。この結果，その不満は反グローバリズム運動の高まりとともに，一部に過激なテロリズムをも生み出し，社会の不安定化要因をともなう世界的な政治的混迷の時代を迎えることになった。

4-3　ソーシャルビジネスへの取り組み

グローバル化の進展は，新たな仕事を創出し，世界の底辺層の底上げに寄与してきたことも事実であるが，いまだインドやアフリカを中心に，14億人が貧困ライン（1日1.25ドル未満の生活）以下で生活しているのが現状である。

こうした貧困や環境の悪化といった社会問題を改善し，同時に利益をも生み出す，いわゆるソーシャルビジネスに世界の大企業が取り組み始めたこともグローバリゼーションの新たな潮流である。

　近年，途上国の市場開拓と社会問題の解決を両立させる手法として注目されているのが，ソーシャルビジネスのなかでも BOP ビジネスと呼ばれる事業モデルである。これは世界で約 40 億人ともいわれる所得ピラミッドの底辺（Base of the economic Pyramid）の人たちに，生活改善につながるモノやサービスを安価で提供する発想である。しかしながら，途上国側には先進国企業への不安も根強く，また先進国企業にとってもコスト抑制と収益の確保がいまだ大きな壁となっているのも事実である。

　以上，国際ビジネスの歴史的な流れを概観してきたが，その中心となる多国籍企業の複雑な歴史は，いかなる単一の理論によっても説明することはできないし，多国籍企業の成長の背後には固有の唯一の論理も存在しない。つまり多国籍企業の成長は線形ではないことがわかる[2]。人類は，豊かさへの飽くなき欲求を満たすため発明・発見による工業技術社会を創出し，同時にその工業化した世界の原材料の必要性に迫られて多国籍企業は成長してきた。そのプロセスは無数の環境要因に影響され，紆余曲折を経て現在に至ってきた。

　アダム・スミスの分業と協業の理念の基に誕生した近代企業がより拡大し，発展した企業形態である多国籍企業が，今後生き残りを賭けた展開をみせるには，異質な文化・習慣・価値観を互いに認め合うと同時に，国境を越えた人類共通の利益を目指して活動する新たなパラダイムが何よりも必要であり，その新たな対応と役割を模索する段階を迎えたといえよう。

（注）
（1）　Wilkins M. and F. E. Hill, *American Business Abroad*, Cambridge University Press, 1964, p. 1.
（2）　Jones, G., *The Evolution of International Business*, Cengage Learning Erea, 1995.（桑原哲也ほか訳『国際ビジネスの進化』有斐閣，1998 年）。

30　第Ⅰ部　グローバル時代の国際ビジネス

------ ［Review & Discussion］ ------------
　（1）　マーチャント・バンクおよび投資銀行が，国際ビジネスで果たした役割とは
　　　　何だろう。
　（2）　米国系多国籍企業の生成と発展を，自動車産業を例にして説明してみよう。
　（3）　多国籍企業とグローバル企業の相違点およびその戦略展開とは何だろう。
　（4）　高度情報技術産業の進展によって，企業のグローバル化はどう変化するだろ
　　　　うか。
　（5）　BRICs の台頭が従来の世界経済の枠組を変える理由を考えてみよう。

──次のステップへの推薦・参考文献──

1　Jones, G., *Multinational and Global Capitalism: From the 19th the 21st Century*, Oxford University Press, 2005. （安室憲一・梅野巨利訳『国際経営講義―多国籍企業とグローバル資本主義―』有斐閣, 2007 年）。
2　笠原伸一郎『グローバル企業の史的展開』中央経済社, 1995 年。
3　Wilkins, M., *The Emergence of Multinational Enterprise*, Harvard University Press, 1970.（江夏健一・米倉昭夫訳『多国籍企業の史的展開―植民地時代から 1914 年まで』ミネルヴァ書房, 1973 年）。
4　Wilkins, M., *The Maturing of Multinational Enterprise*, Harvard University Press, 1974.（江夏健一・米倉昭夫訳『多国籍企業の成熟（上・下）』ミネルヴァ書房, 1976/1978 年）。

（笠原　伸一郎）

第3章　多国籍企業と立地優位性

キーワード

立地選択，立地優位性，クラスター，バーゲニング，FTA

1　多国籍企業と立地選択

　多国籍企業によるグローバル戦略の特徴は，価値連鎖の各部分を世界各国に自由に配分できる点にあり，基本的な選択は，「配置」と「調整」の2つの側面で構成される[1]。価値連鎖とは，企業によって行われる一連の付加価値活動であり，生産，物流，マーケティング，サービスからなる主要活動と，財務，人的資源管理，研究開発，調達からなる支援活動とに区分される[2]。

　配置とは，価値連鎖のそれぞれの活動をどこに立地させるかの選択であり，付加価値活動の性質によって，1カ所もしくは少数の拠点に集中させるか，多くの立地に分散させるかを決定する。この立地選択の決定要因として，中間財や労働力を獲得するうえでの比較優位が挙げられている。ポーター（M. Porter）は，付加価値活動を集中させるベネフィットとして，規模の経済性の獲得や，経験の蓄積による生産性の向上を指摘する一方，付加価値活動を分散させるベネフィットは，輸送・保管コストの最小化，リスクの分散，各国の市場特性に対する適切な対応，各国市場に固有の知識の獲得にあるとした[3]。グローバル化が進展する今日では，多国籍企業が特定の付加価値活動を世界中で1カ所のみに集中させることは稀である。したがって，多国籍企業活動の配置においては，特定の付加価値活動を，どの国や地域にどの程度分散させるかに焦点が当てられるといえる。

　他方，調整とは，各国に分散したそれぞれの活動を，世界レベルで統合化するか，自律的に各活動を展開するかという選択である。調整の具体的な方法と

32　第Ⅰ部　グローバル時代の国際ビジネス

して，全社レベルでの共通基準の設定や情報交換，世界的視点での各拠点の責任分担などの方法が挙げられる。このような方法によって，分散した活動を調整するベネフィットとして，各国の比較優位が変化した場合の適切な対応や，各国で獲得した知識を全社レベルで共有することが可能となる点が挙げられる[4]。多国籍企業は，世界レベルで分散した各拠点の役割を明確に分担し，全社レベルで効率的に調整することによって，優位性を獲得する。換言すれば，多国籍企業は，全社レベルの戦略に基づいて，それぞれの付加価値活動を最適な立地に配置すると同時に，それらの活動を全社戦略として統合化する必要がある。

　多国籍企業は，このような付加価値活動の配置と調整を世界レベルで行い，その過程において，自社の持つ優位性を活用するか，もしくは立地優位性要素を自社の優位性に転換する。他方，多国籍企業が選択した立地の優位性も，多国籍企業による付加価値活動を通じて，その水準が高度化すると考えられる。

2　立地優位性の基本概念

　多国籍企業が，付加価値活動をどこに配置するかを選択するうえで，決定要因となるのが「立地優位性」である。ポーターは，企業の競争優位は，元来立地がもたらす何らかの優位性から生じ，それらの優位性が企業の持つネットワークを通じて世界レベルで拡大し，競争上のポジションに反映されるとしている[5]。このことは，多国籍企業の競争優位の源泉は，世界各国に存在する立地優位性であり，グローバル戦略の最初の段階は，自社にとって競争優位の源泉となりうる立地優位性が存在する国もしくは地域を的確に選択し，そこに最適な付加価値活動を配置することである点を示唆している。

　ダニング（J. Dunning）もまた，立地優位性について，多国籍企業の立地選択に影響を及ぼすような，特定の立地が持つ優位性要素であり，特定の立地において活動を行う企業に何らかのベネフィットをもたらすような，その場所に固有の要素として捉えている。立地優位性が形成される単位は，特定の国や国内の地域，または特定の国家群である。さらに多国籍企業は，立地が持つ優位

性を内部化することによって自社の競争優位を獲得するが，それが逆に活動を行う国の立地優位性を高める相互作用をもたらすとされている[6]。またダニングは，企業が国際生産を行う決定要因として，企業が持つ優位性（所有特殊的優位），付加価値活動を自社に内部化することによる優位性（内部化優位）と並んで，立地優位性（立地特殊的優位）を位置づけ，多国籍企業は，立地優位性を持つ国において，自社の持つ優位性を内部化することでベネフィットを獲得するとしている[7]。

特定の国や地域の立地優位性要素やその水準は，多国籍企業の知覚によって決定される。したがって，それらは，企業が属する産業部門や個々の企業の戦略，付加価値活動の性質によって異なっている。さらに，同一の付加価値活動に対しても，その工程によって，別個の国や地域に異なる立地優位性が存在する場合もある。すなわち，同一の国や地域における立地特殊的要素であっても，それを「優位性」として捉えるかどうか，またどの程度有益な優位性と知覚するかは，個々の企業によって異なっているのである。したがって，多国籍企業が持つ優位性を高度化するためには，自社の戦略や付加価値活動の性質ないし目的と，事業展開を行う国や地域が持つ立地優位性とを最適に適合させる必要があるといえる。

立地優位性要素は，さらに「自然的資産」（natural assets）と「創造された資産」（created assets）とに分類できる。すなわち，自然的資産とは，低廉な労働力や気象条件，地理的条件などといった，特定の立地に自然発生的に賦存する要素であり，創造された資産とは，高度なスキルを持つ人的資源や，政府による促進的な諸政策，高度に整備されたインフラなど，意図をもって人為的に創造ないし開発された諸要素を指す[8]。そして，近年の多国籍企業活動の性質が変化するのにともなって，創造された資産の重要性が増大しつつあることが強調されている。その背景として，1990年代以降の多国籍企業活動における性質の変化が考えられる。すなわち第1に，スキルを持つ労働力などの企業に固有の知識集約的資産の重要性が高まっていること。第2に，国家間の貿易障壁が低下しつつある一方で，空間的な取引コストが増大していること。第3に，国境を越えた事業展開を調整することがいっそう容易になっていることである[9]。しかしながら，自然的資産であっても，特定の国にしか存在しない

希少な要素や，企業の競争優位を獲得するうえで不可欠な要素，他国への移転が困難な要素であれば，重要な役割を果たす場合がある。

また，特定の国における立地優位性要素とその水準は，その国での企業の活動を通じて，時間の経過とともに変化する[10]。自然的資産に対する特権的なアクセスによって所有特殊的優位を獲得した企業は，その事業展開を通じて自然的資産に付加価値を賦与し，当該国の自然的資産を創造された資産に転換することが可能となる。また，創造された資産を獲得・活用することによってベネフィットを獲得した企業は，創造された資産の水準をいっそう高度化し，当該国で事業展開を行う企業に対してこれらの資産の利用可能性を高めることが可能となる。このように，立地優位性と企業の優位性との相互作用によって，特定の国における立地優位性要素の水準が，時間の経過とともに向上すると考えられる。

近年では，多国籍企業の立地をめぐる選択肢が増加し，各国が企業の立地をめぐって競合関係にある。発展途上国の経済発展にともなって，各国が持つ立地優位性要素はいっそう類似する傾向が強まっている。たとえば中国は，かつて「世界の工場」と呼ばれ，繊維や電気機器といった労働集約的な産業部門にとっては，現在でも低コストの生産能力が重要な立地優位性となっている。しかし，現在では近隣のベトナムやカンボジアなどの国々も，コスト面の優位性だけでなく，生産技術の水準が向上し，物流インフラの整備や行政手続の改善も進むなど，生産拠点としての立地優位性が高度化している。このため，労働集約産業にとって，中国に代替する重要な生産拠点として位置づけられるようになった。このように，今日の企業は，より多くの選択肢のなかから最適な立地に付加価値活動の拠点を配置する。したがって，立地優位性の水準は，企業からみて選択肢となる複数の立地間で，相対的に決定されるようになっている。また，他国の立地特殊的要素の変化が，自国の立地優位性に影響を及ぼす場合もある。たとえば，2016年以降，アメリカの通商政策に関する方針の変更が，隣国であるメキシコにおいて，北米各国への輸出を目的とする生産拠点としての立地優位性に著しい影響を及ぼしている。

この点について，ラグマン（A. Rugman）は，立地優位性に相対的な視点を加えた新たな概念的フレームワークを提示した[11]。それによれば，特定の国

に立地する企業の成功は，企業の国籍にかかわらず，持続的な付加価値の創造との観点から，特定国と外国の双方に形成されるダイヤモンドの諸要素[12]によって左右されると考えられる。すなわち，特定の国における各産業の活動が，特定国と外国の双方に形成されるダイヤモンドの決定要因のうえに成り立っており，国際的な競争力をもたらすのは，特定国と外国のそれぞれの決定要因である[13]。

　この概念を援用すれば，特定の国の立地優位性要素とその水準は，自国もしくは立地選択の候補となる第三国との間で決定されることになる。すなわち，特定の国における立地優位性の水準は，当該国と競合する第三国の立地優位性水準との差異であると換言できる。この概念が示された背景として，世界各国で通商政策の自由化が進展するのにともない，国家間での中間財や完成品の貿易がより柔軟に行えるようになった点，発展途上国の経済発展にともなって，類似した立地優位性要素ないし優位性水準を持つ国が増加した点が考えられるが，その結果として，多国籍企業の立地選択における選択肢がいっそう多様化したといえる。このような条件の下で，多国籍企業は各国で異なる立地優位性を，付加価値活動ごとに最適に組み合わせ，全社レベルで効率的に調整することによって，優位性を高めることが可能となる。

3　立地優位性とクラスター

　重要な立地優位性要素の1つとして，特定の国や地域に形成される「クラスター」が挙げられる。クラスターとは，ある特定の分野に属し，相互に関連した企業と機関から成る地理的に近接した集団であり，これらの企業と機関は，共通性と補完性によって結ばれている[14]。ポーターは，多国籍企業による活動拠点の立地選択に対して影響を及ぼす決定要因を，要素条件，需要条件，関連・支援産業，企業の戦略・構造・ライバル間競争の4つに分類し，国の競争優位を構築するこれらの要素の関係を「ダイヤモンド」と呼んだ[15]。そのなかでポーターは，クラスターを国の競争優位のダイヤモンドを構成する「関連・支援産業」の集積として位置づけ，クラスターにおいては，ダイヤモンドの4

36　第Ⅰ部　グローバル時代の国際ビジネス

つの構成要素が効率的に機能し，企業の生産性が向上すると同時に，イノベーションが促進されるとしている[16]。

　クラスターを形成する企業は，多国籍企業とは限らないが，多国籍企業がクラスターに参入する要因として，最先端のアイディアや専門的知識，技術を持つ人的資源へのアクセスが挙げられ，クラスターの優位性は，クラスター内における諸活動の規模と，活動間のリンケージの質に左右される[17]。さらに，クラスターに多国籍企業が参入していること自体が，クラスターの優位性が高いことを示唆しているため，企業にある種の群集心理が作用し，企業のクラスターへの参入を促進するとしたうえで，クラスターの専門性と特殊性を強化することによって，クラスターの優位性を高度化することが可能であるとされている[18]。

　またダニングは，多国籍企業がクラスターに参画する要因として，空間特殊的取引コスト（spatially specific transaction cost）が大きいほど集積の利益が増大し，クラスターに参画しようとするインセンティブが増大するとしている。そのうえで，空間特殊的取引コストは，主に以下の要因によって増大するとされている。すなわち第1に，クラスターで取引される知識の複雑性が高く，その明文化が困難であること。第2に，プレーヤー間での情報の非対称性が大きいこと。第3に，クラスター内のプレーヤーが機会主義的な行動パターンをとりやすいこと。第4に，行動結果に関する不確実性が高いことである。そして，企業が暗黙知の交換や共有を行うために物理的な近接性を必要とする場合に，クラスターの形成が最も促進されると論じている[19]。

4　立地優位性と立地間の「バーゲニング」

　多国籍企業は，世界中に活動拠点を持ち，大規模な付加価値活動を行っている。たとえば，売上ベースで世界最大の小売企業であるウォルマート社（アメリカ）は，2016年の世界での売上が4,821億ドルにものぼり[20]，同年におけるノルウェーやオーストリアのGDPを上回るほどの水準となっている。このことは，多国籍企業1社の活動が1つの国家全体の経済活動よりも大きなダイ

ナミズムを持っていることを示唆している。

このように，多国籍企業は活動の規模が大きいだけでなく，その戦略が複雑かつ多様であり，機動性が高いため，国の経済に及ぼす影響は非常に大きい。このため各国の政府は，多国籍企業の活動を積極的に誘致・導入するだけでなく，多国籍企業活動を成功裏に自国の経済発展に結びつける目的で，様々な政策的措置を講じてきた。他方，多国籍企業は，自社にとって最も大きなベネフィットをもたらしうる場所を付加価値活動の拠点として選択する。このように，多国籍企業と国家は，受入国という1つのステージで，それぞれ異なった目的のもとに対峙する関係にあり，両者の活動は相互作用の性質を持っている。

ダニングは，このような多国籍企業と事業展開を行う受入国との関係をある種の「バーゲニング」として捉え，そのプロセスについて，図表3-1に示すような概念的フレームワークを提示した。すなわちバーゲニングとは，多国籍企業と受入国という2つのプレーヤーが，それぞれ自己の優位性と目標を持ち，両者の相互作用のもとで双方のプレーヤーが目標を達成するプロセスである。そして，多国籍企業と受入国が，それぞれ自己の持つ優位性を，バーゲニング

図表3-1　多国籍企業と受入国のバーゲニング関係

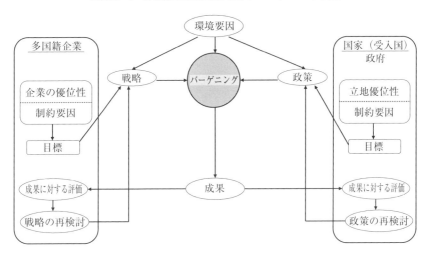

出所：Dunnig, J. H., *Multinational Enterprises and the Global Economy*, 1993, p. 550 Exhibit 20.1 をもとに筆者作成。

38 第 I 部 グローバル時代の国際ビジネス

を通じて成功裏に目標に結びつける力をバーゲニング能力とする。すなわち，バーゲニング能力とは，多国籍企業がいかに特定の国家における活動からベネフィットを獲得するか，国家がいかに多国籍企業活動を自国の経済・社会の発展に結びつけるかという能力である[21]。

このような条件の下で，両者はそれぞれ異なった目標を持つ。多国籍企業は，経済的なベネフィットの獲得が第一の目的であり，その実現可能性が最大と知覚される立地が，付加価値活動の拠点として選択される。他方，受入国の目標は，自国の GDP の成長や，輸出の増加による外貨獲得，税収の増加などの経済的な目標だけでなく，自国産業全体の競争力強化，国民の教育水準の高度化，技術レベルの向上，社会インフラの整備など社会全体の質的高度化を含む幅広いものである。受入国政府は，これらの実現可能性が大きい企業に対して直接的な誘致活動を行ったり，これらの企業の活動に有利な影響を及ぼす政策を展開する[22]。

5　多国間ベースのバーゲニングと政策枠組

今日では，多国籍企業の活動がいっそう機動的になったため，一国ベースでのバーゲニングでは，有益な多国籍企業活動を自国に引き付け，引き止めることがいっそう困難になっている。そこで，各国は多国間ベースで投資ルールを確立したり，自由貿易による効率的な国際分業を促進したり，知的所有権を保護するなど，多国籍企業にとって良好な投資環境を整備することによって，複数の国が相互にバーゲニング能力を高めようとする傾向が強まっている。

多国間ベースによるバーゲニングの代表的な動きが，各国による FTA（自由貿易協定）の締結である[23]。FTA によってもたらされる立地優位性として，関税の引き下げや撤廃によって，締結国間で円滑な国際分業が可能となる点だけでなく，締結国間で相互に投資環境の整備が行われ，多国籍企業の円滑な事業展開を促進することなどが挙げられる。これらの立地優位性が，FTA 締結国間相互に増大することによって，締結国群が１つのバーゲニング主体となり，強力なバーゲニング能力を発揮することが期待できる。その結果，多国籍企業

活動からベネフィットを獲得しようとする国家間の競争において，FTA 締結国が，FTA を締結していない国に対して相対的な優位性を持つようになると考えられる[24]。

それと同時に，各国による FTA の締結が活発に行われ，FTA 締結国群が形成されるようになると，同一の FTA 締結国群における国家間のバーゲニング競争も激化する。FTA の締結によって，関税や制度面の投資環境が国家間で調和化されると，個々の国家にとっては，その他の立地優位性要素による差別化がいっそう重要な意味を持つようになる。すなわち，各国における政策の調和化は，多国間ベースで多国籍企業活動の円滑化を促進すると同時に，多国籍企業の立地選択に関する選択肢を増加させ，より機動的な立地選択を可能にする。その結果，調和化された政策以外の立地優位性要素によって，多国籍企業活動を引き付けられるかどうかが大きく左右されるようになる。

さらに，FTA 締結国間での貿易制度の自由化にともなって，国際分業がより効率的に行われるようになると，多国籍企業が付加価値活動の拠点を特定の国に集約する傾向が強まる。たとえば，ASEAN 加盟国間で FTA が締結され，域内での自由貿易が可能になると，これまで ASEAN の複数国に生産拠点をもっていた電機メーカーが，特定の製品に関して生産コストが低く，市場への輸送効率が良いインドネシアやタイに生産機能を集約し，そこから ASEAN 各国に輸出する体制をとることが考えられる。このような場合，同一の FTA 締結国群のなかでも，低い生産コストや市場への近接性などの立地優位性を持つ国が，相対的にバーゲニング能力を高め，それ以外の国から多国籍企業活動をシフトさせることになる。すなわち，調和化された政策以外に相対的な立地優位性を持つ国ほど，バーゲニング能力の強化が可能となる。他方，相対的な立地優位性が小さい国は，これまで自国で展開されていた多国籍企業活動が他国に移転される可能性が高まり，多国間ベースの政策展開によって逆にバーゲニング能力が低下することになる。したがって，多国間ベースのバーゲニングにおいては，大規模に集約された多国籍企業活動を自国にとどめ，そこから得られるベネフィットを最大化できるかどうかが最大の課題であるといえる。

（注）
（1） Porter, M. E., *On Competition*, Harvard Business School Press, 1998.（竹内弘高訳

40　第Ⅰ部　グローバル時代の国際ビジネス

『競争戦略論Ⅱ』ダイヤモンド社，1999年，248ページ）。
（2）　同上訳書，246ページ。
（3）　同上訳書，248-250ページ。
（4）　同上訳書，251-252ページ。
（5）　同上訳書，253ページ。
（6）　Dunning, J. H., *Multinational Enterprises and the Global Economy*, Addison Wesley, 1993, pp. 76-86.
（7）　*Ibid.*, pp. 76-80.
（8）　Dunning, J. H., "Location and the multinational enterprise：A neglected factor?" *Journal of International Business Studies*, 1998, Vol. 29, No. 1, pp. 45-66.
（9）　*Ibid.*, p. 50.
（10）　Narula, R., *Multinational Investment and Economic Structure*, Routladge, 1996, p. 71. Narula は，立地優位性について，自然的資産と創造された資産の相互作用関係を図式化している（*Ibid.*, p. 73, Figure 5.1)。
（11）　ラグマンは，ポーターが提示した「国の競争優位のダイヤモンド」に対して，ダイヤモンドを構成する4つの優位性要素の水準が，複数の国の間で相対的に決定されると論じている（Rugman, A. M., *Beyond the Diamond*, JAI Press, 1995.)。
（12）　Porter, M. E., *The Competitive Advantage of Nations*, Free Press, 1990.（土岐坤ほか訳『国の競争優位』ダイヤモンド社，1992年）。後述の通り，ポーターの示す立地優位性の構成要素で，具体的には要素条件，需要条件，関連支援産業，企業戦略・競争を指す。
（13）　Rugman, *op. cit.*, p. 106. ラグマンは，ポーターが示した競争優位のダイヤモンドに基づいて，この相対的な立地優位性の概念を「ダブル・ダイヤモンド」として図式化した（*Ibid.*, p. 107, Figure 1)。
（14）　Porter, *op. cit.*, 1998, 邦訳，70ページ。
（15）　Porter, *op. cit.*, 1990, 邦訳，106-107ページ。
（16）　*Ibid.*, 邦訳，86ページ。
（17）　Birkinshaw, J., "Upgrading of Industry Clusters and Foreign Investment," *International Studies of Management and Organization*, 2000, Vol. 30, No. 2, p. 98.
（18）　*Ibid.*, p. 117.
（19）　Dunning, J. H., *Regions, Globalization, and the Knowledge Based Economy*, Oxford University Press, 2000, p. 16.
（20）　*Walmart 2017 Annual Report*, p. 18.
（21）　Dunning, 1993, *op. cit.*, pp. 549-554.
（22）　*Ibid.*, pp. 551-554.
（23）　FTA には，関税の引き下げや撤廃を中心とする商品貿易の自由化ルールだけでなく，サービス貿易や知的所有権保護，イミグレーションなどに関する包括的なルールが規定されている場合も多いことから，EPA（経済連携協定）とも呼ばれる。本書では，EPA も含めた多国間ベースの政策枠組として FTA を捉える。
（24）　FTA のほかに，多国間ベースの政策枠組として WTO（世界貿易機関）が挙げられる。WTO は，加盟国間での貿易や投資の自由化ルールだけでなく，不公正貿易や政策に関する国家間の紛争処理機能を持ち，事業環境の改善との点でバーゲニング能力を高める結果になっている。

第3章　多国籍企業と立地優位性　41

［Review & Discussion］
（1）　特定の国や地域の立地優位性に関する捉え方は，業種や企業，さらにその付加価値活動によっても異なっている。個々の業種や企業に焦点を絞り，特定の国が持つ立地優位性とは何かを検討しよう。
（2）　世界各地に形成されるクラスターのうちいずれかを選び，クラスターを形成する企業や機関にはどのようなものがあるか，そのクラスターに参入する多国籍企業にとってどのようなメリットがあるかを検討しよう。
（3）　今日におけるバーゲニングの1つの手段として，多国間ベースでの政策展開が挙げられる。たとえば，今後進展が予想される TPP（環太平洋パートナーシップ協定）や RCEP（東アジア地域包括的経済連携）によって，それに参加する各国の立地優位性はどのように変化するか，また各国がバーゲニング能力を強化するためには，個別にどのような取り組みが必要か，受入国の観点から検討しよう。

――次のステップへの推薦・参考文献――

1　江夏健一『多国籍企業要論』文眞堂，1984 年。
2　Porter, M. E., *The Competitive Advantage of Nations*, The Free Press, 1990.（土岐坤ほか訳『国の競争優位』ダイヤモンド社，1992 年）。
3　Porter, M. E., *On Competition*, Harvard Business School Press, 1998.（竹内弘高訳『競争戦略論 II』ダイヤモンド社，1999 年）。
4　Stopford, J. M and S. Strange, *Rival States, Rival Firms*, Cambridge University Press, 1990.（江夏健一監訳『ライバル国家ライバル企業』文眞堂，1996 年）。

（米澤　聡士）

第4章　多国籍企業の CSR

キーワード

CSR，社会性，社会的価値，価値創造，多国籍企業行動特性

1　多国籍企業：巨大さゆえの脆弱性

「私たちの製品は，公害と，騒音と，廃棄物を生み出しています」。これは，スウェーデンの自動車メーカーのボルボ社（ボルボ・カーズ・ジャパン）が1990年に出した新聞広告の一節である。この広告は自らをネガティブにアピールする意見広告として，当時大きな関心を集めた。同社は創業以来，自動車の安全性を重視し，高い環境意識を自社の重要な哲学に据えてきた企業である。なぜボルボ社は，自動車生産が本来的に持つネガティブな側面をあえて世に問うたのであろうか。

今日，環境問題を主要な経営課題の1つに掲げる多国籍企業は多い。それは，進出先国政府の制定した規制や国際機関が策定した行動基準を遵守しなければ，現地でのビジネス展開が困難となるからである。しかし，市場における統制不可能要因への企業の適応行動としてではなく，環境問題こそが自社を成長させ，収益を生み出すと考える多国籍企業はどれくらいあるであろうか。たとえば，かつて発展途上国の下請工場における児童労働問題が発覚し，世界中から批判を浴びたスポーツ用品メーカーのナイキ社は，今日，NGO（非政府組織）をはじめとする外部の組織とのコラボレーションを通じて，すべての海外工場での労働環境の整備に努めるようになった。

そもそも，ナイキのビジネスモデルを素描すれば，海外それも発展途上国や新興国に生産機能を移転することそれ自体は，きわめて合理性の高い企業行動であり，何ら批判には当たらないことがわかる。熾烈な競争を繰り広げるスポ

ーツ用品の業界では，アディダスやリーボックといった競合他社も多かれ少なかれ同様のビジネスモデルを採用し，大幅なコストダウンを実現している。しかし，ナイキは当時このビジネスモデルに本来的に潜むネガティブな側面，すなわち劣悪な労働環境の可能性をどの程度予見していたのであろうか。

　また，スイスの食品メーカーのネスレ社はかつて，発展途上国市場に乳幼児用粉ミルクを販売した際に，同社の歴史に残る深刻な企業批判に直面した。それは，同社が現地市場における冷蔵設備の不備や水質の劣悪さに起因する衛生管理の不十分さを事前に考慮したマーケティングを行わなかったというものである。ネスレは貧困にあえぐ発展途上国市場において製品の適切な使用が保証できない状況，たとえば，母親が粉ミルクを極限にまで薄めて与えるかもしれないといった行為をどれほど理解していたのであろうか。

　そもそも多国籍企業は，調達，生産，販売といった諸機能を世界最適レベルで遂行しようとする企業である。国家規模の経済から地球規模の経済に移行するなかで，多国籍企業は世界経済の「主要なアクター」「成長のエンジン」として不可欠な存在となっている。多国籍企業の活動がもたらす経済的成果が地球規模となるのであれば同様に，社会的影響もそれに応じて大きなものとなるであろう。そうであれば，多国籍企業は，いわばコインの裏表にも似た自らの事業の本来的特徴を前提としたビジネス展開を求められるのではないか。

　CSR（Corporate Social Responsibility）は，そもそも企業行動がもたらす負の成果に着目した概念ではあるが，その目的は富を生み出す唯一の存在である企業の正当性を主張することにある。したがって，CSR に関心を払わなければ，企業が継続的に存在する組織体として多くのステークホルダーからの賛同が得られなくなる。とりわけ，多国籍企業はビジネスを遂行するうえで，多種多様なステークホルダーとの関係のなかで，自らの正当性を追求しなければならない。なぜ，高いブランドイメージを持つナイキが，品質とは直接関係のない部分での批判にさらされたのか。消費者の利便性を考慮して乳幼児用粉ミルクを市場に送り出したネスレは，なぜその利便性ゆえに批判の的となったのか。それには，「何を作ったか」ではなく，「作ったものが（あるいは作る過程で）どのような社会的影響を及ぼしたか」が，購入にあたっての消費者の判断基準や他のステークホルダーの企業評価のポイントになるからである。

44　第Ⅰ部　グローバル時代の国際ビジネス

その意味で，ボルボ社の新聞広告は単なる地球環境問題への意識を喚起する意見広告としてではなく，今日の多国籍企業の CSR を考えるうえで興味深い視点を提供しているといえる。まずは，CSR とは何かについて考えよう。

2　CSR とは

CSR は「企業の社会性」を問う概念である。富を生み出す唯一の経済的主体である企業は，グローバリゼーションの進展とともに巨大な社会的影響力の行使者として多くのステークホルダーから精査の対象となっている。なぜ，企業がステークホルダーからの精査の対象となるのか。それは，ステークホルダーの「社会的要請（social requirements）」に応える義務が企業に課せられ，それらの要請にいかに応じたかが当該企業の「社会性」を測定する尺度となるからである。すなわち，今日「社会性」は新たな企業評価尺度となっているのである。

多国籍企業がその「社会性」を疑われるような活動を行った場合，当該企業はグローバルなレベルで批判の対象と化し，イメージダウンは深刻である。したがって，多国籍企業は今まで以上に「社会性」に配慮し，グローバル社会にいかなる成果をもたらすことができるかを真剣に考えなければならないのである。

CSR はさほど新しい概念ではない。一般的には，ボーエン（H. Bowen）がその著書 *Social Responsibilities of the Businessman*（1953）のなかで初めて企業責任に言及したのが契機とされている。今日，CSR は企業経営を語る際の定番のコンセプトとなっているが，その意味内容については必ずしも共通の理解があるわけではない。また，CSR は企業関係者にとっては，どちらかといえば「耳が痛い」用語であり，「他者から強いられるもの」あるいは「来るべき不祥事に対する免罪符」として理解されている場合も多い。

CSR に関する優れた定義の 1 つに，キャロル（A. B. Carroll）の「社会がある時点で組織に対して抱く経済的，法的，倫理的そして自由裁量的な期待を包含する考え方[1]」がある。これは CSR をピラミッドのように階層的に理解し

ようとする定義である。すなわち，経済的（economic），法的（legal）責任をベースとして，社会からの企業への期待の高まりとともに，倫理的（ethical），自由裁量的（discretionary）な責任が発生するというものである。

「社会が抱く期待」とは，換言すれば，社会から企業への問題解決の要請を意味する。それは同時に社会における企業の役割，位置づけの変化をも意味する。したがって，「CSRとは何か」という問いに答えるには，当時の時代背景を踏まえたうえで，社会が企業にいかなる役割の遂行を要請するかを明らかにしなければならない。というのも，役割が変化すれば，自ずとその責任内容に変化が生じると考えることができるからである。

図表4-1をみてみよう。CSRを階層的に理解すると，第1にベースにある経済的責任を果たせない企業は存続できない。しかし，次に当該企業のビジネ

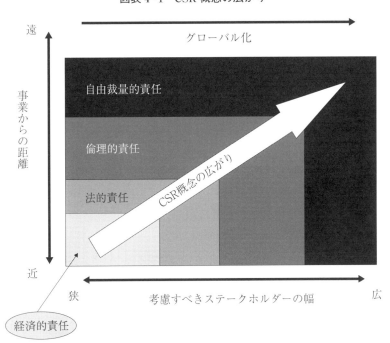

図表4-1　CSR概念の広がり

出所：筆者作成。

46　第Ⅰ部　グローバル時代の国際ビジネス

ス活動が法律を遵守しているかどうかが問われる。さらにビジネス活動が法的には許されても，それによって付随的に発生する負の成果について当該企業の姿勢が問われる（倫理的責任）。さらに，それを行うかどうかが企業の裁量に委ねられているビジネス活動にも責任が存在する（自由裁量的責任）。

　今日，企業の社会性が問題視される時代になると，倫理的責任や自由裁量的責任がよりいっそう注目されるようになる。同時にそれは，新たなステークホルダーの出現や本業や事業から離れた活動を受け入れなければならない。これは，社会が企業に期待する役割の変化が，責任内容の変化を誘発したことを意味する。

　それに対して，企業を主体として CSR を戦略的に捉える視点がある。社会からの期待や要請といった文脈で論じられることの多かった CSR を，企業がそれをいかに主体的に実行できるかといった文脈で捉え直したものである。すなわち，社会からの期待にフィットすることだけを考えるのではなく，企業の戦略的な目標のなかで社会からの期待に応えようとする動きである。ポーター（M. E. Porter）とクラマー（M. R. Kramer）が主張する「戦略的 CSR」「戦略的フィランソロピー」と呼ばれる考え方がそれに該当する[2]。

　さらに，プラハラード（C. K. Prahalad）は社会問題の解決が大きなビジネスチャンスを生み出すという「BOP ビジネス」を提唱する[3]。BOP（Base of the Pyramid）とは，世界の人口を所得ベースでピラミッド化した場合の最下層にあたる人々を総称したものである。BOP 層は年収 3,000 ドル以下の生活を余儀なくされ，その数は約 40 億人に上り，世界人口の 7 割を占める存在となっている。BOP はいわゆる「貧困層」に相当するが，かれらの貧困状態を改善できれば，BOP 層が巨大市場に変わる可能性がある。すなわち，BOP 層の直面する様々な社会問題の解決に，ビジネスの手法でアプローチしようとする点が BOP ビジネスと呼ばれる所以である。

　戦略的に CSR を考えるという視点を提示したポーターとクラマーは，やがて CSR に代わる新たなコンセプトを登場させる。CSR の持つ強い規範的な性質や慈善行為的側面が，企業行動の自由度に悪影響を及ぼし，企業から収益機会や収益動機を奪うことになっている点に対して，社会問題の解決を通して収益を上げるビジネスモデル，「共通価値の創造」（Creating Shared Value：CSV）

を提示した。あくまでも事業の外で行う CSR に対して，事業を通じて CSR の目標を達成しようとするものである。

たとえばナイキは，「世界中のアスリートにインスピレーションとイノベーションを届けます―だれでもアスリートになれるのです―」というミッション(4)を掲げ，スポーツ用品を提供するという事業を超えて，地域コミュニティや世界が抱える社会的問題に適切な解を提供することを謳っている。

CSR の概念は今日，国内企業，多国籍企業を問わず，企業に「社会性」の観点から新たな役割が存在することを教えてくれる。そして関連する諸概念の登場は，社会性が利益を生み出す新たな源泉として認識されつつあることを予感させる。ただし，CSR は概念的に統一されておらず，「社会性か収益性か」といった疑問は常に存在する。しかし，「社会性」という企業評価尺度が規範的な性格から戦略的な性格を帯びてきている点では，「社会性」と「収益性」は決して反駁するものではないことを示唆しているといえよう。

3　グローバルな CSR とは

3-1　なぜ多国籍企業の CSR が問われるのか

グローバリゼーションは，国家に，企業に，そして個人にも多くの恩恵をもたらしてきた。しかし他方において，グローバリゼーションは，国家主権の衰退，市場経済化の流れを加速させ，それらから取り残された周縁（マージナル）部分を創り出している。周縁部分には，貧困層や社会的弱者などが存在し，グローバリゼーションはその予備軍となる新たな階層の人々を次々と生み出している。そのような周縁部分では，失業・貧困の拡大，非識字人口の増大，地球環境破壊，都市のスラム化などの社会問題が発生している。いわゆる BOP 層もそれら周縁部分に相当する。

多国籍企業の活動をいっそう促進させるのもグローバリゼーションである。そのため，グローバリゼーションが創り出す周縁部分は多国籍企業活動の所産であるとする考え方が存在し，「反グローバリズム」と呼ばれる思想や活動の根拠の１つとなっている。「反グローバリズム」は，多国籍企業の活動を通し

て生み出される富の集中，環境破壊，あるいは文化的多様性の消失といった現象に対して，その是正を強く求めている。したがって，世界経済の主要なアクターである多国籍企業が社会問題解決への貢献に舵を切ることができれば，それらを要求するステークホルダーに対する多国籍企業の CSR となるのである。

バーノン（R. Vernon）は，多国籍企業の活動になぜ倫理性が要求されるのかに関して，多国籍企業が持つ重要な行動特性を挙げている[5]。第1に，多国籍企業はいともたやすく国家間で生産・販売拠点をシフトさせることができる点。第2に，多国籍企業が行う自らのネットワーク内での子会社間の国際的取引は企業内取引となるため，国内企業に比べて，国際的取引をより強固な支配下におくことができる点である。さらに，多国籍企業の行動は，目につきやすく，大規模で，そして明らかに異質であるという性質上，常に精査・監視の的になりやすいという。

第1の指摘は，多国籍企業が本来的に持つ「移転能力（transferability）」に着目している。すなわち，多国籍企業はその移転能力ゆえに，知識やスキルあるいは技術といった自社の競争優位を組織ネットワーク内で縦横無尽に移転させることができ，グループ全体の競争力を獲得する。しかし，その能力はときとして外部不経済までをも移転させ，進出先国に不利益を与えることがある。たとえば，多国籍企業が古くから揶揄される「公害や貧困の移転の担い手」というのはまさにこの点を表現したものである。

第2の指摘は，多国籍企業のネットワーク内における本社・子会社間のコントロール性に着目している。たとえば，グループ内での取引は，企業間取引に比べて調整コストを大幅に削減できる可能性が高い。わかりやすくいえば，「無理が効く（いえる）」のである。しかし同時に，これは本社が子会社に非倫理的行為をも強制させることを可能とし，しばしば進出先国の政策や慣行とコンフリクトを起こすことになる。

以上のように，多国籍企業の行動特性それ自体が，多国籍企業行動の危険性そのものに注意を喚起することになる。そのため，多国籍企業行動を促進させるだけでなく，その行き過ぎた行動を「規制」する考え方もまた必要となる。

3-2　多国籍企業への様々な国際規制

　多国籍企業の行動に関して，「規制」という側面から国連等の国際機関で議論がスタートしたのは，1970年代に入ってからである。たとえば，国連は1973年に『世界開発における多国籍企業』と題する報告書を作成した[6]。次いで1974年には『多国籍企業が開発過程および国際関係に及ぼす影響』という報告書を公表した。また，ILO（International Labour Organization：国際労働機関）は1971年の『多国籍企業によって引き起こされる社会問題』に関する決議を受け，1973年に『多国籍企業と社会政策』を出版した。OECD（Organisation for Economic Co-operation and Development：経済協力開発機構）は1976年，『多国籍企業行動指針』を採択している。これは，OECD加盟国からの企業に対する「勧告」であり，企業の自主的対応が期待されている。

　これらの報告書や行動指針は，多国籍企業の行動について「規制」という方向からアプローチしたものである。とくに，先進国から発展途上国向けの投資にともなう摩擦の増大を受け，発展途上国が多国籍企業に対して抱く反発から，「南北問題」としてその活動の規制を主眼に置いた議論が展開されたのである。すなわち，「多国籍企業悪者論」なる多国籍企業観を背景とした行動指針である[7]。

　他方において，1990年代以降CSRに関する様々な国際基準やガイドラインが作成されている。これらの行動指針や国際基準のなかには，多国籍企業に自らの規範を設けるよう促したり，国際機関側においても，グローバル時代における多国籍企業の存在意義を認め，それらの活動にともなう社会問題への有効な解決者として多国籍企業を活用しようとする姿勢がみられる。

　たとえば，1986年に発足した日米欧の多国籍企業の経営者から構成される民間グループの「コー円卓会議（Caux Round Table）」は，1994年に「企業の行動指針」を発表した。ここでは，「共生」と「人間の尊厳」という倫理原則を基本として，グローバル時代における企業の責任を意識し，自らの行動を律するべく行動規範が策定されている。

　OECDの『多国籍企業行動指針』も2011年5月に最新改訂され，「情報開示」，「人権（最新改訂で追加）」，「雇用および労使関係」，「環境」，「賄賂，賄賂要求，金品の強要の防止」，「消費者利益」，「科学および技術」，「競争」そして「納税」

50 第Ⅰ部 グローバル時代の国際ビジネス

についてのガイドラインを勧告している。また，国連グローバル・コンパクト（United Nations Global Compact）は，1999 年の世界経済フォーラム（通称ダボス会議）におけるコフィー・アナン国連事務総長の演説を受けて作成された「盟約（compact）」である。グローバル・コンパクトは人権，労働，環境に関する9つの原則を設定し，多国籍企業に対しては，最高経営責任者による支持の表明，グローバル・コンパクトの普及促進，グローバル・コンパクトのウェブサイトにおいて，各企業の具体的取り組み，活動の成果報告を年に一度求めている。

　さらに，国際標準化機構（International Organization of Standardization：ISO）は，2010 年 11 月に初めての CSR に関する国際規格「ISO26000」を正式発行した。ISO26000 は，既存の CSR に関するガイドラインとは異なり，企業を含む組織体一般を対象にそれらの社会的責任の実践を企図していることから，「企業の」社会的責任（CSR）ではなく，「社会的責任（Social Responsibility：SR）」と表記される。さらに，同規格は作成にあたって，先進国のみならず発展途上国を交えた場で，様々なステークホルダーが参加，議論を重ねたという点で，グローバル・レベルの CSR に関する 1 つの方向性を示している。

　以上のような，国際機関が中心となって作成されたフォーマルな行動指針だけでなく，投資家，消費者，圧力団体といったステークホルダーがインフォーマルな形で与える圧力も，多国籍企業行動にとっては脅威となる。多国籍企業の活動を規制しようとする様々な国際機関の行動規範や行動指針，あるいはステークホルダーからの圧力に対して，多国籍企業の CSR はいかにあるべきだろうか。

4　多国籍企業としての CSR

4-1　企業は社会に対していかなる価値を提供できるか

　世界の市場で自社製品を販売する多国籍企業にとって，各市場にもたらされる第一義的な価値は，製品それ自体の物理的機能がもたらす利便性にあり，経済的価値といえる。自動車は交通手段の乏しい地域に，移動の自由を提供する。

携帯電話は，有線電話のない地域にまで，コミュニケーションの自由を約束することになる。しかし，先進国市場においてはどうであろう。「移動の自由」や「コミュニケーションの自由」はすでに達成されている。そのような市場ではむしろ，交通渋滞の緩和や解消，あるいはプライバシーの確保といった社会的ニーズが存在し，これはそれら製品を持つことで引き起こされる社会問題に他ならない。そのため，先進国市場ではその社会的ニーズを満たし，社会的価値を提供する努力が企業に求められていると考えることができる。

　他方，それらの製品を持てないことにより発生する，あるいは持つことのできない状況の原因となる社会問題が発展途上国や新興国の市場で散見される。貧困問題，それによって引き起こされる衛生問題，教育問題ならびに環境汚染といった社会問題は，多国籍企業が販売する製品の市場投入に際して，経済社会的インフラが未発達な状況として参入を阻む要因となってきた。したがって，新興国市場に参入を考える企業は，それら社会問題の解決や軽減の同時達成を目的に市場進出しなければならない。換言すれば，自社の製品を購入可能な経済社会的インフラの構築を含めて市場参入しなければならないことになる。

　先進国市場にせよ，新興国市場にせよ，これら社会問題に対峙する際に必要なのは，企業は社会にいかなる価値を提供できるかを事業定義として考えることである。すなわち，製造販売する製品やサービスを以て自社の事業定義を行っていた時代から，広く社会的価値を体現できる事業の再定義が必要になる時代へと移行しているのである。しかしながら，ことはそれほど簡単ではない。というのも，事業定義を変更するということは，新たな経営資源の投入や組織の再編を必要とするだけでなく，製品やサービスに対する既存の知識をいったんリセットすることさえ要求されるからである。その点，早くから社会問題の解決を自社のビジネスとリンクさせてきたスイスのネスレ社は，「栄養・健康・ウェルネス」に関する「共通価値」を創造するべく，「栄養，水，農村開発」に注力する企業としての事業定義を行い，「食品企業」といった事業定義よりも，より幅広く，そして自社の事業目的を鮮明に打ち出すことに成功している。

　多国籍企業が海外子会社を含めたグループ企業として認識される以上，多国籍企業は，世界中に存在する多くのステークホルダーからの評価にさらされることになる。どのような製品やサービスを提供したかにとどまらず，最終的に

52　第Ⅰ部　グローバル時代の国際ビジネス

いかなる社会的価値をもたらすことができたのかについて，ステークホルダーの関心は集まると考えられる。したがって，製品やサービス先行型の事業の方向性よりも，もたらされる社会的価値先行型の事業の方向性がまず提示され，その後その方向性をいかなる戦略によって達成するのかが内外に明らかにされなければならない。

4-2　グローバルな社会的価値創造のための CSR

これまで，多国籍企業になぜ倫理性や社会性が求められるのかを，その組織的特性，行動特性から論じてきた。CSR は多国籍企業に限って論じられる問題ではないが，グローバリゼーションの進展によって企業競争のフィールドもグローバル化した現在，その経済的・社会的インパクトの点から，いかなる社会的価値を創造できるかに関して，多国籍企業はよりいっそう戦略的な対応が求められている。

戦略的対応にあたって考慮すべきは，まず社会的価値の創造のためにいかなる社会的課題を解決目標とするかにある。たとえば，キリンのノンアルコールビール「フリー」の開発[8]は，「新たなビールのジャンル開発」というよりも，「飲酒運転撲滅」という社会的課題が直接の動機となっている。すなわち，ビールの製造を本業とする同社が，まったく意図していない使用（飲酒）の結果として引き起こされた社会問題に対して，ビールの力で解決することはできないかと考えたのである。本来であれば飲酒運転の元凶とされてしまうアルコール（ビール）の存在を，一転ノンアルコールビールというコンセプトにすり替えることで，飲酒運転撲滅の旗頭としてのビールの存在を強調し，社会的価値を創造したのである。

また，スポーツクラブ事業を全国で展開する株式会社ルネサンスは，「健康」を提供することを自社の事業と定義している[9]。同社はベトナムにおいてもスポーツクラブ事業を展開しているが，当地において同事業がもたらした社会的価値が実に興味深い。同社のベトナム展開の目的は，経済発展著しいベトナムにおいて「健康」を主眼とした同社のスポーツクラブを展開することにあった。

しかし，そのなかで同社がとりわけ力を入れたのは，現地において社会問題

となりつつあった子供の水難事故を減らすための水泳指導であった。同社は，現地の水泳教室の指導方法の遅れにビジネスチャンスを見出し，インストラクターの指導方法をはじめとして，同社のスイミング教室運営の技術を余すことなく移転することで，水難事故者数の減少というベトナムが国として解決を希求していた社会的課題に挑み，結果，社会的価値の創造に成功したのである。

多国籍企業の社会的価値創造は，海外子会社がそれぞれの環境のなかで見出した社会的課題への対応が全体として評価されることで達成される。すなわち，社会的価値の創造も連結ベースで評価されることになるのである。各海外子会社はそれぞれ異なった企業環境に直面しているため，対応すべき社会的課題の内容もそれぞれである。したがって，対応すべき社会的課題の発見，対応にあたっての経営資源の投入と創造された価値の測定といった一連の活動は戦略的に行われなければならない。

グローバルな社会的価値をいかに創造するか。多国籍企業の CSR は新たな局面を迎えている。

（注）

（1）　Carroll, Archie B., "A Three-Dimensional Conceptual Model of Corporate Social Performance," *Academy of Management Review*, Vol. 4, No. 4, 1979, pp. 497-505.

（2）　Porter, M. E. and M. R. Kramer, "The Competitive Advantage of Corporate Philanthropy," *Harvard Business Review*, Dec. Vol. 80, No. 12, 2002, pp. 57-68. および, Porter, M. E. and M. R. Kramer, "Strategy & Society: The Link between Competitive Advantage and Corporate Social Responsibility," *Harvard Business Review*, Dec. Vol. 84, No. 12, 2006, pp. 78-92.

（3）　Prahalad, C. K., *The Fortune at the Bottom of the Pyramid: Eradicating Poverty Through Profits*, Wharton School Publishing, 2004. （スカイライト コンサルティング訳『ネクスト・マーケット』英治出版, 2005 年）。

（4）　ナイキ社 HP≪https://about.nike.com/≫。

（5）　Vernon, R., "Ethics and the Multinational Enterprise," *Ethics and the Multinational Enterprise, Proceedings of the Sixth National Conference on Business Ethics*, edited by W. Michael Hoffman, Ann E. Lange and David A. Fedo., 1986, pp. 61-62.

（6）　本報告書は，国連が多国籍企業問題を本格的に捉えた最初の文書であるといわれている。

（7）　ただし，これらの行動指針はその後，多国籍企業を発展途上国の経済発展に必要不可欠な存在とする視点から，それらを積極的に経済開発に活用する方向へと進んでいく。これについては，次の文献に詳しい。鈴木多加史「国連における多国籍企業観の変遷—多国籍企業悪者論的視点から開発への利用へ—」入江猪太郎監修，多国籍企業研究会編『多国籍企業論の系譜と展望』文眞堂, 1984 年, 18-35 ページ。

54 第Ⅰ部 グローバル時代の国際ビジネス

（8） 「『キリンフリー』─単なるアルコールゼロではない，社会に貢献する商品を作る。」
　　　≪http://j-net21.smrj.go.jp/develop/foods/entry/2011010501.html≫
（9） 同社ホームページ≪https://www.s-renaissance.co.jp/about/philosophy/≫他各種資
　　　料より。

┌─ ［Review & Discussion］ ──────────────────────
│ （1） 多国籍企業の CSR が問われる最近のニュースを調べてみよう。
│ （2） 多国籍企業のどのような行動特性が CSR を考える際に重要となるのだろう
│ 　　　か。
│ （3） 多国籍企業の CSR と利益はどのような関係にあるのだろうか。
│ （4） 社会的価値を創造した多国籍企業の事例を調べてみよう。
└───────────────────────────────────

───次のステップへの推薦・参考文献───

1 Caroll, A. B. and A. K. Buchholtz, *Business & Society: Ethics, Sustainability, and Stakeholder Management,* 9th ed., Cengage Learning, 2015.

2 土井一生・李正文・桑名義晴・江夏健一「東南アジアにおける日本企業のグローカル社会貢献（1）（2）」『世界経済評論』第 43 巻 11 号, 第 44 巻 10 号, 世界経済研究協会, 1999, 2000 年, 40-48 ページ, 40-51 ページ。

3 小林俊治・高橋浩夫編著, 日本経営倫理学会監修『グローバル企業の経営倫理・CSR』白桃書房, 2013 年。

4 Paine, L. S., *Value Shift*, McGraw-Hill, 2003.（鈴木主税・塩原通緒訳『バリューシフト─企業倫理の新時代』毎日新聞社, 2004 年）。

（土井　一生）

CASE *1* ••••••••••••••••••••••••••••••••••••

カルロス・ゴーンとグローバル・リーダーシップ：その背景と行動

1　カルロス・ゴーンとグローバル・リーダー

　組織の成功にとってリーダーの存在が重要なことは広く知られているが，効果的なグローバル・リーダーはグローバル組織にとって非常に重要な資産といわれる[(1)]。グローバル・ビジネスにおけるリーダーシップ研究を取りまとめたメンデンホールとオスランド（M. E. Mendenhall and J. S. Osland）は，グローバル・リーダーとは，複数の国境を越えるステークホルダーと複数の国境を越えた外部機関と複数の文化の文脈を含み，時間的・地理的・文化的な複雑性の下で，信頼の醸成・組織構造とプロセスの調整を通じた共同体の構築によって，組織に重要かつポジティブな変化をもたらす個人であると定義づけている[(2)]。この定義には，本国の枠組みを超えて戦略を構築し組織に影響を与えるリーダーという意味と，本国以外の国に出向いて行きリーダーシップを発揮できるという意味合いの2種類がある。

　カルロス・ゴーンはグローバルに影響を与えるリーダーという側面と，国を越えてリーダーシップを発揮できるリーダーという側面の2つの面からグローバル・リーダーとして国内外で広く認知されている[(3)]。ゴーン氏がグローバル・リーダーとして活躍できる背景の1つとして"文化的な差異"は，ハンディキャップと新しい何かを生み出す強力な種のどちらにもみなしうる[(4)]という異文化に対する認識がある。本ケースでは，日本という異文化圏で強いリーダーシップを発揮したゴーン氏のグローバル・リーダーシップとその背景を紐解いていく。

2　日産着任までのゴーン：そのグローバル・リーダーシップの背景

　カルロス・ゴーンは，レバノン系ブラジル人の父とレバノン系フランス人の母のもとに1954年にブラジルで生まれた。祖父のビシャラ・ゴーンは，ゴーンが生まれる前にこの世を去っているが，レバノンからブラジルに移住してきて，裸一貫からゴム取引および航空関連事業を起こした起業家マインドある人物であったという。

56　第Ⅰ部　グローバル時代の国際ビジネス

　ゴーンの父親ジョージは，航空関連の事業を引き継いだ。ゴーンの母親はナイジェリアで生まれレバノンに戻り，レバノンにあるカトリック系の学校でフランス語の教育を受けた。レバノンで結婚した２人はその後ブラジルに戻り長女のクロディーヌと長男のカルロスをもうけた。

　その後ゴーンが２歳の時に胃の病気を患ったことから母親と子供達が治療のためレバノンに帰り，父親がブラジルとレバノンを行き来するという生活をすることになった。ゴーンは，初等教育から始まって中等教育課程を終える17歳までベイルートに住みカトリック系の教育を受けた。当時最も夢中になったのは歴史と地理で，"リスク"という世界各地の様々な国のことを知ることができる大きな地図のゲームに夢中になっていたという。

　このような生活のなかでゴーンの第一言語は何度も変わった。幼少の頃はポルトガル語，レバノンではアラビア語とフランス語，フランスでフランス語，そしてブラジルに戻ってからはポルトガル語となり，米国では英語になった。こうしたバックグラウンドは，カルロス・ゴーンの多様な価値観を受け入れるリーダーシップに影響を与えたと考えられる。

　その後ゴーンは，フランスで ecole de min（国立高山学校）およびエコールポリテクニーク（国立理工科学校）に進んだ。フランスのグランゼコール（エリートの養成機関）で，ゴーンは異質な存在であった。レバノンに行った時からレバノンで生まれレバノンで教育を受けてレバノンで仕事に就くという普通のレバノン人ではなく，ブラジルで生まれてポルトガル語を話しレバノンに住むという，ゴーンは異質な存在であった。フランスで教育を受けるようになってからも五区に住んで自宅通学してくる平均的なフランス人生徒に比べれば，ブラジル生まれでレバノンで義務教育を受けたゴーンは異質な存在であった。振り返ってみると，ゴーンは常に他人と違った存在で，どこに行ってもみんなとまったく同化して集団の中に溶け込めたと実感したことはなかったという。しかしそのなかでゴーンは，自分が異質であることを楽しんでいた。子供時代には，人と違うことで確かに難しい時期はあったという。しかし，その困難を子供時代に克服しておくことで，大人になってから物に動じない強靭な精神を鍛えることができ，その異質性が仕事を始めてからは長所となってきたのである。

　フランスの高等教育は知的議論に秀でていることが重要視され，卒業時の席次が問題になるので勉学はどうしても１人で進められることになりがちである。また，ゴーンの学生時代には教師との交流もあまり活発であるとはいえなかった。こうしたことから，フランスではコミュニケーションの取り方がうま

く学べないきらいがあり，ゴーンは米国の学生がごく自然な形で自己表現をするのをみてフランス人にはない能力であると驚いたという。彼はこの能力は役に立つと思い，実地で学んでいくことを心に決めた。ゴーンは大学以降に意図的にコミュニケーション能力を磨いたのである。

卒業後，ゴーンはミシュランに就職した。ミシュランでは同期入社の幹部候補者が3ヵ月間寝食を共にする研修を行い，同期生同士のネットワークを構築する。これはフランスでも特殊なシステムのようであるが，ゴーンは社会人生活の初期に偶然にも日本企業の新人研修と一部似た体験をしていたのである。

ミシュランではブラジルやアメリカの子会社で社長を務めてきたが，この時代に得難い体験をしたことが，自分自身のリーダーシップを構築していると本人は述べている。それは若いうちに大きな責任を与えられ，それをやり遂げたことである。まずゴーンは，1981年に，27歳でル・ピュイというまだ小さくて新しい工場の工場長に任命されている。これはミシュランのなかでも異例の若さであった。その後，31歳でブラジルのミシュラン社長を経験し，35歳で当時のミシュラン全社売上の4割を占める重要市場である北米ミシュランのCEO（最高経営責任者）を経験している。この背景として当時の社長であったフランソワ・ミシュランが，大きな権限を与えてくれたことは大きかった。

その後ルノーに移ったゴーンは，危機的状況にあったルノーの再建を主導している。1996年頃のルノーは，過去の負の遺産を克服できず大幅な赤字に転落していた。彼はその再建策の一環としてベルギーのbillboard工場の閉鎖を提案し，シュバイツァー社長の合意を取り付け実行に移した。閉鎖される工場はこの1カ所だけだったのだが，この工場閉鎖は，労働者への事前の説明が不足していたとベルギー国王も非難し，フランスとベルギーの外交問題にも発展しかねない状況だったといわれている。

このような困難な課題に挑戦し，翌年の97年にルノーは黒字に復帰している。これを遂行したことで異文化環境下で困難な状況に直面しながらも，それを遂行するなかでグローバル・リーダーとしての経験を蓄積していたと思われる[5]。

3　日産着任後のゴーンのグローバル・リーダーシップ

ゴーンが着任する前の日産は70年代半ばに国内シェアが一時は30％に迫ろうとしていたものがその後25年間にわたって下がり続け，99年にはピーク時の半分である13％に落ち込み，1990年代の10年間で黒字は3年のみであった。

もちろんこの間，日産の経営者は何とか業績を好転させようと様々な改革案

図表1　日産のマーケットシェア推移

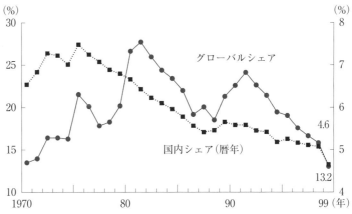

出所：日産資料。

を打ち上げたが，継続的に業績を向上させることはできなかった。前任の日本人経営者がなかなか向上させられなかった日産自動車のパフォーマンスを短期間で劇的に改善させたいわゆる"日産リバイバルプラン"ではゴーンのグローバル・リーダーとしての特徴が様々な面で見られる。

　まず特筆すべきは，ゴーンはそれまで日本で仕事をしたこともなければ，日産自動車に勤務したこともなく，日本語を話すこともできないなかで，変革を遂行したことである。それまでのゴーンは，生まれた国であるか（ブラジル・ミシュランにおいて），同じ会社であるか（フランスから米国に移動したが，同じミシュランという会社において），高等教育を受けた言語圏であるか（フランスにおいて）のいずれかの環境下でリーダーシップを発揮してきた。しかし，日産リバイバルプランにおけるゴーンのリーダーシップは，同じ文化圏でも，同じ会社でも，同じ言語圏でもない環境で発揮されたのである。

　結果が出てから振り返ってみると，ゴーンによるリバイバルプランの成功は必然にもみえるが，来日当初もしくはリバイバルプラン発表時には，ゴーンが成果を出せるかということに関しては，懐疑的な声が多かった。危機的な状況下においては，外部から来たリーダーが比較的リーダーシップを発揮しやすいというのは事実であろうが，国と会社と言語の3つの側面において外部から来たリーダーにとってのディスアドバンテージが大きいことには留意するべきで

ある。

　効果的にリーダーシップを発揮するには，リーダーとフォロワーの間でトラスト（信頼感）が醸成されている必要がある。とくに日本はリーダーとフォロワーの間で信頼を構築するには両者の間で長い時間を共有することが必要とされている（清水，2000）。しかし，危機的な状況において短期間にターンアラウンドを遂行しなくてはいけないゴーンには，長い時間をかけて信頼関係を日産社員と構築していく余裕はなかった。

　信頼の獲得：では来日当初の限られた時間をゴーンはどのように使ったのだろうか？　彼は 1999 年の 4 月から 7 月までの最初の 3 カ月間で相当の時間を割いて，日本のみならず欧州，北米，アジア，中近東などの世界各国の現場をまわり，生産工場，開発，購買，販売，マーケティングなどほぼ全部門においてその部署のトップのみではなく，部長や現場の課長クラス，そして外部の関係者と直接会って話をすることに時間を費やしたという。日産の志賀元 COO（最高執行責任者）は以下のように語っている。

　「ゴーンは（1999 年来日早々），6 月末の使用を就任後の最初の 3 カ月間で可能な限り多くの日産事業拠点を訪問したいと言ってきた。どんな場所のどんな人に会いたいかということのメモを送ってきたので，そのメモに応じて日産の日本，米国，アジアすべての工場，様々な階層の人々への訪問を調整した。正直この 3 カ月間ですべてに会えるんだろうかと不安を感じていたが，彼は実際に世界中を回ってすべての日産の事業所，テクニカルセンター，工場，ディーラー，部品のサプライヤーを訪問した。その数は 600 を超えていたと記憶している。社員との一対一のミーティングで彼は，次の 3 つの質問をしていた。①日産の強みと弱みは何か，②あなたの強みは何か，③日産の再生に対してあなたが貢献できることは何か。」

　会社のトップから上記の 3 つのような質問されたことのなかった多くの社員は，とまどいながらもゴーンへの期待感を感じたという。こうした数多くの現場における対話は，外部から来たゴーンに日産社内および会社を取り巻く状況への知見を与え，多くのフォロワーに対してこのリーダーは話を聞いてくれるという信頼感を与えたのである。日産で最年少の役員になった遠藤氏は以下のように語っている。

　「ゴーン氏は，一方的に彼の考えや意見を押し付けることはなかった。ただ，我々がそれまで想定をしてなかったような様々な質問を投げかけてきた。た

とえば，自分が会社に対してどのような貢献ができるかというようなことは考えたことはなかった。自分が何をしているかということは簡単に答えられるのだが，何の貢献ができるかということは容易には答えられなかった。しかし，99年の危機的な状況ではそうした質問をすることが実にフェアであると感じた。」

　コストカッターというニックネームで知られていたゴーンに対して，日産の社員は当初「過酷なリストラを強要するのではないか」，「日産がルノーの植民地のような扱いをされるのではないだろうか」といった不安を抱いていた。日産はルノーとの提携前にダイムラーとの提携協議をしており，その際のダイムラーの高圧的な態度が記憶に残っていた。しかしながら，ゴーンは日産の発行済株式総数の3分の1以上（36.8％）を握るルノーから派遣されていたにもかかわらず，常に日産を尊重する姿勢を崩さなかった。ルノーから連れてきたマネジャーが，日産に対して搾取的な言動を行った場合にはそれをたしなめ，場合によってはそのルノーからの派遣者をフランスに帰任させることすらもあったという。ルノーから第一陣として送られてきた社員は17名であったが，パリを発つ前に彼はこのメンバーに活動プランを配っており，そこには「日産を変えようなどと思うな。日産を立て直す手助けをするそれに尽きる」という趣旨の言葉が添えてあった。このような日産の利益を尊重するゴーンの姿勢を目の当たりにして日産の社員達はゴーンおよびルノーへの信頼感を急速に強めていった。

　出資先の企業に対して出資元の企業が高圧的な態度に出る事例が少なくないなか，出資先の日産の利益を尊重したマネジメントを行うことができた背景には，ルノーのシュバイツァー会長の理解や，ルノーよりも日産が企業規模の大きい会社であったことなども影響していたと思われるが，日産の利益を優先しようというゴーンの強い意志が重要であった。このようにして新たに着任した日本という異国の地，日産という異なる会社においてゴーンは急速に信頼を構築していった。

　リーダーがフォロワーと信頼関係を構築しなくてはいけないのは，リーダーがフォロワーに対して効果的に影響を与えなくてはいけないからである。つまり，ゴーンは日産社員達と効果的かつ効率的なコミュニケーションを行わなくてはいけない。ここでの問題は，ゴーンが日本語を話せないということだけではなく，日産とルノーが様々な点において異なった前提や価値観を持っていたことである。リーダーはフォロワーとの間に共通言語を持つ必要があるのだが，

ゴーンは“定量化”という共通言語を用いた。たとえば，単に日産の状況に危機感を持てというだけではなく，その期間の程度を具体的に定量化してみせたのである。ゴーンの着任時点では，連結での利益状況も，車のブランド当たりの利益というものも明確に把握されていなかった。ゴーンは，そうした利益状況や，財務状況を見える化し社内に伝えていった。

　知らないことを武器に：リーダーはそのポジションが上がるにつれて知らないことに対しても意思決定をする必要が出てくる。複数の事業を持つ大企業のトップは必ずしも自分が詳しくない事業分野に対しても意思決定を迫られる。グローバル・リーダーは，自分の詳しくない地域に関しての意思決定をしなくてはいけないであろうし，コンテクスト（文脈）を共有していない人とも適切にコミュニケーションを取らなくてはいけない。

　来日直後のゴーンとルノーから来日したマネジャー達は，日本の言葉も知らず，日本のビジネス常識や文化なども詳しくなく，日産という会社を取り巻く環境や組織文化などに関しても知らないことが多かった。そのような状況下でゴーンとルノーのチームは，逆にその知らないことを武器に日産社員とコミュニケーションを取っていった。当時のルノーから来日した中核メンバーで，現在はルノーの役員となっているソーンマン氏は以下のように述べている。

　「われわれは多くの時間を費やしてひたすら質問を繰り返す中で日産のことを理解し回答を見出していった。日本の人々は非常に礼儀正しく忍耐強かったので，われわれは同じような質問を何度も繰り返し解決策への理解を深めていった。われわれにはそのような質問をする言い訳があった。われわれは日本語の読み書きはできず，日本や日産の常識を知らなかったので，なぜこのような形でビジネスが行われているのかという素朴な質問をすることが可能だった。われわれはこうすべきだという意見を押し付けることはせず，このような考え方をしたことはありませんかといった質問も投げかけながらコミュニケーションを重ねていった。何度かそうしてやり取りをした数日後，日産の人々が，『われわれの中でいろいろ考えてみたのですが，こんなアイディアを思いつきました…』と新たな実行案を携えてくることも少なくなかった。」

　ゴーンとルノーチームは日産社員とその文化を尊重するが，納得できないことは妥協せずに質問を重ねることで徹底的に掘り下げていった。そのことが新たな視点からの改革につながることも少なくなかったという。

ゴーンが，日産リバイバルプランにおいてクロス・ファンクショナル・チームという部門を超えて課題解決を行う若手を中心としたプロジェクトチームを組織し，問題解決にあたらせたことは有名である。このクロスファンクショナルチームには，トップダウンではなくミドルアップで解決策を考案することで，実効性の高い解決策を作り社員のやる気を増加させる効果があったことはすでによく知られている。こうした効果に加えて，来日当初のゴーンやルノーのマネージャー層の日産に対する知識の不足を日産の社員が補うという効果もあっただろうことは想像に難くない。

フォーリンネスのマネジメント：Foreignness（フォーリンネス：外来性）は元々多国籍企業が海外に行くと現地の知見がなく，ネットワークも少なく，異質なものとみなされることがコストになることが多いことから Liability of Foreignness（LOF：外来性の負債）という文脈で使われることが多かった。前任の日本人経営者ができなかった日産の再生をゴーンが実行できた理由として，彼が外国から来ていてしがらみがなかったからであるといわれることが少なくない。しかし，ゴーンとルノーチームが外国から来たこと，そして社外から来たこと自体には，日産における社内ネットワークの少なさや，日本のビジネス文化に関する知見の少なさなど放っておくとマイナスとなりうる要素が多々あったことは忘れてはいけない。ゴーンは，ここまでみてきたように早期の信頼構築，共通言語の構築，知らないことを武器にするなどを通じて彼自身（そしてルノーのマネージャー達の）Foreignness を Liability（負債）ではなく Asset（資産）となるように行動したのである。このような Foreignness のマネジメント能力はグローバル・リーダーにとって今後さらに重要性を増すであろう。

4 グローバル・リーダーシップの拡張：中国への参入

ゴーンは自分自身がグローバル・リーダーとして直接リーダーシップを発揮するのみではなく，他者を通じて間接的にリーダーシップを発揮することも行っていた。たとえば日産と中国の東風自動車（以下，東風）が合弁会社をつくった時には，その合弁会社の代表取締役として中村克己氏を派遣した。中村氏は優秀なスーパーエンジニアとして非常に著名であったが，それまで会社の経営経験はなく，海外駐在も初めてであった。東風の商用車部門は合弁当時業績が振るわなかったので，中村氏には初めて赴任する中国において東風の商用車部門の立て直しをしつつ，乗用車部門を立ち上げるという非常に難易度の高い

CASE 1 63

かじ取りが要求されていた。東風は国有企業でプライドが高いと認識されていたので，その組織に溶け込むだけでも大変であると想定されていた。

ゴーンは，中村氏に大きな権限を委譲しつつ，必要に応じて密接なコミュニケーションをとりながら間接的に中国でもリーダーシップを発揮していたのである。日産から派遣された中村氏の中国合弁会社での東風社員に対する振る舞いは，ルノーから来たゴーンが日産社員に対する振る舞いに非常に近かったという。つまり現地の東風社員の組織を尊重する姿勢を常に見せ続けていたのである。こうした中村氏の姿勢は東風側社員の信頼を獲得し，リーダーシップを振るうことに貢献した。

この合弁会社の検討は，リバイバルプランの真っ最中に行われたのだが，ゴーンは複数のチームを活用し，ワーキンググループごとに，生産，開発，購買，財務，意思決定プロセス，製品ラインナップ，マーケティング，流通など主な問題について検討させた。興味深いのは，公式な報告に加えて，数ヵ月の検討期間中，ゴーンは数人の中枢メンバーと毎週金曜日にイタリアンレストランで会食をしていた。中国戦略についてこのような気軽に話し合える場を設定したことによって，通常の会議では話しにくいような内容も率直に話すことができたという。こうした集まりは，ゴーンが中国プロジェクトに大して特別な注意を払っているという印象を社員の参加メンバーに与える効果もあった。

ゴーンが，公式なマネジメントのみでなくイタリアンレストランでの会食のような非公式的な対応も行っていたことは，このような形でゴーンと直接触れ合うこと自体が，参加メンバーがゴーンのリーダーシップを学ぶうえで重要であった。

（注）
（1） Van Dyne and Ang（2006）.
（2） Mendenhall, et al.（2013）.
（3） Osland, et al.（2006）p. 197.
（4） 太田・池上（2017）。
（5） ゴーンの日産着任前の背景部分では，カルロス・ゴーン＆フィリップ・エリス（高野優訳）『カルロス・ゴーン経営を語る』日経ビジネス人文庫, 2005 年, 289 ページを参考にしている。

[Review & Discussion]
（1） ゴーン氏は著名なグローバル・リーダーの１人と思われますが，そのリーダーシップ・スタイルが絶対解ではありません。皆さんが思うグローバル・リーダーとはどのような人物なのかを記述してみましょう。

64　第Ⅰ部　グローバル時代の国際ビジネス

（2）　ゴーン氏の幼少期からの多様な経験が，ゴーン氏のリーダーシップの構築に影響を与えただろうことは想像にかたくありません。では，ゴーン氏のような異国経験を持たないとグローバル・リーダーシップを構築することができないのでしょうか？　文中で説明したように Foreignness（外来性）にもプラス面とマイナス面がありました。たとえば日本国内での学習・就業経験のみであることのグローバル・リーダーシップ構築に向けてのプラス面とマイナス面にはどのようなものが想定できるでしょうか？　皆さんがこれからグローバル・リーダーシップを獲得していくには，どのようなことが有効でしょうか？

（3）　異国・異文化圏でビジネスを行う，リーダーシップを発揮する際に留意すべきことは何でしょうか？　たとえば異文化圏で相手の文化を理解することなどはよく言われることですが，それだけで十分でしょうか？

（4）　Foreignness からくるマイナス面よりプラス面が大きくなるようにするためには，どのようなことに留意する必要があるでしょうか？　受入国のやり方に合わせることは，現地との摩擦を減らす可能性が高いのですが，それでForeignness を活用できるでしょうか？

（参考文献）

1　Mendenhall, M. E. and J. Osland (2013) *Global leadership*：*Research, practice, and development.* Routledge.

2　Osland, J. S., A. Bird, M. Mendenhall and A. Osland (2006) "11 Developing global leadership capabilities and global mindset: a review," *Handbook of research in international human resource management*, p. 197.

3　太田正孝・池上重輔（2017）『カルロス・ゴーンの経営論』日本経済新聞出版社。

4　清水龍瑩（2000）「優れたトップリーダーの能力」『三田商学研究』42 (6)，31-57 ページ。

5　Van Dyne, L. and S. Ang (2006) "Getting more than you expect：Global leader initiative to span structural holes and reputational effectiveness," *Advances in global leadership*, 4, pp. 101-122.

（池上　重輔）

CASE *2* ....

SHIFT：国際ビジネスのジレンマと日産自動車

1　イントロダクション

　日産自動車（以下，日産）・ルノー連合は，2017年1～6月期の世界販売台数で首位に立った。ここ数年世界の自動車市場では，2007年まで77年にわたって首位に君臨してきた米GM（ゼネラルモーターズ）から首位の座を奪ったトヨタ自動車が独フォルクスワーゲン（以下，VW）と僅差で首位を競ってきた。その両社を抑えて初の首位に立ったのが，日産・ルノー連合である。

　そんな日産・ルノー連合も1999年の発足時には「弱者連合」と揶揄された。当時の日産は国内シェアが26年も下降線をたどり，8年間に7回も営業赤字を計上し，有利子負債が2兆円を超える「絶望的な状況」にあった[1]。他方，ルノーも非常に小規模なローカルメーカーにすぎなかった。まさに「何もないところからつくり上げた」[2]同連合の世界販売台数526万8,079台の中身をみてみれば，約20年の間に国際ビジネスが進展し，新興国市場が拡大し，次世代エコカーが誕生し，ルノーのみならず他社との提携が深化したことが読み取れる。

　経営のグローバル化が抱えるジレンマは従来から議論されてきた標準化と現地適応のジレンマに加え，複雑化している[3]。自国の優位性を生かしながら自国中心主義の弊害をどう克服するか。先進国でのビジネスを維持しながら新興国向けビジネスを展開することは可能か。自社の経営資源を活用しながら自前主義の弊害を回避できるのか。

　本ケースを執筆した2017年は，カルロス・ゴーン会長兼社長兼CEOが社長とCEOを退任し，後任に西川広人氏が就く社長交代が行われた年である。ゴーン氏の社長就任から実に17年ぶりとなる。この間，複雑化しているジレンマに日産がどのように対応してきたのかをみながら，国際ビジネスに取り組む企業の課題を考えてみることにしよう。

2　グローバルな効率性と現地適応のジレンマ

　「グローバル企業は単一会社のような経営をし，インターナショナル企業

66 第Ⅰ部　グローバル時代の国際ビジネス

は依然として1つの中心と子会社群があると考えている……我々は日産を国際的な拠点を持つ地域的な経営から，グローバル経営へ変えようとしている」[4]。

　国際ビジネス研究では，多国籍企業はグローバルな効率性と現地適応という2つの戦略課題に対応しなければならず，同時達成できる「トランスナショナル経営」がグローバル経営の理想とされた[5]。自動車業界でも，市場ごとの消費者の嗜好や価格センシティビティ，政府規制などが異なるため，各社は個々の市場向けに製品を誂える戦略を長らく採用してきたが，EEC（欧州経済共同体）など単一市場化の動きなどを背景に規模の経済を実現できるワールドカーを展開するメーカーもあった。けれども，世界は予想していたほどフラットではなく，セミ・グローバリゼーション下で自動車メーカーはやはり2つの課題に対処しなければならない。

　2010年7月に発売された4代目「マーチ」は世界の拠点で生産・販売される世界戦略車である。8年半ぶりのフルモデルチェンジを機に生産立地を新興国に切り替え（それまでは主に日本と英国），日本で販売する分はすべてタイから輸入されることが話題を集めた。タイを皮切りにインド，中国，メキシコで生産を始め，世界160カ国・地域で販売する[6]。

　1車種あたりの販売台数の少なさに構造的な弱点があると指摘されてきた日産にとって世界市場で売れるクルマづくりは課題であった。マーチを世界戦略車と位置づけた理由の1つは，小型車の需要が拡大を続けていたことにある。乗用車全体に占める小型車の比率が2004年の約22％から2009年は約27％に上昇し，2010年には30％近くまで伸びると日産は予測していた。また非常にベーシックなデザインと機能を備えたマーチのようなクルマは市場による違いはそれほど大きくなく，グローバルに市場があるという認識もあった[7]。

　上級車種への移行が期待できるならエントリー車種としての小型車の利益率が低くても目をつぶれるが，小型車が市場の中心になれば，そこでしっかりと利益を上げなければならない。加えて，小型車は先進国と新興国の双方の顧客ニーズに応える必要があるため，1つの車種で様々な個性を発揮し，多様なユーザーが求める性能を実現しなければならない。そこで4代目マーチでは開発プロセスを刷新した。まず，世界の販売地域を対象にそれぞれの市場の要求仕様（走行性能や燃費などに顧客が期待するレベル）を洗い出す。次にそれを基に販売地域をグルーピングし，それらすべての要求仕様を満たすことのできるラインアップ（エンジン，変速機，駆動方式の組み合わせ等のクルマの基本構成）を構築する。そして，すべてのラインアップに対応できるよう共通部分（プ

ラットフォームなどの基本骨格部，ドアなど）を設計する。共通部分の上に多
様なラインアップを構築し，全世界をカバーする要求仕様を実現するのであ
る[8]。こうして生まれた「Vプラットフォーム」は新興国では調達しにくい
高張力鋼を使わないなど世界のどこでも入手できる汎用部品だけで造れるよう
設計されており，部品の9割は現地調達しコスト削減を徹底した。単一プラッ
トフォームで100万台規模の販売が目指された[9]。

　さらに日産とルノーは「コモン・モジュール・ファミリー（CMF）」と呼ぶ
設計手法を開発した。自動車をモジュールに分けて共同開発し，それらを異な
るパターンで組み合わせることによって多様な車種を開発するもので，「4 + 1
ビッグモジュール」と表現されるように，車両を機構系の4部位と電子系に分
ける。すなわちエンジンや変速機などのエンジンルーム，前の座席にインスツ
ルメンツパネルまで含めたコクピット，車体下部前部，同後部，そして電子系
部品をまとめた電子アーキテクチャーである（図表1）。機構系のバリエーシ

図表1　CMFの概念図

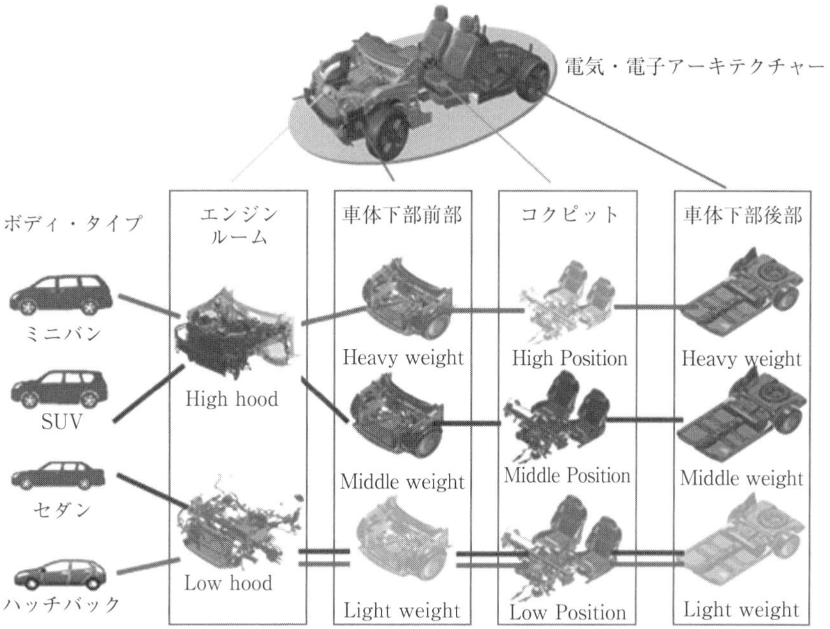

出所:《http://www.nissan-global.com/JP/NEWS/2012/_STORY/120227-01-j.html》

ョンはそれぞれ2種類，3種類，3種類，3種類なので，2 × 3 × 3 × 3 ＝計
54種類。電気・電子アーキテクチャーはハードウェアが1種類で，車種ごと
に異なる可変部分はソフトウェアによって対応する[10]。CMFでは車種ごと
に部品を作る必要がなくなるためコストを削減できる。CMFによる最初の量
産車は2013年12月に発売した日産のSUV「エクストレイル」であり，以降
導入を進め，2020年までに7割のクルマをCMFで開発する計画である。

　CMFのようなモジュール戦略は，特注化（顧客最適）と標準化（コスト競
争力）を高い次元で両立させるための製品開発戦略に他ならない（柴田，
2014）が，日産にとって最大の市場となった中国市場に対しては異なるアプロー
チも採っている。

　中国市場の爆発的な成長を確信しつつも経営再建中だった日産は，2003年
に東風汽車公司と折半出資で東風汽車有限公司を設立し，本格的な参入を果た
した。2006年に東風日産乗用車技術センター（以下，DNTC）を広東省広州市
に開設して日本の自動車メーカーとしては中国で初めて本格的な研究開発活動
を行うようになる[11]。そして，2012年4月に企画から開発の最終段階まで現
地で完結した独自ブランド「ヴェヌーシア（啓辰）」の初量産車「D50」を発売
した。小型セダンの「D50」，その後投入した「R50」，「R50X」は「サニー」（7.98
万元）より安いが，現地メーカーの小型セダンの相場（4万元）よりはるかに
高かったため，新たに開発したのがハッチバック車「R30」である。Vプラッ
トフォームの採用などにより3.99万元という低価格を実現したのであった。

3　先進国ビジネスと新興国ビジネスのジレンマ

　「ダットサンによってロシアやインド，インドネシアなど日産がとらえて
　いない新興国の購買層をつかみたい」[12]。

　生き残りの条件として400万台クラブと呼ばれた1990年代，自動車各社が
対象としていた市場はほとんど先進国であった。VWが中国で先行するなど例
外はあったものの，新興国市場は期待できなかった。しかし，現在では世界販
売に占める新興国市場の比率は5割を超え，新興国の市場拡大が400万台クラ
ブを1000万台クラブに押し上げた（図表2）。1,000万台クラブの仲間入りを
果たそうとしている日産・ルノー連合にとっても新興国ビジネスは重要な意味
を持つ。

　中期経営計画「日産180」を完遂すべく2004年からはゴーン社長自ら直轄
した北米事業は日産にとって最も緊急度が高い重要案件[13]の1つであってき
た。ルノーにとって北米市場は1979年に米アメリカンモーターズと組んだ参

CASE 2　69

図表 2　世界の自動車販売台数（地域別構成比）の推移

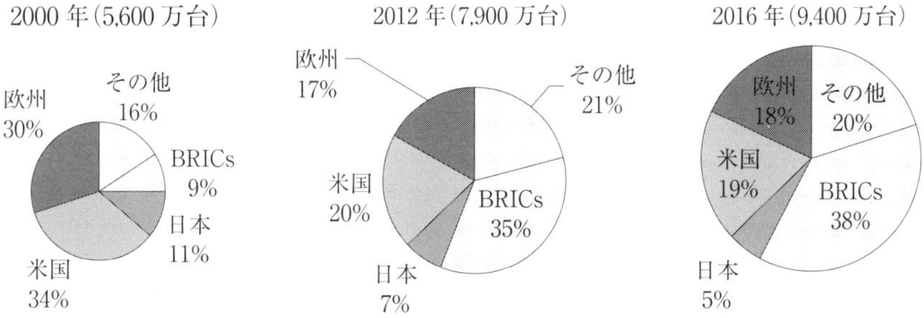

2000 年（5,600 万台）

その他 16%
欧州 30%
BRICs 9%
日本 11%
米国 34%

2012 年（7,900 万台）

欧州 17%
その他 21%
米国 20%
BRICs 35%
日本 7%

2016 年（9,400 万台）

欧州 18%
その他 20%
米国 19%
BRICs 38%
日本 5%

出所：ジェトロ「主要国の自動車生産・販売動向」。

　入が失敗してから手付かずの状態が続いていた。米市場に再参入するために北米（およびアジア）に強い日本企業と提携したともいわれる。しかしながら，「日産180」を達成した2005年秋以降，米国市場（および日本市場において）日産車の販売が低迷したことにより，次の成長エンジンを新興国市場に求めるようになる。

　4代目マーチは企画段階から新興国を強く意識し，ゼロからのプラットフォーム開発や，最新技術を用いて先進国でも通用する性能・品質を実現しながら，現地部材の調達拡大や部品点数の削減などによって新興国の普及価格帯まで低コスト化した。日系完成車メーカーの新興国戦略が旧型モデルを持ち込む第1期から先進国向けに設計された最新モデルを持ち込む第2期を経て，新たな段階に突入したことを示していた。4代目マーチは新興国戦略を変えた革新的なクルマだが，新興国のみをターゲットにしているわけではない。また，日産ブランドはグローバルブランドであり，価格や技術の面で「帯に短し，襷に長し」という面があったことから生まれた「ヴェヌーシア」は「中国国内のお客様しか」ターゲットにしていない(14)。日産の2016年4～12月期の世界販売399万台のうち米国と中国市場が占める比率は6割に達する。東南アジアなどではライバルの後塵を拝したままであり，両市場への依存からの脱却も長年の課題となってきた。

　新興国市場で主に新車を初めて購入する顧客層を開拓すべく，「ニッサン」，高級車の「インフィニティ」に続く3つ目の世界ブランドとして復活させたのが「ダットサン」である。第1弾となる5ドアハッチバックの「GO」は2014年3月にインドで発売された。「ベストなファミリーカーと低価格の両立を目

指した」[15]（GO チーフエンジニア・山口一之氏）という GO は，30 万ルピー台が中心の「アルト」（マルチスズキ）や「イオン」（現代自動車）より排気量が大きく車体もひと回り大きいにもかかわらず，競合できる 31 万 2,270 ルピー（約 53 万円）という低価格を実現した。インド拠点での開発を徹底し，インドとインドネシアで生産することによってコストを抑えた。価格だけでなく，現地の中間所得層に納得してもらえる走行性能にもこだわり，燃費は 1 リットルあたり 20.6 km と競合車のなかでもトップレベルで，インフィニティで採用したノウハウを足回りに盛り込んだ。「『開発の現地化』ではない。GO はインドの車だ」[16]。山口氏がそう語るように，GO は 2007 年にルノーと合弁で設立したルノー・日産テクノロジー＆ビジネスセンター（以下，RNTBCI）が初めて自前で開発したクルマである。GO の開発要員は 1,000 人を超え，インドの人材が 9 割以上を占める。部品の現地調達率は 90 ％以上で，日本からの支援は最小限にとどまり，生産はルノーと合弁で運営するチェンナイ工場で行う。GO もその後インドネシアで発売した 3 列シートの SUV「GO ＋」もともに V プラットフォームのトレッド縮小版を使用しており，V プラットフォームをベースにして新たにつくり上げた新興国専用車なのである[17]。

　新興国専用車の開発にも CMF を駆使する。CMF を初めて新興国で採用した小型クロスオーバー車「redi-GO」は 2016 年 5 月に発売された。ルノーの「KWID」（2015 年秋発売）と同じ小型車向けプラットフォーム「CMF-A」を採用しており，日産にとって CMF-A の初採用車種となる。CMF-A の開発は RNTBCI の日産とルノーの技術者 450 人が担当し，部品・ユニットの作り込みなど設計・開発の上流から日産とルノーとがっちり組むようになっている[18]。

　日産にとってインドは 2020 年までに 5 ％のシェア獲得を目指す新興国市場の 1 つとしても「ダットサン」の生産国としても重要性が増しつつあるが，インドの重要性はそれにとどまらない。パソコン上で高精度な解析をすることによって試作車実験の数を減らしてコストを削減し開発期間を短縮する 3 次元解析モデルなど「CAE（コンピュータ開発支援）」と呼ばれる手法など最先端技術を備えるとともに，インド工科大学など名門大学出身者の優秀なエンジニアを抱える RNTBCI が立地する研究開発拠点としての重要性である。2007 年に設立された同センターは当初，日本向けの下請け業務が主だったが，GO の性能実験は CAE を用いてほぼ RNTBCI で開発作業を完結させたように，インド向けだけでなく米国や日本向けのクルマの CAE 開発も手がけており，日本でも手がけていない最新エンジンの燃焼効率を向上させる開発を担うなどグループ屈指の開発拠点に成長を遂げている。

4 自社資源と外部資源のジレンマ

「リーマン・ショックには思いがけない成果もあった……危機が起きても，将来のために守るべきプロジェクトとは何かがはっきりした。電気自動車だった」[19]。

2017 年は英国とフランスが 2040 年までにエンジン車の販売を禁止するという方針を打ち出し，米国ではカリフォルニア州などが EV（電気自動車）の普及を重視する規制強化に動いた。また新興国でも中国が 2018 年から一定割合のエコカーの生産を義務づけ，インドで EV を優遇する税制が導入されるなど，世界的に脱エンジン，EV シフトへの機運が高まってきた[20]。

2017 年 10 月，EV の新型「リーフ」が日本で発売された。初代とほぼ同じ容積に従来の 1.3 倍の 40 キロワット時の車載電池を搭載し，1 回の充電で走れる航続距離を 400 km に伸ばした。補助金を活用すれば 300 万円を切る価格帯で，EV 時代の幕が本当に開けるのか関心を集めている。

ゴーン氏（当時社長）が「収益が確保できない限り，ハイブリッド（HV）車の量産はしない」[21]と HV 車の開発の中断を宣言した 2000 年，「この技術は捨てられない」と，2 人の技術者を中心とする研究の継続を認めた。門田英稔氏（後にリーフの開発を取り仕切ることになるチーフ・ビークル・エンジニア）の乗り味を左右する中核部品であるモーターとインバーターの開発と，堀江英明氏（エキスパートリーダー）のリチウムイオン電池の基礎研究である。環境技術の本命は EV と燃料電池であるとの予測と，こうした技術的な裏付けがあったからこそ「リーフ」は最初から量販を目指すことができたと言われ，2007 年の秋に開発に着手し，エコカー市場を勝ち抜くための切り札として 2010 年 12 月に普通乗用車クラスでは世界初の量販型 EV として日米で発表された。

EV 市場を切り拓き，発売から累計で 28 万台を実際に販売してきた EV のリーダーであるという自負が日産にはある。しかしながら，2016 年の世界の新車販売約 9400 万台のうち EV は 50 万台弱とみられ，0.5 ％程度にとどまるニッチな市場にすぎない。28 万台という実績も，2008 年からルノーと組んで世界各国の政府や自治体などと EV の普及に向けた協力関係の構築に努めてきた割には寂しい数字ではある。欧州で最も売れているというルノーの EV「ゾエ」と三菱自動車の「アイ・ミーブ」を合わせた 3 社の EV の累計販売は 50 万台を超えるが，ゴーン氏が以前掲げた EV 販売目標である「2016 年度までに 150 万台」には遠く及ばない。

EV に関しては，2010 年から独ダイムラーAG 社と（ルノーとの 3 社による資本提携），また 2010 年から軽自動車で共同開発してきた三菱自動車とは

2015 年から提携関係を結んでいる。三菱自動車は 2009 年に世界初の量産型 EV「アイ・ミーブ」を発売するなど電動車両の開発に傾注してきた。日産は EV 分野で三菱自動車やルノーとプラットフォームを統合し，今後ルノーと三菱自動車は EV 向けプラットフォームの独自開発を取りやめ，2018 年をメドに新型「リーフ」のプラットフォームに一本化する。3 社はモーターやインバーターのほか，EV のコストの 4 割前後を占めるとされる車載電池の仕様も共通化してガソリン車並みに価格を下げて EV の普及を加速させる考えである。

　このように緩やかな企業連合を活用しながら外部技術と蓄積してきた自前技術とのシナジーの実現を目指す一方で，日産は車載用電池メーカー，オートモーティブエナジーサプライの株式 51 ％を中国の投資ファンドに売却する決断を下している。同社を設立した 2007 年当時は EV 懐疑論が根強く，EV の基幹部品である電池を内製するしかなかったが，電池の投資競争と距離を置き，「EV の開発や生産に専念できる」（西川社長）よう自前主義を改めた[22]。

5　ジレンマを超えて

　「グローバル化とは『世界が 1 つになる』という考え方だが，それは個々の人間，企業，国・地域のアイデンティティーを否定するということでは決してない」[23]。

　かつてゴーン氏はアウトサイダーであったことが日産にマルチカルチャーの土壌を築くのに役立ったと語っていた[24]。生まれた時から様々な異文化に囲まれて育ってきたゴーン氏は自らをマルチカルチャーの産物と呼び，このマルチカルチャーが日産の経営にも非常にプラスになっているのだという。異文化の従業員同士が交流し，互いを理解し，事業に取り組むことで，日本というモノカルチャーにとどまる以上の実績を日産は上げた。「お互いの違いを超え，多様な文化の持つ可能性を引き出す力が身についている」[25]日産の執行役員 52 名のうち，20 名は外国人で，国籍は 10 カ国以上になる。副社長以上で構成する最高意思決定機関である経営会議のメンバーは日本人と外国人が半々である。

　文化をクロスするだけでなく，機能もクロスさせる。部門の壁を取り払う部門横断的な組織づくりであるクロス・ファンクショナル・チーム（CFT）はゴーン改革の代名詞の 1 つだが，4 代目マーチの開発で用いられた「大部屋」はその進化形であり，開発にかかわる担当者が様々な部門から厚木のテクニカルセンターの 1 つの部屋に集まり机を並べた。プロジェクトごとに会議室に集まるのではなく，同じ部屋に常駐して日頃から担当者間のコミュニケーション

を密にすることにより，開発構想段階からデザイン部門と設計，生産技術の各担当者が知恵を絞ることが可能となった[26]。「自動車産業は技術も，コンセプトも，市場セグメントも，ノウハウも，文化もすべてが横断的です……人々をいっしょに働かせ，その機能をクロスさせることが必要」[27]だとゴーン氏は語る。

ジレンマとは，対立する代替案それぞれが明確な利益と不利益を持つようなテンションを意味する。たとえばグローバル統合によってコストが削減される一方で中途半端な製品を生み出しかねない。他方，現地適応によって現地のニーズに応えることはできてもコストが嵩む。そうした本質的に異なる２つのものを同時に追求する組織の能力は「両利き（ambidexterity）」と呼ばれ，ダイナミックな環境で成功するのは両利き組織であると繰り返し論じられてきた。では両利き組織になるにはどうしたらいいのだろうか。企業レベルの両利きの実現には文化的多様性とまとまりをバランスさせることが必要であり[28]，環境変化や戦略変更によりあるユニットの既存知識を再解釈するとか，別のユニットに適用しなければならない場合には，クロス・ファンクショナル・チームのような組織統合メカニズムが重要であるという[29]。

横浜駅の東口からポルタを抜けてみなとみらい21地区方面へ歩いていくと，はまみらいウォークの先に日産グローバル本社が見えてくる。１階のギャラリーは週末ともなれば家族連れやカップルで賑わう。ギャラリーを見るのに疲れたら奥のスターバックス・コーヒーで休むのもいいだろう。帷子川に面したテラス席に座るとあることに気づくに違いない。外国人が多いのである。場所がら外国人観光客も少なくないだろうが，スーツ姿の外国人が目立つ。商談に来た人だろうか，それとも休憩中の日産の社員だろうか。国際ビジネスのジレンマに挑む日産の姿が垣間見えるのである。

（注）

（1）『日本経済新聞』2017年1月13日「私の履歴書（12）再生計画」。
（2）「ルノー日産の野望（中）緩やかな企業連合，関係維持に細心の気配り」。
　　≪https://www.bloomberg.co.jp/news/articles/2017-07-21/OSWLD26S972901≫
（3）浅川和弘「顧客は世界に広がる―総括―」（『日本経済新聞』2013年1月18日）。
（4）『日本経済新聞』2001年1月3日（インタビューでのゴーン氏の発言）。
（5）Bartlett and Ghoshall (1989).
（6）1992年発売の2代目マーチは10年間で国内で105万台を販売したにもかかわらず，ほとんど利益が出なかったという（『日本経済新聞』2002年2月27日）。2002年発売の3代目マーチは，ルノーとの提携後，初めて共同開発した小型乗用車であり，ルノーと初めてプラットフォームを共通化し，仏部品大手ヴァレオ

74　第Ⅰ部　グローバル時代の国際ビジネス

社やトヨタ系部品メーカーなどにも調達先を広げる脱系列を進めた。

（7）　『Automotive Technology』2011 年 7 月号。

（8）　『日経ものづくり』2010 年 10 月号。

（9）　日産はルノーとの提携以前には 24 のプラットフォームを 7 工場で分ける複雑な生産体制をとっていた。2010 年までに 6 つのプラットフォームに集約し，そのうち半分をルノーと共通化することにより，1 つのプラットフォームあたりの生産台数は 2 倍以上に増えた。プラットフォームの共通化は生産性とコスト削減率の大幅向上に貢献した。

（10）　柴田（2014）。CMF は 2015 年時点で日産・ルノー連合の 14 車種に導入され，14 車種の年間販売台数は約 160 万台であった。部品共有化率（金額ベース）は CMF 導入前の 6 ％から 53 ％へ上昇し，部品調達コストは約 3 割削減した。

（11）　DNTC は日産にとって世界で 5 番目のテクニカルセンターであった。日産より 4 年早い 1999 年に中国進出したホンダが広州本田汽車研究開発有限公司を設立したのが 2007 年 4 月，トヨタが豊田汽車研発中心（中国）有限公司を設立したのが 2010 年 11 月である（岩田・時，2009）。2016 年にはヴェヌーシア専用の東風日産先進工程技術センターと啓辰造型センターが完成した。外資系合弁企業の自主ブランドに特化した開発センターは中国自動車業界初となる。

（12）　『日本経済新聞』2014 年 4 月 5 日（2014 年 4 月 4 日の「on-DO」発表会後の記者会見でのゴーン氏の発言）。

（13）　『日経産業新聞』2004 年 3 月 24 日。

（14）　同上。「東風日産 松元史明総経理 ブランド浸透には草の根戦略が有効」。
　　　　≪http://response.jp/article/2011/12/12/167042.html≫

（15）　『日経産業新聞』2014 年 3 月 11 日。

（16）　『日経産業新聞』2013 年 8 月 7 日。

（17）　2014 年夏にロシアで投入したダットサンのセダン「on-DO」はルノーと共同で買収したロシア自動車最大手アフトワズ社の「Lada」プラットフォームを採用している。40 万ルーブル（約 120 万円）以下と GO より高い。アフトワズのトリアッティ工場で生産する。

（18）　東南アジアでは日産より知名度や実績で勝る三菱自動車から新型ミニバンの OEM 供給を受けることになっている。

（19）　『日本経済新聞』2017 年 1 月 21 日「私の履歴書（20）夢を旅した少年」。

（20）　脱エンジンをめぐっては，EV と同じく電気を動力としてモーターを駆動させる燃料電池車（FCV）もある。日産は FCV 開発では米フォード・モーター社とダイムラーと組んでいる。しかし，今後も新興国を中心にガソリン車が世界の自動車市場の大半を占めることに変わりなく，2025 年になっても約 8 割は内燃機関が占める見込みである。

（21）　『日経産業新聞』2009 年 4 月 3 日。

（22）　『日本経済新聞』2017 年 8 月 8 日。1999 年に 1,200 社近くあった部品・資材の調達先を約 600 社に絞り込み，「系列崩壊」はゴーン改革の代名詞の 1 つとなったが，日産系列のなかでも中核の中の中核企業であり，技術力と存在感の双方を兼ね備えるカルソニックカンセイを米投資ファンドに売却した。EV の普及は同社が得意とする熱交換器や排気部品の市場縮小につながる。

(23) 『日本経済新聞』2017 年 1 月 18 日「私の履歴書（17）ルノー会長兼務」。
(24) 『日経産業新聞』2003 年 10 月 16 日。
(25) 『日本経済新聞』2017 年 1 月 27 日「私の履歴書（26）ダイバーシティ」。
(26) 『日経産業新聞』2010 年 8 月 2 日。
(27) 『日本経済新聞』2000 年 10 月 1 日。
(28) Andriopoulos and Lewis (2010) pp. 104-122.
(29) Jansen, et al. (2009) pp. 797-811.

[Review & Discussion]
（1） 多国籍チームとなった日産の経営幹部はライバル企業から引き抜き攻勢にさらされ，人材流出が続いた時期もあった。背景にある要因を議論してみよう。
（2） 日産が他社と提携しているのは EV や FCV の分野だけではない。日産の提携関係を調べ，その戦略的意図を考えてみよう。
（3） 日産はカルチャー・ダイバーシティに比べると，ジェンダー・ダイバーシティは立ち遅れていると言われる。ダイバーシティが高いことは良いことばかりなのだろうか？ メリットとデメリットを整理してみよう。

(参考文献)

1 Andriopoulos, C. and M. W. Lewis (2010) "Managing innovation paradoxes": Ambidexterity lessons from leading product design companies," *Long Range Planning*, 43 (1), pp. 104-122.

2 Bartlett, C. A. and S. Ghoshal (1989) *Managing Across Borders：Transnational Solution*, Harvard Business School Press.（吉原英樹監訳『地球市場時代の企業戦略』日本経済新聞社, 1990 年）。

3 岩田智・時鍵（2009）「日本企業の中国における研究開発のグローバル化―日産自動車の事例―」『經濟學研究』第 59 巻第 3 号, 99-116 ページ。

4 Jansen, J. J. P., M. P. Tempelaar, F. A. J. Van den Bosch and H. W. Volberda (2009) "Structural differentiation and ambidexterity：The mediating role of integration mechanisms," *Organization Science*, 20 (4), pp. 797-811.

5 向渝（2013）「中国市場をめぐる日産・東風の戦略提携―乗用車事業の急成長に関する分析―」『赤門マネジメント・レビュー』第 12 巻第 1 号, 1-40 ページ。

6 柴田友厚（2014）「モジュール化の開発プロセスの構築―日産 CMF でのデザイン・ルール策定過程―」『赤門マネジメント・レビュー』第 13 巻第 12 号, 477-498 ページ。

（齋藤　泰浩）

CASE 3 ....

経営理念を中核とした CSR の展開：ジョンソン・エンド・ジョンソン

1　はじめに

　グローバル化や情報化の急速な進展，NGO（Non-Governmental Organization；非政府組織）や NPO（Non-Profit Organization；非営利組織）の台頭，消費者行動の変化，企業間競争の激化等により，多国籍企業に求められる社会的責任（Corporate Social Responsibility；CSR）への関心が急速に高まっている。多国籍企業に対して，地球環境，労働条件，人権保障などへの配慮がいっそう求められており，同時に多国籍企業はこれらの要請に受動的に対応するのではなく，積極的に経営戦略に取り込み，自社の国際的競争力を高めようとしている。

　本ケースでは，「Our Credo」（我が信条）といった経営理念を中核とする社会的責任を展開するジョンソン・エンド・ジョンソン（J&J）の事例を考察し，多国籍企業の社会的責任の最新動向を把握したい。

2　会社概要

　100 年以上の歴史を持つジョンソン・エンド・ジョンソンは，1886 年米国ニュージャージー州ニューブランズウィックに Robert Wood，James Wood，Edward Mead のジョンソン 3 兄弟によって創業された。草創期に，ジョンソン 3 兄弟は殺菌済み外科用包帯，滅菌縫合糸，応急処置具，創傷管理製品，女性用ヘルスケア製品，デンタルフロス，ベビーケア製品などの新分野の先駆者として開発に注力した。1970 年以降，ジョンソン・エンド・ジョンソンは自社を研究・開発型企業と位置付け，合併や新領域の開拓を積極的に行ってきた。その結果，現在最も多くの製品群を有し，グローバルなヘルスケア企業としての先進的地位を確立している。

　ジョンソン・エンド・ジョンソンでは，世界 60 ヵ国 250 社以上の企業が，"Family of Companies" という関係で存在しており，ファミリー企業という概念がすべての組織に定着している。グループ内の各ファミリー企業が分社分権経営によりプロフェッショナル集団となることで，世界市場で著しい成長を実

現している。

　総従業員数約 12 万 7,000 名を誇る「世界最大のトータルヘルスケアカンパニー」として，ジョンソン・エンド・ジョンソンは消費者向け製品，医療機関向け製品である医療機器・診断薬，医薬品の分野で数万アイテムにのぼる製品を世界中に提供している。年間の総売上高は 2015 年度で約 700 億ドルであり，事業分野別の構成比は消費者向け製品 19 ％，医療機器 36 ％，医薬品 45 ％となっている[1]。

3 「我が信条 (Our Credo)」：
ジョンソン・エンド・ジョンソンの中核的な経営理念

　ジョンソン・エンド・ジョンソンのコア・バリューは，「我が信条」である。「我が信条」はジョンソン・エンド・ジョンソン社の経営理念・社是であり，同社の果たすべき社会的責任を明確にしている。また，同社の企業理念・倫理規定として，世界に広がるグループ各社・社員 1 人ひとりに確実に受け継がれており，各国のファミリー企業において事業運営の中核となっている。

　「我が信条」は，1943 年当時の会長ロバート・ウッド・ジョンソン Jr. (Robert Wood JohnsonⅡ) によって起草されたものである。ロバート・ウッド・ジョンソン Jr. は，「恒常的な成功は，より高尚な企業哲学を遵守していくことによってのみ可能になる。顧客への奉仕が一番に，社員とマネジメントに対する奉仕が次に，株主が最後にくるということを認識し，社会に対する包括的な責任を受け入れそれを全うすることが，企業のより高度な利益の追求方法なのだ。」と述べ，4 つの責任，すなわち顧客，社員，マネジメントと株主への責任をもとに「我が信条」を草稿し，それを日々の経営哲学とした[2]。この「我が信条」には後に，地域社会への責任が新たに加えられ，経営の社会的責任があまり認識されていない時代において，革新的なアプローチとして広く賞賛された。

　現在，ジョンソン・エンド・ジョンソンの経営理念である「我が信条」によれば，第 1 の責任は，製品およびサービスを使用してくれる医師，看護師，患者など，すべての顧客に対するものである。第 2 の責任は世界中で共に働く男性，女性すべての社員に対するものである。第 3 の責任は，地域社会および全世界の共同社会に対するものであり，第 4 の責任は，株主に対するものである。また，責任の具体的な内容について，図表 1 のように示されている。

78　第Ⅰ部　グローバル時代の国際ビジネス

図表 1　ジョンソン・エンド・ジョンソンにおける
　　　　「我が信条（Our Credo）」の内容

4つの責任	責任の内容
第1の責任： 顧客に対するもの	・顧客のニーズに応えるにあたり，活動は質的に高い水準であること。 ・適正な価格を維持するため，製品原価を引き下げる努力をする。 ・注文には，迅速，かつ正確に応える。 ・取引先には，適正な利益をあげる機会を提供する。
第2の責任： 全社員に対するもの	・社員の尊厳と価値を尊重し，待遇は公正かつ適切である。 ・働く環境は清潔で，整理整頓され安全である。 ・社員の提案，苦情が自由にできる環境を提供する。 ・雇用，能力開発および昇進の機会が平等に与えられる。 ・有能な管理者を任命し，その行動は公正，かつ道義にかなったものである。
第3の責任： 地域社会および全世界の共同社会に対するもの	・有益な社会事業および福祉に貢献し，適切な租税を負担する。 ・社会の発展，健康の増進，教育の改善に寄与する活動に参画する。 ・使用する施設を常に良好な状態に保ち，環境と資源の保護に努める。
第4の責任： 株主に対するもの	・健全な利益を生み，研究開発や革新的な企画，設備投資をし，新しい製品を市場に導入する。

　出所：ジョンソン・エンド・ジョンソン株式会社 HP
　　　≪https://www.jnj.co.jp/group/credo/≫を参照し，筆者作成。

4　社会的責任の展開

（1）　社会貢献活動

　日本におけるジョンソン・エンド・ジョンソングループ各社は「我が信条」の第3の責任「地域社会への貢献」を果たすために，社会貢献委員会（JJCC：Johnson & Johnson Contribution Committee）を組織し，NPO との協働を掲げ，様々な社会貢献活動に取り組んでいる。各社から自主的に参加している社員が中心になり，「健康」を中心テーマに活動し，現在ジョンソン・エンド・ジョンソンでは，子ども，女性，東日本大震災復興の3つの優先的支援領域を中心に活動を進めている。

　ジョンソン・エンド・ジョンソンは，3つの領域のなかの問題解決方法を協働で実践できる団体を探し，同社と思いを共有できる団体と協働協議しながら，活動内容・支援内容を決めていくのである。また，活動に共感した社員は自主的にかかわり，活動開始後，定期的に団体と打ち合わせを行い，進捗度を確認するようにしている（図表2）。

CASE 3　79

図表 2　J&J 社会貢献活動における 3 つの優先的支援領域

優先的 支援領域	目　標	具体的な活動
子ども 支援	子どもが健康で こころ豊かに育 つための環境づ くり	① 2010 年より学童保育施設に大学生ボランティアを派遣 　し，2016 年に学童保育施設に通う子どもたちを対象と 　した，夏休みの合宿を開催した。 ② 小児の難病治療のために遠方から訪れた子どもと看病す 　る家族が安心して診療に専念できるよう，経済的負担の 　少ない滞在施設を提供している。 ③ 2015 年より 3 ヵ年計画で貧困など厳しい環境にある子 　どもと向き合うために教員の能力を効果的に定義・体 　系化し，客観的・一貫性のある評価基準と教員の資質 　能力向上のフレームワーク「教員支援ルーブリック」 　の開発を促進している。 ④ 関西地域におけるセーフティネットとしての「子ども食 　堂」の持続可能な運営モデルを構築している。 ⑤ 視覚障がい児童の運動能力，社会性等を評価するための 　アセスメント指標を学術的に策定し，視覚障がい児童の 　運動能力の評価測定適応手法および社会的ライフスキル 　の測定手法の確立を支援している。 ⑥ 商業的な性的搾取の実態の共有から予防，被害児童への 　支援など，子どもを性的搾取から守るためのセミナーを 　開催している。
女性支援	女性たちが生き 生きと輝くこと ができる社会	① DV 被害者への適切なこころのケアを実施し，経済的・ 　社会的自立をサポートしている。心の傷つきやトラウ 　マへの対処法を提供する「こころの care 講座」を中心に， 　有用な情報の普及活動を進めている。 ② DV 被害者支援の質向上に向けた人材育成とコミュニテ 　ィ形成プロジェクトを展開している。
東日本大 震災復興 支援	東日本大震災の 復興の確かな支 援	① 生活が困窮する子どもや若者の社会的孤立を予防するた 　め，2015 年より「学びを通じた居場所づくり事業」「交 　流相談を軸とした居場所づくり活動」を実施し，2016 　年に「不登校・児童生徒の居場所づくり活動」をスター 　トした。 ② 東北の看護学生の災害対策分野での専門知識の深化と次 　世代を担うリーダーシップ育成を目的とした 3 年間 　（2015 年〜2017 年）のプログラムを策定し，災害看護の 　未来をリードする人材を育成している。 ③ 災害時に配慮が必要な乳幼児・妊産婦を救うために乳幼 　児や妊産婦の救護に関する研修を通じて，災害時におけ 　る母子救護ネットワークの構築を支援している。

　出所：『ジョンソン・エンド・ジョンソン社会貢献レポート 2016』9-16 ページを参照し，筆者
作成。

80　第Ⅰ部　グローバル時代の国際ビジネス

（2）　環境活動，安全衛生への取り組み

　「我が信条」における環境・安全衛生にかかわる第2の責任である「働く環境は清潔で，整理整頓され，かつ安全でなければならない」および第3の責任の「使用する施設を常に良好な状態に保ち，環境と資源の保護に努めなければならない」をもとに，ジョンソン・エンド・ジョンソンでは積極的な環境，安全衛生活動を実践している。

　まず，環境保全活動に関して，「ヘルシープラネット2010」の目標を掲げ，地球の健康を保護することにしている。また，利害関係者に対する情報公開が高められると同時に，環境への取り組みに対する社員の理解や使命感を高めることにしている。さらに，「我が信条」では，「全社員―世界中で共に働く男性も女性も―に責任がある」ことが示されており，ジョンソン・エンド・ジョンソンは，安全で公平かつ清潔な職場環境を提供し，従業員のこころの健康について責任を持って対処するように努力している。

5　「我が信条」に基づいた不祥事への対応：
1980年代のタイレノール事件からの教訓

　1982年9月29日に，アメリカではタイレノールカプセルにシアン化合物を入れる手口の殺人事件が発生した。タイレノールとはジョンソン・エンド・ジョンソンが販売する鎮痛剤であり，アメリカのほとんどの家庭では常備薬として購入していた。この事件はタイレノールという痛み止めの薬に毒物が混入されて，死者が出たというものであった。最初，発売元のジョンソン・エンド・ジョンソンはカプセル入りタイレノールの全量回収を行わなかった。しかし，その直後に模倣事件が発生し，同年10月5日，ジョンソン・エンド・ジョンソンはカプセル入りタイレノールの全量回収を開始した。

　ジョンソン・エンド・ジョンソン自身は被害者であるにもかかわらず，弁明するより「我が信条」に基づき，顧客へ安全な商品を提供する責任を第1と考え，必要な情報を公開し真摯に対処した。また，その後，異物混入を防ぐために3層密閉構造三重パッケージに改良されタイレノールが再販されることになった。同社にとって存続の危機ともいえる事件への適切な対応により，ジョンソン・エンド・ジョンソンの社会的評価がむしろ高くなった。

　しかし，1986年タイレノールの毒物混入事件が再度発生した。ジョンソン・エンド・ジョンソンのとった行動がまたしても世間に評価されるものであった。顧客への対応について，「我が信条」の第1責任では「顧客一人一人のニーズに応えるにあたり，我々の行なうすべての活動は質的に高い水準のものでなけ

ればならない」と述べている。ジョンソン・エンド・ジョンソンは全米に向けて事件について説明を繰り返し，全商品の回収と，製造中止を発表した。またタイレノールは毒物が混入されたカプセルから，当時，革新的だといわれる錠剤タイプに変更して再販されるようになった。

　大きな不祥事件があったにもかかわらず，タイレノールが再び信頼を得ることができたのは，「顧客への責任」を第1に考えたジョンソン・エンド・ジョンソンのとった体制によるものであろう。これはジョンソン・エンド・ジョンソンの企業理念である「我が信条」の第1の責任に立ち戻った意思決定によって得た成果と考える。

6　ジョンソン・エンド・ジョンソンの CSR 特徴

（1）　経営資源に合致したプログラムの推進

　ジョンソン・エンド・ジョンソンは自社の経営資源を分析・評価をしたうえで，「健康」をキーワードとした CSR プログラムを展開している。企業経営と社会的責任の関係について，著名な経営学者であるドラッカー（P. F. Drucker）は独自の理論を打ち出している。彼は企業の社会的責任を「社会的衝撃」と「社会問題」に分類し，企業は経営活動による社会的衝撃（公害，欠陥商品，環境問題など）に対してすべての責任を負うのに対して，社会問題については「社会問題は社会の機能不全であり，少なくとも潜在的に国家を退化させる疫病であり，経営者はこの病気に挑戦する責任がある」[3]と指摘した。また，企業は自分の能力の限界を超えた社会的課題に取り組むことはかえって無責任であることを論じた。ジョンソン・エンド・ジョンソンはヘルスケアカンパニーとして，自社の経営資源の強みである「健康」をテーマに，独自の CSR プログラムに取り組んでいる。

（2）　最高経営倫理指針としての「我が信条」

　企業は積極的に社会的貢献活動を行っても，本業の経営活動における公正性や倫理性がなければ，良き企業市民として認められない。ジョンソン・エンド・ジョンソンは1980年代のタイレノール毒物混入事件を教訓に，経営理念の「我が信条」を不祥事予防・対応のコア・バリューとして位置づけている。「我が信条」は当社の経営理念を明確にしたものであり，当社の企業理念・倫理規定として，各国のファミリー企業において事業運営の中核となっている。「我が信条」に込められた価値観に従って確実にビジネスを実践できるよう，ジョン

82 第Ⅰ部 グローバル時代の国際ビジネス

ソン・エンド・ジョンソンは世界中のグループ社員に何を期待するかを明確にしている。また，社員には禁止行為や違法行為について報告することが求められ，世界中のジョンソン・エンド・ジョンソンの事業会社に設けられた専用電話を用いて匿名で報告することができる体制を整備している。

7 ジョンソン・エンド・ジョンソンにおける CSR の課題

今日，ジョンソン・エンド・ジョンソンのような多国籍企業は経済，社会，環境という3つの側面で高いパフォーマンスを求められている。いわゆる，トリプル・ボトム・ライン（triple bottom line）で評価されているのである。また，グローバル・マーケットにおける人権重視や経営活動の公正性と倫理性も強く期待されている。そのなか，女性の積極的な雇用は1つの課題である。

ジョンソン・エンド・ジョンソングループでは，「我が信条」のもと，ダイバーシティとインクルージョン（diversity & inclusion）を重要課題として位置づけ，性別，年齢，民族，出身，身体障害の有無などあらゆる多様性を尊重し，社員の豊かな発想や考え方をサポートしている。とくに，「女性」にフォーカスした取り組み Women's Leadership Initiative（WLI）は，1995年に米国で始まり，「女性の力や強みを最大限発揮し，国際競争力を推進させる」というビジョンのもと，女性リーダーの育成，昇進や人材の定着に向けた努力を続けてきている。

日本におけるジョンソン・エンド・ジョンソン各社も，2005年よりダイバーシティとインクルージョンの取り組みを開始し，さらに2015年には「ダイバーシティとインクルージョン行動宣言」を策定し公表している。女性人材を積極的に活用するために，意識改革（男女平等の風土づくりと継続的なプロモーション），女性の積極的な雇用（女性の優秀者にフォーカスした採用活動），優秀な女性の育成（優秀な女性社員を対象とした研修プログラム），子育てとワークライフバランス（中長期にわたる能力発揮のため）の支援を行ってきている。具体的に，日本の女性社員に対して，意識調査やキャリアアップ研修の開催を行い，また育児支援に関しても手厚い制度を導入している。しかし，女性社員のキャリア継続は男性社員と比較し，なかなかジョンソン・エンド・ジョンソン米国本社の期待と目標には至らない。これは同社の CSR の課題として，今後さらに検討し，改善策が打ち出されることを期待したい。

（注）
（1）　≪https://www.jnj.co.jp/group/outline/global/index.html≫を参照（2017 年
9 月 10 日アクセス）。
（2）　≪http://www.jnj.co.jp/group/credo/≫を参照（2017 年 9 月 13 日アクセス）。
（3）　三戸（1994）209-211 ページ。

- [Review & Discussion] --
（1）　「我が信条（Our Credo）」はジョンソン・エンド・ジョンソン社にとってど
のようなものだろうか。
（2）　多国籍企業にとって CSR は国際競争力になるのだろうか。
（3）　経営倫理と CSR（企業の社会的責任）の関係性はどのようなものだろうか。

（参考文献）
1　江夏健一・大田正孝・藤井健（2013）『国際ビジネス入門　第 2 版』中央経済社。
2　藤井良広・原田勝広（2006）『CSR 優良企業への挑戦』日本経済新聞社。
3　葉山彩蘭（2008）『企業市民モデルの構築―新しい企業と社会の関係』白桃書房。
4　Johnson & Johnson 2016 Annual Report.
5　ジョンソン・エンド・ジョンソン『社会貢献レポート 2016』。
6　三戸公（1994）『随伴的結果―管理の革命』文眞堂。
7　日本経営倫理学会・経営倫理実践研究センター監修，高橋浩夫編著（2009）『ト
ップ・マネジメントの経営倫理』白桃書房。
8　日本経営倫理学会監修，小林俊治・高橋浩夫編著（2013）『グローバル企業の
経営倫理・CSR』白桃書房。
9　齊藤毅憲・石井貫太郎編著（2002）『グローバル時代の企業と社会』ミネル
ヴァ書房。
10　Waddock, S.（2002）*Leading Corporate Citizens：Vision, Values, Value
Added*, McGraw-Hill.

（葉山　彩蘭）

第Ⅱ部
グローバル戦略とマネジメントの新展開

　第Ⅱ部は，多国籍企業の戦略（グローバル戦略）とマネジメントについて検討する。今日ますます熾烈さを極めるグローバル競争は，企業に対して新しい競争優位性の構築を要求している。そのような熾烈な競争のもと，多国籍企業は多様な戦略とマネジメントを展開する必要がある。

　まず，グローバル競争のプレーヤやルールが変化した新しい競争環境に直面している多国籍企業のグローバル競争戦略のエッセンスを明らかにする。その戦略を展開するためには，戦略的提携やM&Aが不可欠である。今日，それらが脚光を浴びている理由やその特徴などが理解できよう。また，世界の多様な顧客ニーズを満たす製品政策の決定，標的市場の設定，国際市場参入方式の選択，さらには業界標準の獲得による市場シェアの拡大は，今日の国際マーケティングの重要課題である。

　グローバル競争のなかで，日本企業はモノづくり（日本的生産システム）で競争優位性を構築してきた。それは「東洋の神秘」なのか，それとも「普遍的システム」なのか。この興味深い課題も明らかにされる。また，グローバルに展開する企業内外のネットワークから獲得される経営資源を効率的に活用できる最適組織（トランスナショナル組織）のデザインが，国際経営組織構築の課題である。国際人的資源管理では，主に海外派遣社員のマネジメントと日本企業の国際人的資源管理の課題と方向性を考える。それとの関連で，異文化マネジメントの問題も見逃すことはできない。多様な国籍を有する人々が協働する将来の多国籍企業を考えた場合，それは国際ビジネスの重要テーマでもある。

　多国籍企業の戦略とマネジメントの重要性，多様性，およびそのエッセンスを総合的に検討する。

第5章　グローバル競争戦略

キーワード

戦略，競争優位の源泉，ネットワーク，競争ポジション，価値連鎖，コア・コンピタンス，サステナビリティ

1　タービュランスと国際ビジネス

　英国の EU 離脱，米国トランプ大統領による NAFTA（北米自由貿易協定）の見直しなど，先進国市場の行方が不透明になり，中国やブラジルをはじめとする新興国市場も一時期の急成長は止まり，不安定感が増している。また，自動車の最大生産，消費国は中国である一方，主要な自動車会社は脱エンジンや自動運転車の開発競争にしのぎを削っている。

　現代の企業経営は，想定外の出来事が起こり，急に市場環境が変わってしまい，まるでタービュランス（乱気流）に遭遇する飛行機のようである。安定的で持続的な経営をするために，企業の方向性を定め，力を結集していくための戦略が重要である。

1-1　市場のグローバル化

　市場がグローバル化するということは，企業が製品やサービスを世界中に供給することであろうか。1983 年レビット（T. Levitt）は，「企業は，地域別・国別の表面的な差異を無視して，世界をあたかも１つの市場であるかのようにみなして事業展開する仕方を学ばなければならない」と指摘した[1]。イノベーションによる標準化技術（グローバル・スタンダード）の進展が，世界各国の市場を同質化させている[2]。しかしその一方で，地域，国，個人のレベルでニーズやウォンツはいっそう多様化しており，ローカル市場や消費者１人ひとり

88　第Ⅱ部　グローバル戦略とマネジメントの新展開

の嗜好に対応した製品やサービスが求められている。そのためには，R&Dから設計，生産，販売まで一連のサプライチェーンを把握することが重要である。

　たとえば，コンピュータのBTO（Build to Order）と呼ばれる受注生産方式は，WEBや電話で顧客ごとに注文を受けて，顧客の希望に応じた製品を東アジアの工場で生産し，1週間程度で顧客に直接配送するシステムである。購入後も顧客別にサポートが随時受けられる。デル・コンピュータのデル（M.Dell）会長は，「顧客との距離を縮める方法を見つけることは，成功するための必要条件だ。だが，それだけでは十分ではない。顧客を重視する企業として成功するには，顧客から入手した情報を活かして，シームレスで戦略的なパートナーシップを築かなければならない。」と語る[3]。デル・コンピュータはこのビジネスモデルの先駆けであった。今やこの業界ではBTOは一般化され，それだけでは競争に勝てなくなっている。

　アパレル業界では，ファストファッションと呼ばれるユニクロやZARA，H&MなどSPAと呼ばれる製造小売企業が急成長をしている[4]。また，アパレル部材であるファスナーを供給するYKKは世界71ヵ国に展開して，世界中に散在するアパレル会社やその下請会社からどこの海外子会社で受注しても，同一品質，同一価格で生産・販売できるようなシステムの構築をしている。

　市場のグローバル化は，製品の特性だけではなく，R&D・生産拠点や供給方法，販売方法，決済方法など，顧客に製品・サービスを提供するすべての要素の関係を複雑化させている。

1-2　グローバル市場のプレーヤー

　1980年代，日本企業は，ジャスト・イン・タイム（JIT）システム，TQC（総合的品質管理）やカイゼン活動などモノづくりに強い競争優位性を有し，自動車や家電製品をはじめとして品質およびコストで高い評価を受けていた。しかし，今日，日本企業は高コスト構造や技術のガラパゴス化などの理由から，グローバル市場において苦戦を強いられている。

　エレクトロニクス産業では，米国のアップル，韓国のサムスンやLGなどが日本企業を凌駕し，台湾企業の台頭も著しい。これらの企業は，周辺技術をオープンにすることで部品の低価格化を図り，自国中心ではなくグローバルな視

野で開発，調達および販売をデザインし，積極的に投資を行っている。

　また，新興国企業の成長も見逃せない。中国では，国営企業から転換したハイアール（海爾）は米国市場で小型冷蔵庫の 50 ％以上のシェアを有し，米国で現地生産を行っている[5]。そのほか，1984 年北京において 11 名で起業したレジェンド（聯想）は，レノボ（Lenovo）ブランドを立ち上げ，2004 年 IBM から PC 部門を買収，社名もレノボに変更し，米国に本社を置いている。インドのタタグループなども世界的企業になっている。かくして，国際ビジネスの世界における競争のパラダイムは大きく変化している。

1-3　競争優位の源泉：大量生産からネットワークへ

　1913 年 10 月，フォードは T 型モデルの自動車生産においてライン生産を行った。ライン生産は，製品の単純化・標準化，専用機械，単純・反復労働による分業などにより，生産能力の拡大をはかることである。大量生産は，単位当たりの生産コストの削減をはかり，不良率を下げ品質の安定を実現させた。このフォード生産システムは，工業製品市場に「規模の経済性（scale economies）」といわれるパラダイム・シフトを起こした。大量生産による低価格の優位性は，今日でも市場競争の根底に流れている。「規模の経済性」は，生産技術や品質管理という生産工学を発展させて生産の簡素化や技術の標準化を実現させた。そのことが，生産の海外移転を容易にさせた。

　しかし，低価格であるが単一的な製品だけでは，今日の市場では受け入れられないのは自明である。そこで，生産プロセス中で量産化している原材料や中間財を組み合わせ多種類の製品をつくりだすことで，「規模の経済性」の持つコスト上の優位を享受しつつ製品バリエーションを増す「範囲の経済性（scope economies）」という競争優位性を生み出した。これらの競争優位性は，いずれも高度な生産能力に根ざしている。現在の生産方式は，ライン生産だけではなく，屋台式ともいわれる 1 人が多工程の作業を行うセル生産方式を組み合わせている。

　また，大量に生産する以上，大量に販売することも求められる。顧客と連繋した商品企画，販売システムやサービスなど高いマーケティング力が求められ，顧客のニーズやウォンツを速やかに製品やサービスに反映させ顧客満足度

90　第Ⅱ部　グローバル戦略とマネジメントの新展開

（CS）を高めなければならない。

　最近では「スピード」,「フレキシビリティ（柔軟性）」を実現する新しい企業経営が模索されている。そして,「範囲の経済性」に続く競争パラダイムの追求が,多くの研究者によって試みられている。たとえば,パイン（B. Pine II）は,「マス・カスタマイゼーション」というパラダイムを提示し,製品やサービスをカスタム化（顧客ごとに対応）するために,企業がダイナミックなネットワークを構築し,製品プロセス・アーキテクチャーをモジュール化することを提唱している[6]。

　今日,競争力を構築するには,顧客ニーズに早く対応することが不可欠であり,そのためには,ネットワーク（複数の経済ユニットの結びつき）が必須である。

2　グローバル戦略の立案と構築

　企業が市場で生き残り,成長していくためには,戦略が重要である。チャンドラー（A. D. Chandler Jr.）は,「戦略とは企業体の基本的な長期目標を決定し,これらの諸目的を遂行するために必要な行為の行動様式を採択し,諸資源に割り当てること」としている[7]。

　戦略の基本は,企業のドメイン（主な事業領域）の策定から始まる。ドメインは,自社がどのような企業になろうとするのかという戦略展開の方向性を示すものであり,ドメインが曖昧な企業では,適正な経営上の意思決定が行えず,競争に生き残ることができないといわれる。

2-1　ポーターの競争優位の戦略

　企業が戦略立案を行うとき,ポーター（M. Poter）は,構造分析方法として,図表5-1を示した[8]。

　①新規参入業者要因は,ある市場における新規参入の脅威を意味する。新規参入を阻止するために,コスト削減,製品差別化や流通チャネルの確保などの参入障壁を構築することが主要な戦略となる。次に,②代替品要因は,他業界

図表5-1 経営戦略立案のための環境要因

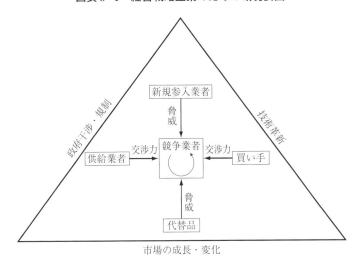

出所：Day, G. S. and D. Reibstein, *Wharton on Dynamic Competetive Stategy*, John Wiley & Sons, 1997, p.34.

の製品が当該企業の製品に代替することで，自社の利益を脅かし市場が再編されることである。③買い手要因は，買い手グループが大規模の場合，買い手が大きなバーゲニング・パワー（交渉力）を持つことになる要因である。これに対し，④供給業者要因は，供給業者が少数で特殊な場合，バーゲニング・パワーのイニシアチブが減少する。このような場合は，取引コストの減少を目的に垂直統合や長期供給協定などを行う動機が存在することになる。⑤競争業者要因は，既存の業者間の敵対関係を示す。一般的に価格競争や製品差別化などが求められる。近年では，単純な企業間競争ではなく，ライバル関係にある企業間で特定の分野で戦略的提携を行い提携グループ間で競争する場合がある。また，M＆Aにより他業種へ参入するとか，事業のリストラを行って資源を特定分野に集中させて急成長するなど，競争の在り方が変わってきている。

このように，経営戦略立案には，企業の関連する5つの要因分析が重要であるが，さらに，これらの要因に大きな影響を与えるマクロ的環境も注視する必要がある。1つ目は，政府規制による介入である。政府規制が市場の競争を妨げる問題は数多く指摘される。とくに，外国でビジネスを行う場合は，関税，

輸入制限をはじめとする非関税障壁，出資規制など多くの困難がともなう。近年では，環境や CSR（企業の社会的責任），ディスクロージャーなど自発的な規制が作られている。しかし，規制は，単に企業活動を抑制するだけではない。新たなビジネスを生む契機になることもある。

2つ目は，イノベーションである。とくに，薬品，化学品，ソフトウエア市場では，イノベーションにより従来の製品のライフサイクルが急激に変動し，陳腐化してしまうことがある。

3つ目は，市場の成長と安定性である。生産やサービスの提供は，需要変動に対して柔軟に対応できないのである。EU にみる通貨・市場統合や NAFTA をはじめとする自由貿易協定（FTA）の拡大は，経営環境に大きな影響を与えてきた。しかし，今日では，FTA の見直しが問われ，新興国市場も安定的に拡大していない。

企業はこのような要因分析によって，企業の競争上のポジションを決めて，様々な戦略を策定する。以下に主要な戦略の例を挙げる[9]。

（1）　規模の拡大—製品の生産を増加させ，規模の経済性が享受される。

（2）　水平的多角化—特定の市場で成功を収めた後，同一部門での多様な製品へ展開することで，範囲の経済性を得ることができる。

（3）　垂直的統合・多角化—調達や販売において市場の不完全性から生じる取引コストの減少を目的に買い手，売り手事業へ参入する。この場合，買収や資本参加を行うことが多いが，メーカーが直接販売店を展開することもある。また，長期の調達，供給協定，およびフランチャイズなど販売提携を行うケースもある。

（4）　マーケティング能力を利用した他事業進出—自社の持つマーケティング能力を活かし多様化して，消費者の嗜好の変化が激しい市場や成長性の低い市場の依存率を下げる。

（5）　技術優位を利用した他業種展開—自社の技術優位を用いて，類似した技術を要する他業種へ進出する。

（6）　コングロマリット化—資金力，技術力，ブランド力などを背景に，コア事業とは別の事業を買収，投資し，事業領域の拡大をはかる。また，コングロマリット化は，リスク分散の役割を果たす。

（7） ニッチ戦略——ニッチはすき間と訳され，市場においてイニシアチブがとれない小規模な企業は，すき間ともいえる細分化した市場で高収益を確保している。

このような戦略は，一般的なものであるが，グローバル戦略のベースになるものである。グローバル戦略は，外国市場への参入戦略と，グローバル展開後の世界規模で行うマネジメント戦略に段階的に捉えることができる。

2-2　外国市場への参入戦略

外国市場への参入方式としては，輸出，FDI（海外直接投資），ライセンシングが考えられる。図表5-2は，外国市場への供給形態の決定プロセスに関する基本的な概念である。輸出かFDIの選択はコストによって決定され，ライセンシングは知識の消散リスクで判断される。しかし，現実には，これらの製品供給方法は同時に行われており，また，長期的トレンドで考えるとこれらの決定要因だけでは十分とはいえない。

図表 5-2　外国市場供給の決定プロセス

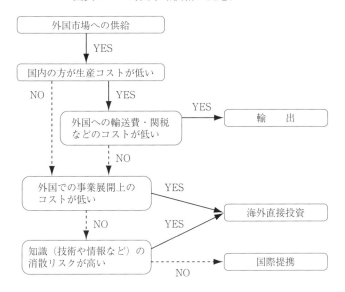

出所：江夏健一・米澤聡士『ワークブック国際ビジネス』文眞堂，1998年，49ページ。

94　第Ⅱ部　グローバル戦略とマネジメントの新展開

　外国市場への参入は，一般的に国内の事業を確立し，輸出やライセンシングを行い，徐々に対外直接投資を拡大していく。その際，現地政府との交渉，現地のビジネス慣行や風土への対応，輸送や人材派遣などのコストおよび為替リスクなどを克服しなければならない。また，外国市場進出には企業特殊的優位性を有することが重要であるが，時には，ライバル会社の行動に対応して海外直接投資を行わなければならないこともある。

　シリコンバレーのように高度に産業集積が行われている IT 産業の場合，米国以外の国で会社を設立しても，設立してすぐにシリコンバレーに研究拠点を立地することもある[10]。また，海外進出だけでなく，撤退や整理統合も増えてきている。さらに，製品ライフサイクルの短縮化は，開発と生産の近接を求めて，国内回帰することもある[11]。

2-3　グローバル組織戦略

　企業活動のグローバル化は組織のあり方に影響を与える。バートレット（C. A. Bartrett）とゴシャール（S. Gohshal）は，図表5-3に示すように，4つの組織戦略を指摘している[12]。①マルチナショナル戦略は，各国の市場の差異に着目し，各国市場特性に対応し独自に製品・サービスを差別化する。組織上，権限は分権化され，各国支社は自律的に活動し柔軟に環境対応できる。反面，世界的規模での効率が達成しにくくなる。②インターナショナル戦略は，本国の技術力がきわめて高い場合，本社の知識と能力を世界的に広めて適応する。本社が海外子会社への影響力と支配力を有し，海外子会社は，現地市場で本社の持つコンピテンシー（競争力）を適用する。③グローバル戦略は，日本企業に典型的に採用される戦略で，世界規模の効率性の構築を目的としている。この戦略は，コスト上の優位性と製品の品質保証が重視され，そのために，製品開発，原材料調達，生産などの面で，本社が厳格にコントロールする。しかし，中央集権的な戦略は，外国での技術革新などを学習する能力が弱く，また，生産の集中は，貿易摩擦や為替変動というリスクを負うことになる。④トランスナショナル戦略は，世界規模の効率，柔軟性，世界規模の学習能力を同時に実現することを目的としている。バートレットとゴシャールは，上述の3つの従来型戦略では部分的な利益しか享受できないと認識し，トランスナショナル戦

図表5-3　バートレットとゴシャールのグローバル組織戦略の類型

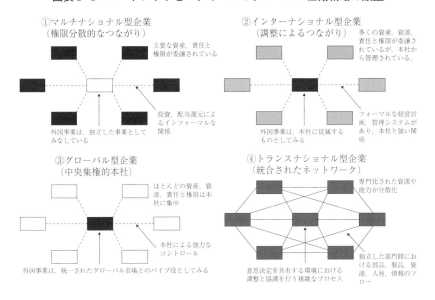

出所：Bartlett, C. and S. Ghoshal, *Managing Across Bonders: The Transnational Solution,* Harverd Biusiness School, 1998, p. 57, p. 58, p. 60, p. 102 より引用。翻訳は筆者による。

略を提唱する。この戦略は，実力を備えた各国支社や海外子会社に，特定の製品または技術の分野で，その企業が対象とする世界全体のビジネスの担い手として機能するように責任が付与され，世界規模の効率の実現に貢献できる組織を構築する。この組織は，本社，各国支社や海外子会社がそれぞれの能力に応じて関連性を持つ「統合されたネットワーク」を構築する。このネットワーク化が競争力となる。

3　サステナビリティを求めて

3-1　経営戦略と価値連鎖

これまで企業戦略について論述してきたが，いかに優れた戦略を立案しても，企業の各機能の活動と結びつかなければ競争優位性を生み出さないのである。

96　第Ⅱ部　グローバル戦略とマネジメントの新展開

図表 5-4　価値連鎖の基本形

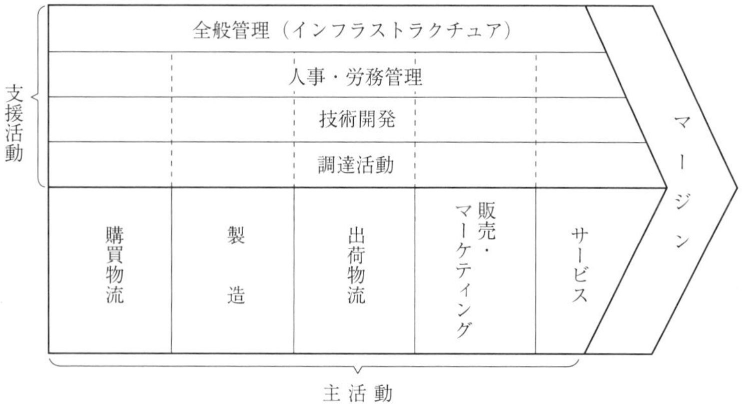

出所：Porter, M. E. *Compertitive Advantage,* The Free Press, 1985.（土岐坤・中込萬治・小野寺武夫訳『競争優位の戦略』ダイヤモンド社, 1985 年, 49 ページ）。

　上述のポーターは，会社を「製品の設計，製造，販売，流通，支援サービスに関して行う諸活動の集合体」として捉え，それらの諸活動を図表 5-4 で示すような価値連鎖（value chain）として描いた[13]。そして，戦略展開における価値連鎖の総合的な関連性を指摘している。ここでの価値とは，「買い手が会社の提供するものにすすんで払ってくれる金額」を意味する。企業活動は，さらに購買物流，製造，出荷物流，販売・マーケティング，サービスの主活動と，全般管理，人事・労務管理，技術開発，調達活動という支援活動から構成される。ポーターは，この価値連鎖の個々の活動とその連結により競争優位性が決定されると指摘した。したがって，企業の戦略をこの価値連鎖よって分析することが重要となる。

　とくに，市場の細分化，カスタム化が進んだ現在，製造機能を顧客に接近させ，R & D，設計，製造機能の同期化を図るなど価値連鎖の構造を検討しなければならない。

3-2　サステナビリティと経営

　会社の寿命は何年であろうか。最近では，社会や企業についてのサステナビ

リティ（持続可能性）が注目されている。企業が持続するには，何らかの競争優位性を持ち続けなければならない。同時に，社会から信用されなければならない。

競争優位性は一過性のことが多い。獲得した競争優位性を持続させること，および，まったく異なる競争優位性に乗り換えていくことが重要である。そのためには，市場のマクロ的な動向，顧客のニーズやウォンツと企業の価値連鎖活動の分析を継続して行い，常に自社の持つコア・コンピタンスを把握し，戦略を見直していくことが大切である。そうすることによって，市場の先読みやターゲットとなる市場への参入をすることができる。さらに，グローバル化や多角化によって競争優位性を複数獲得したり，他社との提携を通じ競争優位性を構築したりできる。その結果，企業規模の大小にかかわらず，事業が持続していくのである。

また，どんなに競争上優れた企業でも，社会の信用を得なければならない。今日の競争戦略には，社会・市民，環境および文化との共生という概念も包含しなければならない。

企業経営は，とかく前年比などで事業評価する傾向がある。その結果，企業が成長していると，戦略は硬直的になりやすい。しかし，グローバル市場は，プレーヤーもフィールドもルールも一変してしまう可能性が高くなっている。市場を形成する要素が，多様で不確実で，見通しが利かない時代，もはや経営戦略における定石はない。フレキシブルでアクティブな経営がサステナビリティを高めることになる。

（注）

（1） Buckley, P. J. and M. Z. Brooke, ed., *International Business Studies: An Overview*, Blackwell, 1992.（江夏健一訳『国際ビジネス研究総論』文眞堂，1993 年，456 ページ）。

（2） 1980 年代 GM は，「グローバルカー構想」を打ち出し，世界中に同じ設計の自動車の投入をはかったが失敗した。しかし，今日のスマートフォンをはじめとするデジタル製品の一部は世界的標準化が進んでいる。

（3） Dell, M. and C. Fredman, *Direct from Dell: Strategies That Revolutionized an Industry*, HarperCollins 1999.（國領二郎監訳『デルの革命』日本経済新聞社，1999 年，219 ページ）。

（4） SPA とは，Specialty store retailer of Private label Apparel の略で，アパレル産業の製造小売企業を指す。

98 第Ⅱ部 グローバル戦略とマネジメントの新展開

（5） M. Zeng and P. J. Williamson「中国躍進企業のビジネスモデル」『DIAMONDハーバード・ビジネス・レビュー』2004年3月号，40-50ページ。

（6） アーキテクチャーとは「製品機能と物理的構成要素との関係についての設計構想」を意味する。モジュール化とは「機能的に独立した，交換可能でさまざまに配列結合できる業務ユニットないし活動ユニット」を指す。河野英子「多国籍自動車部品メーカの再編モジュール化の進展と対応」『世界経済評論』1999年10月号49-56ページ，國領二郎『オープン・アーキテクチャ戦略』ダイヤモンド社1999年を参照されたい。

　　また，宮沢健一は，複数の主体間ネットワークの結びつきが生む経済性として「連結の経済性」というパラダイムを指摘する（宮沢健一『制度と情報の経済学』有斐閣，1988年，64ページ）。

（7） Chandler, A.D. Jr., *Strategy and Structure*, MIT Press, 1962.（三菱経済研究所訳『経営戦略と経営組織』実業之日本社，1967年），ならびに，加護野忠男「経営戦略の意味」『国民経済雑誌』1997年，175巻4号，15-28ページ。

（8） Porter, M. E., *Competitive Advantage,* The Free Press, 1985.（土岐坤・中辻萬治・小野寺武夫訳『競争優位の戦略：いかに高業績を持続させるか』ダイヤモンド社，1985年，8-10ページ）。

（9） Buckley and Brooke, *op. cit.,* 邦訳，362-363ページ。

（10） 設立後すぐにグローバル拠点を設立する企業を，ボーングローバル企業と呼ぶ。

（11） 日本のノートPCやデジタルカメラを製造する企業の一部などは，新製品の投入サイクルが短いため，製造拠点を海外から国内に移転する企業もある。また，米国でも，アジア諸国の人件費が高騰したので，本国回帰する企業も出てきている。

（12） Bartrett, C. A. and S. Gohshal, *Transnational Management,* The McGraw-Hill, 1995.（梅津祐良訳『MBAのグローバル経営』日本能率協会マネジメントセンター，1998年，72-77ページ）。また，図表5-3は，Bartrett, C. A. and S. Gohshal, *Managing Across Borders*：*The Transnational Solution,* Harvard Business School Press, 1998. より抜粋。

（13） Porter, *op. cit.,* 邦訳，45-77ページ。

[Review & Discussion]

（1） 皆さんの関心のある製品・サービスを取り上げ，それらの市場において重要だと認識できる点を，過去と現在に分けて考えてみよう。

（2） 皆さんの関心のある企業を取り上げて，図表5-1に基づいてその企業の置かれている競争環境を考察し，また5年後の姿を考えてみよう。

（3） 自由貿易協定を調べて，それが企業に及ぼす影響とその対策を考えてみよう。

（4） 50年以上続いている会社を取り上げて，その会社の戦略の移り変わりを環境の変化と比較しながら考えてみよう。

──次のステップへの推薦・参考文献──

1 青島矢一・加藤俊彦『経営戦略論』東洋経済新報社, 2003 年。

2 浅川和宏『マネジメントテキスト　グローバル経営入門』日本経済新聞社, 2003 年。

3 江夏健一・桑名義晴・岸本寿生編『国際ビジネスの新潮流』中央経済社, 2008 年。

4 Hitt, M. A., R. D. Ireland and R. E. Hoskisson, *Strategic Management: Competitiveness & Globalization: Concepts* (12th ed.), Cengage Learning, 2014.（久原正治・横山寛美監訳『戦略経営論―競争力とグローバリゼーション（改訂新版）』同友館, 2014 年）。

5 Teece, D. J., *Dynamic Capabilities and Strategic Management: Organizing for Innovation and Growth*, Oxford University Press, 2009.（谷口和弘・蜂巣旭・川西章弘/ステラ・S・チェン訳『ダイナミック・ケイパビリティ戦略―イノベーションを創発し, 成長を加速させる力―』ダイヤモンド社, 2013 年）。

（岸本　寿生）

第6章　国際戦略提携とM＆A

キーワード

競争と協調，不安定性，戦略的意図，信頼関係，統合プロセス

1　戦略提携とは

1-1　著増する戦略的提携

　戦略提携やM＆Aの件数が1990年代以降大きく増加してきている。戦略提携とM＆Aの2つには，1つの共通点がある。それは，純粋に1社単独で事業を展開していくのではなく，他企業と協力もしくは他企業を買収しながら事業を展開していく，すなわち他企業との関係の存在である。こうした他企業との関係が重要視されてきたことの裏には，1社のみで事業を展開するのが難しくなってきた，ということがある。

　戦略提携やM＆Aが増加してきた要因には数多くの要因が考えられるが，最も重要な要因は時間，すなわちスピードの問題である。提携に関していえば，IBMやGMなどの米国系多国籍企業も，従来の純血主義を放棄し，開発・調達・生産・販売の諸活動において他企業と協力関係を形成するに至っている。そこで本章では，まず戦略提携について触れ，その次にM＆Aについてみることにする。

　戦略提携という言葉は，共同研究開発から，ライセンシング協定，さらには合弁事業までをも含む多様な企業間協力を指すものとして使われている。つまり，その定義はきわめて曖昧なのである。ある意味で，他社と共同しながら事業を行うことの位置づけが大きく高まってきた結果，使われている言葉であるともいえる。

1-2　戦略提携の変化

　こうした定義の曖昧さを残しつつも，多くの企業が国際戦略提携を結んでいる。最近では，新聞に提携の記事が載っていない日を探す方が難しいくらいである。こうした数の増加とともに，研究面での蓄積も進んでいる。そうした研究は伝統的な国際提携と最近の国際戦略提携の違いについて言及している。

　伝統的な議論では，提携のプレーヤーは先進国の多国籍企業と発展途上国の現地企業であった。また，その中身は先進国側の企業が製品を提供し，発展途上国側の企業が現地の市場知識を提供するという図式であった。そして，提携から得られる成果として先進国側の企業が売上増を達成し，発展途上国側は新製品の獲得や新たなスキルや技術を獲得するというものであった。

　しかし，ハメル（G. Hamel）らは，現在の国際戦略提携が，以下の4つの点で大きく変化してきている，と指摘している[1]。

（1）　パートナー同士は経営力・資産の面で，従来不均衡の場合が多かったのに対し，現在では相互に匹敵する場合が多い。これは，先進国の多国籍企業同士の提携が増えていることの反映ともいえる。

（2）　パートナー間の競争関係は，今まで存在しないか，あってもほんのわずかであった。それに対し，現在では同じ製品や地域市場で協力と同時に常に競争関係が存在する。

（3）　パートナー間の協力内容は従来均衡していなかった。多国籍企業が主として資本，技術，経営能力を提供する一方，現地パートナーの協力内容は主に現地市場情報，ビジネス折衝，流通チャネルなどの立地特殊的なものが多かった。戦略提携のもとでは，生産，マーケティング，技術面での協力内容に不均衡な面を残しているが，従来よりバランスのとれた状況となっている。

（4）　提携の動機は従来，市場接近，規模の経済，資源のプールといった経済的要因にあった。戦略提携の場合，これらの要因によることもあるが，一般的には戦略的・競争的要因によることが多い。

　このように今日では，提携は変容し，より戦略的でグローバル志向になりつつあり，企業の存続にとって長期的な重要性を持つものとなってきているのである。

102 第Ⅱ部 グローバル戦略とマネジメントの新展開

では，なぜ戦略提携はこのような変化をみせてきたのであろうか。その要因としては，技術進歩，グローバル競争の激化，産業集中度のアップ，規模の経済性，さらにはリスクの削減などが考えられる。

たとえば，最近の戦略提携をみてみると，技術移転もしくは研究開発における提携が増加している。技術面での国際戦略提携が増加してきた理由は，技術革新を行うのに必要な能力や資源が1社レベルを超えてしまい，自社内の研究開発のみでは十分に競争していくことが難しくなってきたからである。また，製品ライフサイクルの短縮化も企業にさらなるスピードのアップを求めるうえに企業にかかるリスクを高めるため，提携の必要性を高めている。その結果，通信，コンピュータ，エレクトロニクス分野では，技術をめぐる提携が増加しているのである。

また，グローバル競争の激化という面では，個別企業間というより企業グループ同士での競争が現われ始めている。まさに，どの企業とチームを組むかということが非常に重要になってきているのである。業界標準の獲得をめぐって網の目のように結ばれる提携は，その典型であろう。

いずれにしても，企業は様々な動機から提携を結ぶのであるが，忘れてはならないことが1つある。それは，提携の持つもう1つの側面である。提携を文字通り解釈すれば，提携の協調という側面に目がいくであろう。しかし，提携には協調という側面の裏に，競争という側面が隠れているのである。そのため，「左手でこぶしを握りながら，右手で握手する」，「テーブルの上で握手しながら，テーブルの下では蹴りあっている」と形容されることすらある。つまり，企業間協力の一側面には競争という姿が潜んでいるのである。こうした2企業間の競争や葛藤があるがために，企業間の国際的な提携の数は増加しているものの，失敗の例もかなり多くみられる。

2 国際戦略提携のタイプ

戦略提携は，連結の強さの程度に応じて，大きく3つのタイプに分類できる。つまり，合弁事業のような資本関係（出資）をベースとしたよりタイトな結び

つきをベースにするもの,ライセンシング協定や共同開発など資本を介在させないルーズな結びつきをベースにするもののうち,公式のもの,そしてそれらのうち非公式のものである。それら3つは,資本の介在するもの,介在しないもののうち,公式のもの,そして非公式のものという順で,徐々に関係は弱くなっていき,関係の解消もしやすくなっていく。

それら3つのうち,どのタイプの提携を結ぶかは,その時の企業の置かれた環境とその企業の有する戦略的資産に依存しているため,一般化することは非常に難しい。とはいっても,少なくとも戦略提携の各タイプが持つコストとベネフィットを明らかにすることは,意味がある。なぜなら,提携のタイプにより戦略提携を行う理由やその成功要因が異なってくるのと同時に,戦略提携を成功に導くうえにおいて有益なステップとなると考えられるからである。ここでは戦略提携を機能的な側面から3つのタイプに分類してみる(図表6-1)。

2-1　川上と川下

川上活動における事業の知識と川下活動における事業の知識をリンクさせる

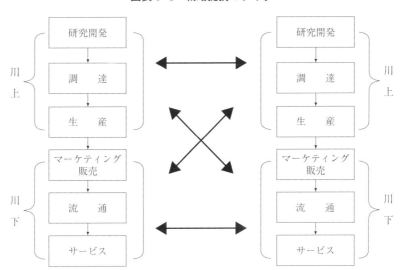

図表6-1　戦略提携のタイプ

出所:Lorange, P. and J. Roos, *Strategic Alliance*, Cambridge, Mass. : Blackwell, 1992.

104　第Ⅱ部　グローバル戦略とマネジメントの新展開

タイプである。このタイプの提携には，様々なタイプがある。まず第1に，生産とマーケティングの提携である。安価な労働力を有する企業と提携し国内で販売するケースが考えられるであろう。さらに，このタイプの提携の逆バージョンは，多国籍企業が海外市場に参入する場合や，高い技術力を有するベンチャー企業が市場への接近をはかるために大企業の持つ強力な流通チャネルを活用する場合などに典型的に行われることもあるだろう。

　米国系多国籍企業の国際戦略提携においても，生産面での提携が数多く行われている。このタイプは，大規模な投資を行うことなく，垂直統合の形を得ることが可能である。

2-2　川下と川下

　川下活動，つまり製品ラインや流通チャネル同士をリンクするタイプである。このタイプの戦略提携は製品ラインの強化や製品のラインを広げるために主として用いられ，現代の多様化する消費者ニーズに適応していくための有力な戦略となりつつある。たとえば，ビール業界などで日本のビールメーカーが外国ビールを扱っているのは，その例といえるであろう。

　しかし，このタイプの戦略提携は，製品ラインを補足するというように，企業が組織間関係を通じてコア能力をダイナミックに拡張したり変革することによって，自らの有利な環境を創造しようという性格のものではない。似たような資源をプールしたり，製品ラインを拡充することで環境の不安定性を削減しようという受動的な側面を有している。

2-3　川上と川上

　生産活動や研究開発活動を連結するタイプである。このタイプの提携は，大企業間ならびに中小企業間の両方においてみられる。規模の経済の利用や増大する研究開発費への対応，さらにはいっそうの技術強化を狙いとして，大企業同士で行われる場合がある。中小ベンチャー企業同士も，互いに異なる技術を持ち寄り，より新しい技術を創造するために，このタイプの戦略提携を行うことがある。また，革新のスピードがきわめて速く，大企業にとって非常に開発が行いにくい技術の場合には，大企業は積極的にこのタイプの戦略提携を卓越

した技術を有するベンチャー企業との間に構築する。このタイプの提携は，企業のコア能力の部分において提携が行われることが多いため，第２のタイプとは対照的に企業のコア能力をドラスティックに変革したり強化する可能性が強く，環境を創造するという積極的な側面を有している。

3　国際戦略提携のマネジメント

　では，国際戦略提携を効果的にマネジメントしていくには，何が必要なのであろうか。戦略提携は，これまでみてきたように異なる２社間の共同作業である。そのため，その性質上不安定になりがちである。ましてや，提携のもう一方の側面に競争が存在していれば，なおさらである。そのため，ややもすれば，提携関係の解消という事態に容易につながりかねない。そこで，戦略的意図と信頼という２つの側面から提携のマネジメントについて考えてみる。

3-1　戦略的意図
　戦略的意図とは，ハメル（G. Hamel）とプラハラッド（C. K. Prahalad）が提示した考えである。戦略的意図を明確にすることで，なぜ提携を結ぶのか，そして提携を結ぶことで何を得ようとしているのかが明確になる。そして，その戦略的意図を社内の人々が認識することにより，実際に提携に携わるミドル・マネジメント以下の人々になぜ提携を行わなくてはならないのかについての知識が共有されるのである。戦略的意図の共有により，行動の柔軟性は高まり，戦略的な学習が促進される。さらに，人々の注意を定めることにより人々が受け取る情報のなかで何が重要であり，何が重要でないのかについての基準が与えられるのである。
　ここで重要なのは，いかにしてこの戦略的意図をトップからオペレーションまで浸透させるかということである。社内で共有するには，組織内で研修を充実させることが重要であろうし，時には組織のリーダーが自ら提携の重要性について説くことも必要であろう。
　不安定性という提携の有する性質を考えればなおのこと，実際に提携に携わ

106　第Ⅱ部　グローバル戦略とマネジメントの新展開

る人々の行動の指針となる戦略的意図が必要なのである。

3-2　信頼関係の構築

　こうした不安定性に対するもう1つのアプローチとして，パートナー間に生まれるコンフリクトを創造的に解決するアプローチがある。国際戦略提携は，2つの異なる文化的背景を持つ企業の協力である以上，そこには不信や衝突が発生しがちである。そこで，重要になるものが2つある。コミットメントと信頼である。

　互いを信頼していなければ，コミュニケーションをとることもできない。コミュニケーションがなければ事業を順調に進めることもできなければ，自社の競争力を高めるための提携から学習することもできない。

　国際戦略提携における信頼関係の構築の一助を担うのがコミットメントである。国際戦略提携におけるコミットメントとは，パートナーのことを理解し，そして提携事業に力を注ぐことである。個人間レベルと同様に，組織間レベルでもコミットメントは存在する。ただし，その示し方が個人間とは異なる。国際戦略提携においてコミットメントを示す方法には，財務的コミットメント，パートナーの戦略的目標を達成するサポート，パートナーの文化を理解しようとする努力などがある。そのためには，提携参加者に対する異文化トレーニングへ多額の投資をすることも求められるであろう。いずれにしても，提携の成功には，コンスタントに提携自体やパートナーへ注意を向けることが不可欠なのである。

　コミットメントは信頼関係の構築につながるが，提携において信頼関係を構築するのは決して簡単なことではない。信頼関係の構築には，長い時間が必要である。提携を始めた当初には，互いを疑いの目でみていることもあるだろう。たとえば，当社の技術が盗まれることはないだろうか。将来，強力なライバルになることはないだろうか。さらには，当社の買収をたくらんでいるのではないだろうか，と感じることもあるだろう。そうした疑いは，信頼関係の構築を阻害する。信頼には，信頼サイクルというものが存在する。安直ではあるが，パートナーを信頼することが，パートナーからの信頼を生むのである。このことは，裏返せば，誠意のない行動は，不信感へともつながることを示している。

第6章　国際戦略提携とM＆A　　107

図表6-2　戦略提携の成果

マネジメント・プロセス	・従業員のモラル　・人的資源開発　・社会的責任の遂行
組 織 学 習	・新市場に関する理解　・新たな技術の習得　・技術革新　・新たな経営技法の開発
競　　　争	・市場シェアの拡大　・競争相手への影響
販　　　売	・総売上高　・顧客満足　・他の製品の販売増
財　　　務	・ROI　・ROA

出所：Lorange, P. and J. Roos, *Strategic Alliance*, Cambridge, Mass. : Blackwell, 1992.

　この点からみても，異文化トレーニングへ多額の投資を行い，優れたマネジャーを育てることがやはり重要なのである。

　最後に，提携を考えるうえで注意しなければならない点を2つ指摘する。まず1つ目は，提携の成否の判断である。提携がうまくいったかどうかを判断するうえで，提携の期間が長いか短いかは必ずしも重要ではない。なぜなら，提携が長く続いたとしても提携を通じて競争優位が失われていては意味がないのである。提携の目的は，あくまでも異なる能力や資源を持ち寄ることで，提携前よりも競争優位を高めることなのである。そこで，参考までに提携の成果をみる際のポイントを図表6-2に記しておく。そして，2つ目は提携を個別に考えるのではなく，錯綜する提携関係全体で捉える視点である。ここでは，ダイアド（1対1）の関係で提携を捉えてきたが，企業は闇雲に提携関係を結んでいるわけではない。そこで，社内のネットワークと社外のネットワークを絡ませた視点で，提携関係のマネジメントを考えることも必要であろう。

4　急増するM＆Aと統合プロセス

　企業を取り巻く環境が変化した結果，戦略提携の数が急増してきた。戦略提携を環境変化に対する適応行動と捉えることができるように，M＆Aも環境適応行動の1つと捉えることができる。つまり，環境変化にともない外部資源をうまく利用することが必要になり，そうした外部資源を効果的に利用する方法の1つが，M＆Aなのである。そして，M＆Aもここにきて，再び増加してきている。トムソン・ロイター社のデータによれば，世界のクロスボーダーM＆Aは2014年の9,467億ドル，2015年の1兆1,260億ドル，2016年には

108 第Ⅱ部 グローバル戦略とマネジメントの新展開

1兆3,054億ドルに達し，2015年から15.9％増加した。近年の日本企業につい
ていえば，製薬業界と金融業界における大型M＆Aが多いことに加えて，地
域の面では北米や欧州におけるM＆Aが高い割合を占めている。

4-1 急増するM＆A

　M＆AのMはMerger（合併）の頭文字Mで，AはAcquisition（買収）
の頭文字Aである。つまり，日本語でいえば合併・買収となる。合併は複数
の企業が合体することであり，大型案件としてはダウ・ケミカル社とデュポン
社の合併などがある。買収は企業が他企業の全部または一部を買い取ることで
ある。こちらのケースとしては，ソフトバンクによるスプリント・ネクステル
の買収や日本たばこ産業によるレイノルズ・アメリカンの買収などがある。ま
た，積極的に買収を手がけている企業としては，GE社をあげることができる。
　経営資源を獲得する方法には大別すると，市場取引，内部開発，提携，買収
がある。それぞれには，メリットもあればデメリットもある。たとえば，内部
開発であれば着実に自分の望む経営資源を開発できるが，その一方で長い時間
を必要とする。そうした他の方法と異なるM＆Aの持つ最大の魅力は，他社
の有している人材，販路，生産設備，技術，ブランドなどの経営資源をワンセ
ットで一瞬にして手に入れることができることにある。つまり，M＆Aは他
の方法と比較し，ワンセットで一瞬にして経営資源を獲得できるのである。
　このように買収には大きなメリットがあるが，それと同時に大きなリスクも
抱えている。つまり，買収して失敗した時のリスクが大きいのである。いうま
でもなく，相手企業をまるごと買うのであるから，買収に要する費用は決して
少なくない。またある特定の事業を買収するにしても，そこには多額の費用が
かかる。万が一買収が失敗してしまった場合には，その影響は企業全体へ及ぶ
といっても過言ではない。
　しかし，現実にはM＆Aの数多くが十分な成果をあげているとはいえない
状況にある。1997年1月に『エコノミスト』誌に発表されたデータによれば，
過去10年間の主要な企業買収300件のうち57％において，買収された企業の
株主資本利益率が業界平均を下回るという結果が出ている。

第6章　国際戦略提携とM＆A　109

図表6-3　M＆Aのマネジメント・プロセス

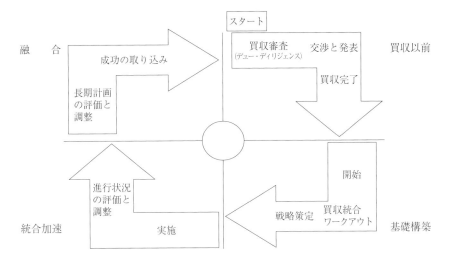

出所：Ashkenas, R. N., L. J. DeMonaco and S. C. Francis, "Making the Deal Real : How GE Capital Integrates Acquisitions," *Harvard Business Review,* Jan-Feb, 1998.（アシュケナス，デモナコ，フランシス「GEキャピタルが実践する事業統合のマネジメント」『ダイヤモンド・ハーバードビジネス』ダイヤモンド社，1998年5月号）。

4-2　統合プロセス

　買収を成功裏に進めるためには，買収前における被買収企業の選別がきわめて重要なのはいうまでもないが，それと同時に買収後の統合プロセスが非常に重要である。M＆Aというのは，2つの異なる企業が一緒になるということである。当然，それまで企業が歩んできた歴史は異なるし，文化も違う。ましてや異なる国の企業が一緒になる場合は，なおさらである。つまり，異なる企業が一緒になれば，様々なコンフリクトが起きるのである。それだけ，買収前の準備と同じくらい，買収後のマネジメントが重要なのである。

　そこで，最後にアシュケナス，デモナコ，フランシスによるGEキャピタルの買収プロセスに関する研究成果を紹介する[2]。図表6-3は，彼らがGEキャピタルの買収のマネジメント・プロセスを分析し，導き出したものである。そして，同時に彼らは事業統合のマネジメントに関する4つの教訓を導き出している。通常，企業はあまり数多くの買収を行うことはない。しかし，GEキ

110　第Ⅱ部　グローバル戦略とマネジメントの新展開

ャピタルは 100 社を超える M & A を展開している。導き出された示唆の持つ意味は，とても大きいものといえるだろう。4 つの教訓とは以下のものである。

（1）　相手企業の統合は，企業買収中の特定の一時点で行うのではない。それは，買収契約書に署名する以前の買収監査の段階から買収完了後の経営にまで及ぶ一連のプロセスである。

（2）　統合管理はフルタイムで取り組むべき課題であり，オペレーション，マーケティング，ファイナンスなどと同様の，れっきとした一個の職能と考えられるべきである。

（3）　経営機構，主要職務内容，報告体系，レイオフ，リストラクチャリングなど，合併が個人のキャリアに影響を及ぼす領域については，買収契約締結後できるだけ速やかに（できれば数日の内に）決定・公表し，実行されるべきである。遅々として進まぬ変革や先行きに対する不透明感・不安感が数ヵ月も続くようでは，組織力は弱まり，瞬く間に合併の価値は失われてしまう。

（4）　企業統合を成功させるには，業務上の様々な手続きだけではなく，異なる文化同士をも統合することが重要である。そのための最良の方法は，経営上の問題解決や，かつて達成されたことのないレベルの成果を目指し，従業員をできるだけ早期に共同作業に就かせることである。

　GE キャピタルのケースから以上のような教訓が導き出されたが，当然買収相手は様々である。こうした枠組みをベースに個々の案件ごとに独自の対処をしていくことが必要である。

（注）
（1）　Hamel, G., Y. L. Doz and C. K. Prahalad, "Collaborate with Your Competitors—and Win," *Harvard Business Review,* Jan-Feb., 1989. （「ライバルとの戦略的提携で勝つ法」『ダイヤモンド・ハーバード・ビジネス』1989 年 4-5 月号）。
（2）　Ashkenas, R. N., L. J. DeMonaco and S. C. Francis, "Making the Deal Real: How GE Capital Integrates Acquisitions," *Harvard Business Review,* Jan-Feb., 1998. （「GE キャピタルが実践する事業統合のマネジメント」『ダイヤモンド・ハーバード・ビジネス』1998 年 5 月号）。

第6章　国際戦略提携とM＆A　111

┌─ [Review & Discussion] ──────────────────────────────
│　（1）　国際戦略提携のタイプに応じたメリットとデメリットを考えてみよう。
│　（2）　日本企業のうち，国際戦略提携を活用して成長している企業をみつけ，その
│　　　　狙いを調べてみよう。
│　（3）　ここ数年，日本企業の新興国市場におけるM＆A数が増加しているが，その
│　　　　理由は何だろうか。
└──

──次のステップへの推薦・参考文献──

1　Ashkenas, R. N., L. J. DeMonaco and S. C. Francis, "Making the Deal Real: How GE Capital Integrates Acquisitions," *Harvard Business Review*, Jan-Feb., 1998.（「GEキャピタルが実践する事業統合のマネジメント」『ダイヤモンド・ハーバード・ビジネス』ダイヤモンド社, 1998年5月号）。

2　江夏健一編著『国際戦略提携』晃洋書房, 1995年。

3　Hamel, G. and C. K. Prahalad, "Strategic Intent," *Harvard Business Review*, May-June, 1989.

4　Hamel, G., Y. L. Doz and C. K. Prahalad, "Collaborate with Your Competitors—and Win," *Harvard Business Review*, Jan-Feb, 1989.（「ライバルとの戦略的提携で勝つ法」『ダイヤモンド・ハーバード・ビジネス』ダイヤモンド社, 1989年4-5月号）。

5　林伸二『日本企業のM＆A戦略』同文舘出版, 1993年。

6　山下達哉・高井透『現代グローバル経営論』同友舘, 1993年。

（竹之内　秀行）

第7章 国際マーケティング

キーワード

市場細分化，国際戦略提携，国際マーケティング・ミックスの世界標準化対現地適合化，グローバル・マスカスタマイゼーション，グローバル・デファクト・スタンダード

1 国際市場細分化戦略と標的市場設定

今日，多国籍企業の多くは世界市場シェアよりもキャッシュ・フローの源泉となる営業利益の増大を優先的なマーケティング目標としている。自社が強みを発揮できそうな市場標的を増やせば利益を伸ばせると期待できるだけに，標的市場設定のために行われる市場細分化は重要だ。市場細分化とは，コトラー（P. Kotler）によると，「購買欲求あるいは必要条件が異なる購買者グループを識別する過程である。1つの市場を互いに異なる顧客の部分集合に細分化することである[1]」と定義される。

諸上が要約したように[2]，世界市場細分化には1段階モデルとして，経済と社会の発展段階を中心とする一般的な国家の特徴を基準にした国家分類＝クラスター化（世界市場を類似市場群に分けること）と，2段階モデルとして，1段階モデルによるマクロ・セグメント内の諸市場を，個々の顧客の特徴を基準としてさらにセグメント化する方法（ミクロ・セグメントに分類する方法）がある。市場細分化基準には，各国の①地理的変数（地域，都市規模，人口密度，気候など），②人口統計的変数（年齢，性別，家族数，所得，職業，教育，宗教，人種，国籍，社会階層など），③心理的変数（ライフスタイル，性格，価値観など），④行動的変数（追求便益，使用頻度，ロイヤルティなど）がある。これらの変数は市場細分化の段階に応じて使い分けされなくてはならない。人

口統計的変数の場合，1段階モデルでは国民1人当たり平均所得が中心となるが，2段階モデルでは平均値が意味をなしにくい。たとえば，世界各国の高級品市場セグメントを共通の標的とするのなら，高所得者層の度数や比率を把握するために，各国における所得レベル別分布を示すのが一番良い。

　1段階モデルにはいくつかの限界がある。とくに，販売対象製品別に参入国や参入時期を変えたり，市場国の重要度ランキングに違いを持たせたい企業にとっては，人口統計的変数のような静態的なマクロ指標に頼った市場細分化結果は有用でない。むしろ，各国における製品の普及率や需要ピーク時までの普及速度がより重要な細分化指標となる。製品普及率を知れば買換え需要率と潜在的市場性が予測できる。また，普及速度はグローバル・デファクト・スタンダード（global de facto standard；事実上の世界業界標準）製品において重要な変数となる。だから，製品ごとに世界市場をクラスター化すべきであり，その基準として，多国間にわたる製品普及パターン・アプローチを使用すべきだ。このアプローチを世界市場のクラスター化に適用したら，VTRではアメリカと日本が同じクラスターに属するとしても，DVDでは同じクラスターに入らないというケースが起こり得よう。

　世界市場細分化の2段階モデルにおいて留意すべきは次の点である。1段階モデルでは違ったクラスターに属する国別市場のなかに多数国共通の同質的セグメントが存在しており，同質的セグメントを束ねると，マーケティング・ミックス資源を有効利用しながら，営業利益を拡大できることだ。第2に，異質的にみえる市場セグメントにも同一製品で販売可能となる場合がある。たとえば，ある小型乗用車に関して，A国では燃費の良い経済車として，B国ではスポーツ車として認知する消費者層が多いと，両主要市場セグメントは異質視されるが，同一製品の提供により双方の消費者ニーズは充足されよう。

　ところで，上記の2段階モデルも含む世界市場細分化の議論は，多国間での製品普及パターン・アプローチを除けば，「国際マーケティング・ミックスの世界標準化対現地適合化」のパラダイムに依拠するものである。しかし，江夏が指摘したように，「もはや（標準化 VS. 適合化），（グローバル化 VS. ローカル化）といった議論の展開によっては，世界市場競争の実相を的確には把握できなくなってきた。あえて別の角度からこの問題にコメントを付するとすれば，

114　第Ⅱ部　グローバル戦略とマネジメントの新展開

図表7-1　2つの対概念を組み合わせた
標的市場の設定方法

	グローバル化 （世界化）	ローカル化 （現地化）
標準化 （統合化）	Ⅱ	Ⅰ
適合化 （分散化）	Ⅲ	Ⅳ

出所：江夏健一「国際経営戦略と国際マーケティン
　　　グ」角松正雄・大石芳裕編著『国際マーケティ
　　　ング体系』ミネルヴァ書房, 1996 年, 52 ページ
　　　を参照して筆者作成。

いまや（標準化 and/or 適合化，グローバル化 and/or ローカル化）が常識と
なってきたわけである[3]」ことを念頭に置いて，世界市場細分化を再構築し，
標的市場を設定すべきであろう。

　こうした示唆深い考えに依拠すれば，後で詳述する「グローバル・マスカス
タマイゼーション」（global mass customization）は「グローバルに考え，ローカ
ルに行動する」という製品政策パターンを辿ると考えられるから，図表7-1
に示される標的市場設定方法のなかで，｛Ⅱ＋Ⅳ｝＝Ⅲという図式になるような
標的市場を持つことになる。つまり，プロセスでは各種製品に世界共通の部品
やソフトを使って効率性を上げ（図表7-1におけるⅡ），同時に各国の多様な
顧客ニーズに適合しながら（図表7-1におけるⅣ），多数国で製品仕様，付随
品装着と外見の差別化を図って，結果として世界共通項を持つ差別化に行き着
くわけだから，「グローバル適合化」（図表7-1におけるⅢ）が結果として付い
てくる。Ⅱに該当するグローバル・デファクト・スタンダードとは一線を画す。
なお，Ⅰは，各国別に異質の標準化市場が存在していることを意味する。

2　国際市場参入方式の選択

　日本乗用車メーカーによる米国市場での選択的初期市場集中戦略の展開当初
は，総合商社を経由した「間接輸出」に依存した。自社製品の販売に自信が持

てるようになると，商社を介さない「直接輸出」に切り替えた。1973年の石油ショックを契機として，燃費と品質に優れた日本の小型乗用車が米国で爆発的人気を博すると，アフターサービスの充実だけでなく製品差別化を訴求すべく，米国に販売子会社を設営した。日本車の輸出が順調に伸びたため，1981年から対米輸出自主規制が施行された。80年代には同時に円高も続いたため，輸出環境が悪化し，1982年にホンダがオハイオ州で乗用車生産を開始したのを皮切りに，日本の各社は軒並み80年代後半までに乗用車を現地生産するようになった。現地生産により日本車ブランド・ロイヤルティが向上したのを契機として，日本企業の市場シェアに神経を尖らせ気味の米国の自動車業界や政府に配慮するために，さらに，米国における低価格な韓国車の急激な流入に対処するために，現地で高級セグメントへの市場移行を図った。日本からの輸入車と現地生産車に関するブランド差別化は，米国市場で供給過剰となった日本メーカー間での勝ち残りを意識した表れでもあった。

　この例で示されるように，輸出から対外直接投資を通じた現地生産への移行には，①市場の規模と成長性，関税と輸入数量規制などの貿易摩擦を主な要因とした標的国の「市場条件」，②労働や土地，天然資源，技術力，原材料・部品の入手可能性などの「要素条件」，③現地企業のみならず世界の寡占企業からの競争圧力，および現地政府の外資政策（外資優遇もあれば政治リスクが増すケースもある）によって変動する「競争条件」，④自社の「経営資源の優位性」が絡んでくる。規模と成長性の面で魅力的な市場において熾烈な寡占企業間競争が繰り広げられると，製品技術，生産技術，さらにはマーケティング力と経営管理能力および財務力（潤沢な自己資金）に秀でた企業は，海外進出を果たす確率が高い。外資優遇政策も現地生産をプッシュする。

　製品技術とか生産技術に優れていても，マーケティング，経営管理，財務の面で劣る企業は技術供与（ライセンシング）を選ぶ可能性が高い。標的国の政治リスクが高くて，市場魅力度が小さければ技術供与が選択されやすい。

　対外直接投資により現地子会社を設立する際，本国親会社が100％出資すれば完全所有子会社となる。親会社の出資比率が50％のとき対等出資型合弁事業，50％を超えれば過半数所有，50％未満なら少数所有となる。日本では1社が10％以上の対外出資をすると対外直接投資と認められる。完全所有を選

択すれば，親会社は子会社に集権的な意思決定を下せるので，グローバル戦略を遂行しやすい。自己資金が不足するなど親会社は経営資源のどこかに弱みを持てば，それを補完するために合弁事業パートナーを求めるようになる。外資比率規制と政治リスクが激しければ，合弁事業か技術供与を選ぶしかない。

ある特定国への参入方式を時系列的にみて，輸出から技術供与を経て合弁事業に移行し，完全所有子会社に行き着く場合もあるし，輸出から完全所有子会社に転換し，合弁事業にシフトし，技術供与で終結してしまうケースもある。前者は国際化アプローチ，後者は内部化アプローチに従う参入方式の転換である[4]。外国市場リスクを企業の国際事業経験の蓄積によりカバーしようとするのが国際化アプローチ，技術の消散リスクを考慮して早期の技術供与を避け完全所有子会社の設置を先行させるのが内部化アプローチの特徴である。いずれの参入転換パターンを辿るかは，当該企業にとっての①現地市場自体の重要度と②グローバル戦略のなかでの子会社設立の意義によって異なるであろう。これら2つとも重要ならば，内部化アプローチに従う展開がみられよう。

これらは，標的市場国への参入戦略の選択を，本国からの輸出か，本国で開発した親会社の技術を供与すべきか，直接投資を通じた現地子会社生産かの3方式間で決定因を抽出しようとするものに他ならない。この論議に加えて，標的市場国への参入方式の選択をグローバル戦略の観点から考察すべく，販売市場と一致しない国での生産およびその国からの当該品の輸出を考慮しなくてはならない。第三国子会社から本国市場への輸出はその一例になる。かかるグローバル戦略型の市場参入戦略では，標的市場の選定と供給源とのリンクがより重要となる。グローバル参入戦略のケースで完全所有子会社を選択するための分析軸には，①「（在外子会社に相当する）戦略事業単位の競争力」と，②「戦略事業単位が持つ事業魅力度」を採ると良い。双方の変数がともに高いとき，完全所有子会社が得策となる。ここで，戦略事業単位にとっての事業魅力度はその子会社が設立された国の市場魅力度とは一致しない。むしろ，その子会社の輸出仕向国市場の魅力度が大いに関係する。加えて，子会社設立国での良質かつ安価な労働と入手可能な天然資源・原材料・部品の豊富さといった要素条件や，受入国政府の外資優遇政策などは，進出企業に有利な競争条件を与えるから，事業魅力度を高める要因となる。

グローバル単独参入方式の決定因を上記 2 つの変数で規定したが，これと対照的なのが 1980 年代より盛んになった国際戦略提携である[5]。1999 年に GM とトヨタが環境対策エンジンの共同開発で提携したのは典型例である。このように，国際戦略提携とは対等ないし競争力格差があまり開いていない世界のライバル企業間で契約を通じて締結される共同事業を指す。合弁事業といった資本提携・業務提携の連結型と，販売提携，生産提携，調達提携，技術提携などの業務提携に大別される。では，なぜ国際戦略提携がベスト・オプションのごとく考えられてきたのであろうか。

　戦略提携が選択される要因には，製品ライフサイクルの短縮化による独占的利益の享受期間の縮小，新技術開発リスク，過剰供給体質にともなう単独事業リスクの増大，新規ビジネスや新市場の開拓の容易さ，パートナー企業との経営資源の相互補完による弱点の補強などが挙げられている。競争力の強い企業と提携すれば，1 社単独では対抗できないライバル企業を上回る経営資源力を発揮でき，競争優位を確保できる。こうして提携相手がいないために競争上不利な地位に落ちた企業は，挽回を期して提携先を求めるようになる。単独企業間競争から提携企業間競争への新たな展開が見込まれるのである。

　提携にはこのように魅力が多い反面，合弁事業を除くと，単独出資子会社とは対照的に契約型ビジネスゆえに，パートナー関係が長続きしないとよく指摘されてきた。提携期間中に協力相手から経営資源を学習でき，両者間でその学習効果達成度に一方的な開きが生じれば，提携事業は解消に向かう公算が強い。提携目標の食い違いや，経営資源投入度に比例しない利益配分状況も解消原因になる。より魅力的な新パートナーの出現による提携相手の変更も予想される。販売提携のように顧客に直に接する活動では，協力事業期間中といえども，現在および将来の顧客をめぐってのライバル関係を意識せずにはいられない。呉越同舟とは名ばかりで，共同事業を引き金にして一方のパートナーの既存顧客を他方が略奪しようものなら，販売提携に終止符が打たれよう。基礎技術開発などの川上部門の方が販売提携のような川下よりも提携は安定的なようだ。

　戦略提携に比べると，「企業の合併」と「企業または事業の買収」を意味する M&A（Merger & Acquisition）は事業継続年数が長い。しかしながら，失敗の確率は高い。にもかかわらず，M&A が多用されてきたのは，「時間を買う

118　第Ⅱ部　グローバル戦略とマネジメントの新展開

戦略」といわれるように，新規設立に比べて事業への参入時間を節約できるからだ。資金力さえあれば，外部資源を獲得できるところも魅力だ。

　1990年をピークにして尻すぼみとなった国際M&Aが90年代終盤から盛り返してきた原因に，乗用車産業のように過剰供給体質を改めるために業界再編が繰り広げられてきたことがまず挙げられる。一方で，情報通信事業のごとく，割合に少額資本で新規の成長ビジネスに参入する動きとか，規模拡大により同業他社との競争格差をつける動きも，M&Aを主軸にして展開されている。

　M&Aに関して一番活発に議論されるのは，それが成功したか失敗したか，そしてその原因は何にあるかである。M&A後に経営資源のシナジー効果（相乗効果）が発揮でき，かつ異なる企業文化がうまく融合できれば，国際M&Aは成功するとよくいわれるが，肝心なのはM&A成果の見極めにどれだけ長期の事業視野を持てるかである。被買収事業ののれん代の償却を意識して5年という見方を取る企業も多いであろうが，本体つまり親会社の経営さえしっかりしていればもっと長期でみても良かろう。いみじくも，コロンビア・ピクチャーズを1988年に買収したソニーが被買収事業で利益を計上するのに10年を要したが，いまやソニーにとって連結決算に貢献する孝行息子に育ったごとく。

3　グローバル・マスカスタマイゼーションと製品政策

　従来，国際マーケティング・ミックスのなかの製品政策では，「世界標準化対現地適合化」が論議の的になった。文化的感応度が高い製品については，外国市場向けに本国製品の改良ないし修正が必要とされた。外国でも本国消費者とニーズが類似していて，文化の違いによる影響を受けない製品ならば，標的市場向けに本国式製品の輸出もしくは現地生産・供給がよいとされた。前者のケースが現地適合化，後者が世界標準化に相当する。現地適合化には追加的コストがかかり，世界標準化は規模の経済性を発揮できるから，本来，世界標準化を追求する方向で優位性を得たいという多国籍企業が多い。しかし，現地適合化には消費者ニーズへの即応と競合の回避によるマーケティング効果が期待される。ゆえに，一方的に偏重しにくいようだ。

むしろ最近の製品政策の基本的スタンスは，世界の消費者の間で差別化製品を安く購入したいという共通の願望にどう応えるかにある。こうしたニーズを製品政策にものの見事に反映したのが，グローバル・マスカスタマイゼーション（global mass customization；以下，GMC）である。それは，一言でいえば，「世界の顧客ごとにカスタム化した製品やサービスを，低コストで，かつ高い品質で届けること[6]」である。その中核概念は，対応するコストの増加なしに製品のバラエティ化とカスタム化を促進することであり，顧客ごとにカスタム化した製品やサービスを大量生産することで成功すれば，競争優位が得られる。

製品の世界標準化が標的外国市場向け単一品目の大量生産・販売を通じて規模の経済性を実現しようとする政策であるのとは違って，GMC は市場規模がどうであれ，製品やサービスのライフサイクルの短縮化，開発と生産の同時進行に対応して，世界全体で多くの消費者を囲い込むものにほかならない。

GMC を達成するには5つの方法がある[7]。①完全に標準化された製品であっても，顧客の手に渡る前の段階で販売と配送に携わる人によってカスタム化する。②本質的には大量生産製品であるが，個々の顧客に対してカスタム化が可能な製品やサービスを開発段階で創り出す。③標準化された部分を配送した後に，カスタム化した部分を生産し配送する。④開発および生産のサイクルタイムを短縮化し，販売時に商品選別や受注処理サイクルタイムを短縮化し，配送サイクルタイムも短縮化する。⑤最終製品やサービスをカスタム化するために，コンポーネントをモジュール化する。これは，マス・カスタム化（最小のコストで顧客ごとのカスタム化を最大にすること）を実現する最良の方法でもある。モジュラー・コンポーネントを作って，きわめてバラエティに富んだ最終製品やサービスへと組み立てるのであるから，規模の経済性は最終製品ではなくコンポーネントを通じて獲得し，範囲の経済性はモジュラー・コンポーネントを繰り返し様々な最終製品で用いることによって獲得し，カスタム化はモジュラー・コンポーネントから組立可能な無数の最終製品から獲得する。

以上の5つの GMC の実現方法はどれも相互に排他的なものではなく，実際にはしばしば重複している。GMC を効果的に遂行し得るには，開発，生産，販売，配送といったすべての職能による顧客との接触を必要とし，それらの接触が特定の市場機会の要求に応じて個々の顧客や他の職能と様々なレベルで相

120　第Ⅱ部　グローバル戦略とマネジメントの新展開

互に作用するようでなければならない。そこでトップマネジメントは，階層組織をフラットにし，ネットワーク組織に変換しなければならない。その意味では，バートレットとゴシャール（C. A. Bartlett and S. Ghoshal）がいう「トランスナショナル」型の多国籍企業が GMC を推進しやすいといえよう[8]。

　かくして，1 つの製品やサービスのなかに共通化と差別化を同時内包するような GMC を実施できる企業が競争優位に立つようになったため，「国際マーケティング・ミックスの世界標準化対現地適合化」という対立概念自体が重要性を失うようになったことに注目すべきであろう。

4　グローバル・デファクト・スタンダードをめぐる競争行動

　製品政策で競争優位を得るためには GMC のほか，1990 年代に活発な論議を呼んだ「グローバル・デファクト・スタンダード」（以下，GDS），すなわち「事実上の世界業界標準」を早期に獲得する戦略が挙げられる[9]。これは，国際マーケティング・ミックスの製品政策で伝統的にいわれた現地適合化に対立した世界標準化政策とは異なる。また製品ライフサイクル（以下，PLC）が成熟期に達して技術レベルが平準化したために，発展途上国でも普及品になったという意味での標準化製品とも異なる。むしろ新製品導入期とか成長期に世界製品規格の統一化を達成することで，一気に他社との市場シェア格差を広げようとする製品戦略である。VTR における VHS 対ベータ戦争は成長期に発生したが，近年では DVD のように新製品導入期から製品規格をめぐって GDS を制覇しようとする動きがみられる。21 世紀早々には次世代携帯電話において，いきなり新製品開発期からどの会社の製品が世界統一規格に採用されるかに注目が集まっている。

　このように，GDS 競争は PLC のより早い段階から始まる傾向を強め，技術開発段階ですでに GDS 競争に突入といったケースが増えそうである。消費者サイドに立てば，製品規格の世界統一化はどの国でも購入品が使用可能になることを意味するから，新製品導入期に GDS が達成されるのは好ましい。まさに，GDS は消費者志向を意識した戦略なのである。

第7章 国際マーケティング　121

　今日では，1970年代前半までのIBMの大型コンピュータのように，1社単独での技術開発，世界規格の採用決定，販売独占といった事業展開は期待しにくい。そのため，GDSが決まるまでに自社開発製品規格の採用を他社に呼びかけるといった，いわゆる「ファミリー形成」に力を注ぐ企業も多い。他方，技術開発に遅れを取った企業は技術使用料を払う代わりに技術開発コストを節減できるし，ファミリー形成後に自社陣営側の製品規格が世界市場でGDSと承認されれば，自社のブランド力と販売力を活かして技術使用料を上回る営業利益を計上できるだろう。2000年5月に発売されたDVD規格をめぐる松下電器産業陣営対ソニー陣営の同時結成はその好例である。技術的リードを保っている企業といえど，技術的に遅れながらもブランド力を持つ企業をいち早く陣営に巻き込み，双方が戦略提携を通じて一大グループに名乗りをあげ，GDSに採用されるために布石を打つ傾向は今後増えるであろう。

5　グローバル・マーケティングにおける新しい研究パラダイム

　伝統的な国際マーケティング論における研究パラダイムは，「国際マーケティング・ミックスの世界標準化対現地適合化」にあった。1960年代から70年代前半までの研究には，「国際マーケティング・ミックスを標準化すべきか適合化すべきか」といった規範論を双方のメリットとデメリットを指摘しながら展開するものが多かった。70年代半ば以降，ソレンソンとヴィッチマン（R.Z. Sorenson and U. E. Wiechmann）による実証研究[10]に端を発し，マーケティング・ミックス要素ごとに世界標準化または現地適合化の程度が異なる点が強調され，帰納的アプローチが脚光を浴びた。なぜミックス要素間で標準化に差があるのかという原因究明が行われたのである。

　90年代に入ると，グローバル・マーケティング概念の登場もあって，また多国籍企業の子会社の成長が著しくなって，研究開発能力，製造能力などの子会社の経営資源の役割に注目が集まった。ポーター（M. Porter）が提唱した「経営活動の付加価値連鎖」という概念が広まり，マーケティング活動を研究開発，調達，生産活動と有機的に結びつける考えが支持されるようになった。さらに，

ポーターによるグローバル競争戦略分析で使われた多国籍企業の「事業活動の配置と調整」という概念[11]およびバートレットとゴシャールがいう「多国籍企業の親会社―子会社および子会社相互間の統合ネットワーク的な結びつき[12]」を最大限生かせるトランスナショナル型を応用して，諸上は現地子会社の能力と役割を重要変数に組み入れたうえで，多国籍企業のグローバル・マーケティング戦略を4つのタイプに分類している[13]。その4分類に用いた概念は「グローバル・マーケティングの調整と統制」というキーワードである。この概念こそが，マーケティングの新しい研究パラダイムであるとして，「国際マーケティング・ミックスの世界標準化対現地適合化」に取って代わるべきだと主張している。

　本章で示した通り，グローバル・マスカスタマイゼーション（GMC）は世界の消費者の差別化志向と低価格志向の同時併存を満たし，グローバル・デファクト・スタンダード（GDS）の確立は消費者の製品使用による世界的効用（便益）の最大化と，PLC初期からの世界全体での急速な製品普及にともなうコスト・価格低減を実現するものである。それゆえ，GMCもGDSも「現地適合化」という概念を無意味にしてしまう。GMCはとくにマーケティング志向と即応的製造志向，機動的調達志向の連携，GDSはとりわけマーケティング志向と高技術志向，大量製造志向の連結を必須とする。したがって，これら2つの政策を有利に進めるには，マーケティング，技術・研究開発，調達，生産といった経営付加価値連鎖を多国籍企業の戦略事業単位全体のなかでどのように配置し，さらにはどの戦略提携パートナーにどういった活動を割り当てるかを意思決定し，世界に分散したどの活動を親会社と子会社がどのように調整するかを決めねばならない。GMCもGDSにもまさに「グローバル・マーケティングの調整と統制」が最重要課題となる。グローバル・マーケティングをも含む広義の意味での国際マーケティングに関する研究において，旧パラダイムから上記の新パラダイムへの転換は当然の帰結といえよう。

第7章 国際マーケティング　　123

（注）

（1）　Kotler, P., *Marketing Management, Analysis, Planning and Control,* Prentice-Hall, Inc., 1972.（稲川和男ほか訳『マーケティング・マネジメント―機会分析と製品戦略』東海大学出版会, 1979年, 226ページと230ページ）。

（2）　諸上茂登「国際市場細分化戦略」角松正雄・大石芳裕編著『国際マーケティング体系』ミネルヴァ書房, 1996年, 101-105ページ。

（3）　江夏健一「国際経営戦略と国際マーケティング」角松正雄・大石芳裕編著『国際マーケティング体系』ミネルヴァ書房, 1996年, 52ページ。

（4）　外国市場参入戦略に関する国際化アプローチと内部化アプローチの概説と比較は, 藤沢武史『多国籍企業の市場参入行動』文眞堂, 2000年, 9-16ページで示されている。

（5）　国際戦略提携に関しては, 竹田志郎『国際戦略提携』同文舘出版, 1992年, ならびに江夏健一『国際戦略提携』晃洋書房, 1995年が詳しい。

（6）　江夏健一, 前掲論文,（角松正雄・大石芳裕編著, 前掲書）, 54ページ。

（7）　Pine, J. Jr., *Mass Customization,* Harvard Business School Press, 1993, Chapter 8.（江夏健一・坂野友昭監訳, 国際ビジネス研究センター訳『マス・カスタマイゼーション革命』日本能率協会マネジメントセンター, 1994年, 第8章）。

（8）　Bartlett, C. A. and S. Ghoshal, *Managing Across Borders: The Transnational Solution,* Harvard Business School Press, 1989, p. 16.（吉原英樹監訳『地球市場時代の企業戦略』日本経済新聞社, 1990年, 22ページ）において, トランスナショナル戦略の利点が示されている。

（9）　業界標準の確立とそれをめぐる競争ルールに関しては, 浅羽茂『競争と協力の戦略』有斐閣, 1995年, 第1章を参照されたい。業界標準の確立のために戦略提携を必要とする場合の条件に関しては, 藤沢武史, 前掲書, 177-178ページ。

（10）　Sorenson, R. Z. and U. E. Wiechmann, "How Multinationals View Marketing Standardization," *Harvard Business Review,* May-June, 1975.

（11）　Porter, M. E. ed., *Competition in Global Industries,* Harvard Business School Press, 1986, p.28, Figure 1-5.（土岐坤・中辻萬治・小野寺武夫訳『グローバル企業の競争戦略』ダイヤモンド社, 1989年, 34ページ, 図1-5）で明示されている。

（12）　Bartlett, C. A. and S. Ghoshal, *op. cit.,* p. 89.（吉原英樹監訳, 前掲邦訳書, 120ページ）のなかの図12-1に, かかるグローバル統合ネットワークのイメージ図が描かれている。

（13）　諸上茂登・根本孝編著『グローバル経営の調整メカニズム』文眞堂, 1996年, 111ページにおいて, グローバル経営の類型化基準4種類に従ってグローバル・マーケティングが4つのタイプに分類され, 図示されている。

［Review & Discussion］
　（1）　なぜ企業は海外に進出するのか, その理由について考えてみよう。
　（2）　グローバル・マスカスタマイゼーションとグローバル・デファクト・スタンダードの特徴は何か。さらに国際マーケティング・ミックスにおける製品政策の世界標準化との違いを考えてみよう。
　（3）　国際マーケティングの研究パラダイムはどのようにシフトしてきているのだろうか。

124　第Ⅱ部　グローバル戦略とマネジメントの新展開

──次のステップへの推薦・参考文献──

1　藤澤武史『多国籍企業の市場参入行動』文眞堂, 2000 年。

2　角松正雄・大石芳裕編著『国際マーケティング体系』ミネルヴァ書房, 1996 年。

3　諸上茂登・藤澤武史『グローバル・マーケティング』中央経済社, 1997 年。

4　Pine, J. Jr., *Mass Customization*, Harvard Business School Press, 1993.（江夏健一・坂野友昭監訳, *IBI* 国際ビジネス研究センター訳『マス・カスタマイゼーション革命』日本能率協会マネジメントセンター, 1994 年)。

（藤澤　武史)

第8章　国際生産システム

キーワード

米国型大量生産システム，日本型生産システム，直接投資による生産システムの
移転，生産システムの本質

本章では，モノづくりの能力である生産管理，より包括的な意味での生産シ
ステムを取り上げる。初めに，そもそも生産管理，および生産システムという
概念がどのような歴史的過程を経て誕生してきたのかを整理する。次いで，「米
国型」「日本型」生産システムになぜ世界的関心が集まったのか，またグロー
バル化が進展するなかで，それがどのように評価され，受け入れられ，発展し
てきたのかをみる。最後に，1990年代に日本でみられた悲観論，2000年代以
降の「日本型」に対する評価を軸に，生産システムの本質をみる。

1　米国が育んだ革新的生産手法

1-1　生産管理＝「モノづくりの能力」

生産管理とは，ひとことでいえば「モノづくりの能力」そのものである。生
産管理能力が高いか低いかによって，企業が生産するモノの品質，コスト，売
れ行きは大きく変わってくる。それはこういうことである。高い生産管理能力
を持つ企業があったとしよう。その企業は自社が生産する商品を，消費者を満
足させる高い品質で，また好ましいタイミングで提供することができる。在庫
やロスを抱えず，無駄のないスケジュールで必要な量に絞って生産を行うため，
リーズナブルな価格設定が可能になる。低コスト体質でありながら消費者の需
要を取りこみ売上を拡大できるので，その企業は高い収益性を享受して成長す

ることができる。つまり生産管理能力とは，ある企業の競争力を規定する経営力の枢要なのである。これはひいていえば，そうした企業が多く存在する国の競争力をも規定しうる。生産管理は，まさしく競争力の源泉なのである。

これを経営学の基本に則って整理すると，次のようになる。生産管理とは，生産計画，生産組織，生産統制という3つの活動から構成される。具体的には，製品開発や仕様，工程や加工方法などの生産計画を作成し，作業内容に最適な生産組織を編成し，その計画と組織のもとで生産が合理的に遂行されるように活動全体を統制するということである。その目的は，市場が必要とする品質を満たした製品を開発し，必要とされるタイミングで，必要とされる量を，より効率的な体制で生産し提供することにある。

生産管理の概念は，近年，より包括的で広がりを持つものに変化しつつある。具体的には，生産管理において管理する対象を，従来の製造現場中心から，製品開発，材料調達，販売，財務など他の経営活動まで拡大すべきという考え方が強まったということである。効率的な生産管理を実現するうえで，製品開発の前提となる顧客ニーズの把握や需要予測，材料調達や製品の原価管理，ロジスティクス（logistics）など，他の一連の経営活動との連携が不可欠であるとの認識が日増しに強まっている。そうした包括性や他の経営活動との不可分性ゆえに，しばしば「生産システム」という表現が使われる。そのため本章では，生産管理ではなく，生産システムという表現を中心に展開していく。

1-2　スミスの「分業」，テイラーの「科学的管理」

生産管理の起源は，かのアダム・スミスにあるといわれる。スミスは，『諸国民の富』（The Wealth of Nations）のなかで，生産活動における「分業（division of labour)」の役割を提唱した。ここでの分業の考え方は，必ずしも製造現場における生産管理を意図したものではなかったが，生産における労働の役割の重要性を示したという点で功績が大きい。

「科学的管理（scientific management)」に基づく生産管理論の誕生は，フレドリック・テイラーの出現によるものである。テイラーは，いわゆるテイラー・システム（Taylor System）のなかで「作業の標準化」という考え方を示した。当時の米国は，労働力不足と高コストに見舞われており，生産性を向上させる

ための新しい管理の方策が求められていた。テイラー・システムはそうした社会の要求に応えるかたちで誕生した[1]。テイラー・システムの基本的な考え方は，時間研究や動作研究に基づいて，労働者の1日の標準作業量と時間とを科学的に設定し，それを課業（task）として労働者に課し，作業の生産性を管理するものである。あらゆる種類の作業を徹底的に細分化し，労働者個々人の仕事の幅を狭め，分業を推し進めた。労働者の個性や技能などの違いはまったく考慮されずに，最も効率的な作業方法が標準化されて示された。未熟練工であっても熟練工と同じように作業を行うことが可能という考え方（これは「熟練の移転」と題されて論じられた）が基本にある。そのため，旧来の熟練工からは抵抗にあったが，効率性を求める経営者層からは支持された。

テイラー・システムそのものを導入した企業は少なかったとされる。しかし，作業の標準化に基づく生産管理という考え方は，これを契機に20世紀初頭米国に根付いた。

1-3　フォードによるアメリカ型大量生産方式と本格的普及

ヘンリー・フォードは，テイラー・システムにより形成された科学的な生産管理の概念をもとに，自動車の大量生産を可能にしたフォード・システム（Ford System）という新たな生産システムを示した。その基本原理は，作業の細分化と標準化，部品の共通化と互換性を可能にする規格化，流れ作業方式による作業の同期化にある。工場では，材料や部品の調達から生産まで垂直統合された一貫生産体制が敷かれ，T型フォードという単一の製品が大量に生産された[2]。

このシステムのもとでは，3種類の異なるタイプの労働者群が誕生した。1つ目は，標準化された特定の作業のみを行う，未熟練工である。2つ目は，こうした未熟練工の怠惰を防ぐために彼らを監視する役割を担う，監督係である。3つ目は，生産管理係である。彼らは新しいタイプの専門技術者であって，その役割は部品の流れを把握し，作業の遅れを発見しかつ解決することにある[3]。自動車は，組立生産方式を基本とする。原材料の質や加工方法がそれぞれに異なる部品を利用し，それらを組みつけて完成品としている。低コストで大量に生産するためには，個々の機械・設備の精度や効率性を引き上げて加

128　第Ⅱ部　グローバル戦略とマネジメントの新展開

工能力を向上させるとともに，原材料加工，部品生産，最終組立という一連の流れを同期化することが必要である。そのため，生産管理という概念が必要不可欠なものとなった。未熟練工は単純な作業ゆえに勤務意欲を著しく低下させた。監督係との関係は険悪なものとなり，離職率も高まった。しかし，生産性向上により実現されたＴ型フォードの価格低下が売上台数を増加させた結果，高賃金政策をとることが可能になった。それによって，必要な労働力が確保されている。

　フォード・システムにより確立された大量生産システムは，国内で自動車以外の産業に普及すると同時に，他国へも普及していった。米国より先行した産業国の英国，そして社会主義体制下にあったソ連においても，この生産システムの普及が進んだ。当時は，この米国型システムに世界が収斂していくという説が主流になった。それほどこの生産システムのインパクトは大きく，またこの時代の経済成長の主要な原動力となった。

2　世界を席巻した日本型生産システム

2-1　米国型大量生産システムの限界と日本型への関心

　1980年代に入ると，支配的だった米国型大量生産システムの硬直性が問題視されるようになる。それは，オイルショック後に明確になった需要の変化や技術革新に対して，この生産システムが十分な対応力を持たないことがわかったためである。欧米先進国では，大量生産システムにとってかわるような時代に適合する新しい生産システムとは何かということを模索する動きが広がった[4]。

　そうしたなかで，時代に適合する1つの生産システムとして世界的な注目を集めたのが，日本の製造業における生産システムだった。その背景には，1970年代後半から80年代，とくにオイルショック以降の経済において，日本の貿易黒字が拡大するなど日本経済の強さが認識されるようになったことがある。それは自動車，家電などの加工組立製造業を中心に国際競争力が高まり，多くの製品が輸出されたためである。こうした加工組立産業の強さを支える源として，日本の製造業における生産システムへの関心が高まった。

当初，日本の生産システムが強い理由は，積極的な設備投資にあるという意見が聞かれた。後発工業国の日本には，確立した生産システムが存在しない。そのため，最新式で性能の高い機械やロボットを導入する設備投資を躊躇なく行うことができた。それこそが，強い競争力を持つようになった原因であるというのである。ただし，この見方は長い期間支持されるというものではなかった。

その後，日本で導入されている様々な生産管理手法に関心が移っていった。ジャスト・イン・タイム（Just in Time；JIT），カンバン，TQC（Total Quality Control，全社的品質管理），カイゼン，多能工など，米国ではみられない生産管理の個々の手法に焦点が当てられ，分析が進んだ。日本型生産システムの特徴として，以下のような点が明らかになった。日本型生産システムは，米国型の見込み生産に基づく単純な大量生産ではなく，需要動向にあわせたフレキシブルな多品種少量生産である。部品調達は米国型の大ロットではなく，必要なときに必要な分だけ小ロットで行われる。労働組織は，単能工主体の固定化した組織ではない。現場の労働者が複数の持ち場に柔軟に対応し，さらに品質向上のための問題発見や解決などを行う。本来，技術者が担う仕事においても現場の労働者が重要な役割を担う，多能工主体の組織になっている。こうした仕組みは，競争力向上のために意図して構築されたものではなく，当時の社会的条件が必要としたものであった。市場が急成長する一方，労働力，設備などの経営資源が不足するという供給制約があったため，効率的な仕組みを作らざるを得なかったのである[5]。

日本型生産システムの仕組みが明らかにされる一方で，それを可能にする理由を日本の「文化」的特性に求めようとする意見が聞かれるようになった。それは，生産管理を構成する個々の手法のどれもが，日本人固有の生真面目さや集団主義など，日本に独特な文化や国民性が可能にしているという考え方である。日本型生産システムが持つ対応力の高さは，「東洋の神秘」として取り扱われた。

2-2　生産システムは海外へ移転できるのか

1985年のプラザ合意以降，日本企業のグローバル化が本格化した。日本企

業の海外との関係は，製品貿易を中心としたものから，直接投資を主体とした
ものに変化していった。そうしたなかで，日本型生産システムを，果たして海
外に移転することができるかどうかに人々の関心が集まるようになった。直接
投資は，製造現場で働く人を現地で雇い，材料や設備を現地で調達し，実際に
工場を稼動させなくてはならない。まさに，経営の移転であって，製品貿易と
はまったく性質の異なる活動である。生産管理という経営能力を現地に根付か
せることができるかが，日本企業に突き付けられた大きな課題となった。

　こうした現実の動きを反映して，日本型生産システムの移転可能性を分析す
る研究が多様な視点から盛んに行われた。その代表例の１つに，安保哲夫他の
研究[6]がある。対米進出の日系企業を長期間にかつ大規模に調査したこの研
究では，日本型生産システムの「適応」と「適用」という分析の枠組みが提示
された。日本企業の米国進出工場は，日本の経営・生産システムの優位性を最
大限に持ちこもうとしながら（「適用」），他方で現地の環境や条件に適応する
ためにシステムの修正を余儀なくされる（「適応」）。つまり，「適用」と「適応」
のジレンマに直面しているとした。そこでは，適用と適応のトレードオフがみ
られるものの，日本とアメリカの両者のシステムを取り入れた在米日系工場が
現地に定着しているという分析が示された。日本型生産システムは移転が難し
い性格を持つが，想像以上に日本に近いシステムが適用されており，生産シス
テムの移転は成功していると考えられること，そうした工場はアメリカ企業の
工場より高い競争優位性を持つことなどを指摘した。

2-3　「東洋の神秘」から「普遍的システム」へ

　日本企業による海外直接投資は，1980年代から1990年代へと時代の経過と
ともに地域的に拡大しながら，深化していく。そうしたなかで生産システムの
研究も同様に深化していき，日本型生産システムは「東洋の神秘」として扱わ
れるべきものではなく，「普遍的システム」とみなすべきものという見方が中
心になっていった。

　そうした見方をとる研究の初期のものは，日本企業の海外直接投資が本格化
する以前から行われていた。その代表例として，アバナシー（W.T. Abernathy)
他[7]，小池和男の一連の研究[8]がある。前者は，自動車産業を例に，日本の

生産システムの普遍性を説いている。品質や生産性を重視し，労働者を統合しながら管理していくという日本の良質な仕組みは，そもそも米国で誕生した生産管理の構想のなかに存在したものであることを指摘した。日本型生産システムには，「東洋の神秘」などは存在せず，米国から導入した生産管理方式を適切に理解し，忠実に実行したという事実があるとした[9]。

後者は，製造職場における労働者の熟練に焦点を当てながら，日本型の普遍性と海外通用性を指摘したものである。職場の労働者が行う作業には，普段の作業と異常や変化への対応という普段と違った作業とがある。日本では大企業を中心にこの両方の作業を行う現場労働者が多い—これを「統合方式」としている—とし，生産システムの効率性はここにあるとした。両方の作業を行う労働者の技能を知的熟練と名づけ，それは査定と報酬という経営政策により促進された職場内での長期の技能形成が生み出したものであるとした。日本企業と何ら関係を持たない海外の職場でも統合方式がみられることを分析し，良質なシステムは普遍性を持つと述べた。日本型生産システムを支える知的熟練はソフトウェア技術であるため，条件・制度が整えば移転が可能であり，その移転において海外直接投資は重要な役割を持つともした。

自動車産業を事例に，日本型生産システムの全体像を描き出したウォマック（J. Womack）他の研究[10]も，日本型システムの普遍性を強く世の中に印象づけた画期的なものであった。彼らは，生産管理，製品開発，サプライヤー・システムなどを含む効率的なシステム全体を，「リーン（贅肉をそぎ落とした）生産方式」と名づけた。大量生産に内在する無駄（つまり「贅肉」）を徹底的に排除しながら，消費者ニーズへの対応を可能にする仕組みが，購買，製品開発，生産を有機的に結び付けたシステム全体のなかで可能になっていることを分析し，競争力の源泉はここにあるとした。日本企業のなかにもリーンな生産を行っていないところがあるなど，「日本企業＝リーンな企業」ではないこと，日本でリーンな生産を行うメーカーは海外進出先でも同様な工場の運営を行うこと，米国企業でも学習努力によりリーンな生産を行うところがあることから基本は経営力であることを，豊富なデータと体系的な国際比較に基づき主張した。リーン生産方式の基本思想は普遍的なものであって，日本の文化的特徴は成功の条件ではないとしている。

132　第Ⅱ部　グローバル戦略とマネジメントの新展開

　この画期的な研究成果が報告された後，欧米先進国，途上国など多くの企業，地域で「リーン生産方式」の導入が進んだ。世界は日本型生産システムに収斂していくという意見が多く聞かれるようになった。

3　悲観論と再評価，生産システムの本質

3-1　1990 年代の悲観論

　20 世紀最後の 10 年となる 1990 年代も，日本型生産システムに対する関心は衰えず，企業システムの進化という観点から日本型生産システムを分析するという研究が行われた[11]。しかし，その一方で日本国内では，「日本型生産システムは今や強さを持たない」という悲観論が聞かれるようにもなった。こうした悲観論には，情報技術の活用に出遅れたことに対する焦燥感が大きく影響した。IT 革命先進国となった米国が「ニューエコノミー」を謳歌する一方，IT の導入に遅れた日本は「失意の 10 年」を過ごしたという見方が根底にあった。日米企業の収益格差が拡大し，日本に焦燥感が拡大するなかで，IT 投資の遅れがあらゆる面で米国優位，日本劣位を引き起こしているのではという見方を生み出したのである。日本における生産システムへの悲観論も，そうした文脈のなかにあった。

　悲観論はおおむね，以下のようなものであった。欧米企業は，80 年代から日本の生産システムを学習し，積極的な導入を進めてきた。その結果，海外の企業が持つ生産システムのなかに，高い生産性，品質，コストを達成するところがみられるようになってきた。米国企業の一部には，そうした学習成果と IT を融合させることによって，新しく大胆な生産システムを構想し，導入しようという動きがある。それが日本的なものを超える効率的なものになる可能性があるのではないか，またその新しいシステムが支配的なものになったとき，従来のシステムを確立した日本では変え難い様々な制度が障害となり，導入が遅れて取り残されてしまうのではないかというものであった。

3-2　日本型の再評価

　その後，「世界の工場」として急成長する中国脅威論やそこでの生産システムを評価する見方も広がったが，2000年代，とくに2003年以降は，日本企業が収益を回復させるなかで，日本型生産システムの強さを再評価する機運が広がった。

　その理由は，日本企業復活のきっかけを作ったある種のタイプの製品において，日本型の生産システムが優位性を持つということが論じられたことにある。日本企業復活のきっかけは，成長著しい中国や米国への輸出が伸びたことにあったが，そうした輸出を増加させた製品は「擦り合わせ型」という性質を持つものであった[12]。代表例は乗用車である。日本製の乗用車は，静粛性が高いという特徴を持つ。これはエンジン，ボディ，サスペンション，トランスミッションなどの部品を絶妙な調和を考えながら調整した結果，実現できた高度な機能である。単純に1つの部品だけを改善しても，静粛性という機能を実現することはできない。機能を実現できるのは，あらかじめ自動車メーカーが部品間の調整を考えながら設計していること，さらに，その設計・生産のプロセスにおいて自動車メーカーと部品メーカーとが長期継続的な取引のもとで連携しているということが大きい。日本の自動車メーカーと部品メーカーとは，技術情報を交換しながら，お互いのノウハウを設計開発や部品・材料の改善に生かしている。日本製の乗用車は，静粛性が高いばかりでなく，操舵性，走行安定性が高く，また故障も少なく，コストも相対的に低い。これらの優位性を実現できる背景にも，こうした部品間の調整を考慮した設計，それを可能にする自動車メーカーと部品メーカーとの連携がある。

　「擦り合わせ型」の製品は，完成品メーカーや部品メーカー，材料メーカーが連携を取り合いながら，数多くの部品を，その製品だけのために最適設計することによりできあがるという特性を持つ。こうした製品には，乗用車のほか，高級オートバイ，薄型TVなどの軽薄短小のデジタル家電，精密機械などがある。また，完成品だけでなく，工程において擦り合わせが必要な金型，自動車ボディ用の鋼板や液晶用のガラス，半導体材料のような部品や材料も，「擦り合わせ型」の特性を持ち，そこでは日本企業，そして日本型生産システムが優位性を持つことが論じられた[13]。

134 第Ⅱ部 グローバル戦略とマネジメントの新展開

そして，「失われた 10 年」のなかでも，モノづくりの現場の「贅肉をそぎ落とし筋肉質にする」という努力を怠らない，日本企業は少なくなかった。無駄な工程や材料を削減し，工作機械や設備の高度化・自動化を進め，生産システムはより強固なものに進化した企業もみられた。その過程で，国際競争優位の確保に向けて次の手を打つ例もみられ，その 1 つの策が日本国内での新しい工場の建設であった。

1990 年代の不況期，とくに 95 年以降の超円高とその後のデフレ経済のなかでは，日本企業の工場の海外への移転にともなう「空洞化」が話題になった。国内生産に自信を失った一部の企業が，主力工場を中国など低コスト地域への移転を進めたためである。しかし，景気回復のなかで，九州や首都圏で新工場の建設計画や拠点強化策を打ち出す日本企業がみられるようになり，工場の「国内回帰現象」が伝えられた。新工場には，IT を採り入れた高度に自動化された工作機械や設備が導入された。とくにこの間，日本の工作機械は，複雑な形状のものであっても，切削，研削，穴あけなどの多様な金属加工を素早くこなすなど，その機能を飛躍的に向上させた。それらは長時間の無人運転など労働力をあまり必要としない工場設計を可能とするため，世界的な相場でみて賃金の高い日本人をベースに考えても，コスト面で大きな問題はないとされた。

さらに，日本企業の得意分野である「擦り合わせ型」という特性や，世界が日本企業に要求している高度な製品の品質確保や最新技術の導入などを考えると，製品開発に向けて連携を取り合うことが必要な能力の高い材料・部品メーカーが数多く立地する国内の方が，海外より機動的な対応ができて有利という見方も広がった。日本企業のなかには，国内工場を拡充することで高度な製造技術や先端技術の海外への流出を避け，長期的な国際競争力を維持する狙いを持ったところもあった。新工場に対して，海外工場での稼動経験のなかで生まれた新しいノウハウを生かすことで，これまでにない高い効率の工場を実現しようという強い意識もみられた。このように工場の「国内回帰現象」は，日本企業のモノづくり分野における競争力の回復，日本型生産システムの再評価がベースとなって進んだ。

3-3　リーマン・ショック，震災，新興国の成長と生産システムの本質

2000 年代後半，状況に変化がみられた。2008 年のリーマン・ショック以降，一段と工場を海外に移転させ，国内設備を縮小し安全経営に転じようとした日本企業が少なからずみられた。それはちょうど中国沿岸地域の経済が急速に発展した時期と重なった。高度な産業・工作機械の需要が増え，その生産に IT 技術を組み込んだ日本製部品が必要とされるようになり，すでに生産設備が圧縮され輸出余力がなかった企業と，国内に生産体制を残したため対応できた企業との間で，明暗が分かれた。

その後，2010 年代になると，東日本大震災，原発事故，先進国の経済不安，日中の賃金格差，急激な円高などが重なり，日本では再び製造業空洞化論が語られるようになった。新興国企業の成長により，海外の様々な市場での日本企業の劣勢も伝えられ，日本企業の生産システムに対する悲観論が聞かれた。

しかしそうしたなかで，日本企業は生産システムを着実に進化させてきた。日本国内の優良な生産拠点は，危機への対応過程で生産性をあげ，競争力を維持したところが少なくなかった。先進的な日本企業の海外拠点では，「生産現場における変化と問題を移転する段階」から，「製品設計，生産ライン設計・構築など，より上流の開発活動に関係する高次の能力を移転する段階」に進んだ[14]。

2010 年代になると，日中の賃金格差が急速に縮小し，生産性向上に努めてきた日本の生産現場のコスト競争力は，再びグローバルレベルで競争優位を持ちうる水準に戻ってきた[15]。こうした間に，本社・海外子会社間の知識ネットワークの見直し（例：海外工場のマザー工場化），グローバルな人材教育システムの構築（例：海外での研修施設の整備，日本人抜きでの外国人による外国人の教育）など，グローバルな生産ネットワークを支える体制の拡充が進展した。

対 GDP（国内総生産）比率によれば，日本の海外直接投資は他の先進国に比べるといまだ低く，さらなる増加は必然である。今後，グローバル化はさらに深まり，直接投資を中心とした多国籍企業の活動は高度化していく。企業は生産管理，生産システムといった経営力，つまり知的ノウハウをどれだけ持っているか，それをどう生かすことができるかがより問われる時代になる。競争

136　第Ⅱ部　グローバル戦略とマネジメントの新展開

力の源泉として，生産管理，生産システムの位置づけは重要であり続けるといえるだろう。企業は短期的な劣等感，優越感などにかられずに，長期的な観点で生産管理能力を育成していく姿勢が問われている。

(注)

（１）　土屋守章「アメリカ的大量生産体制の盛衰」『企業経営の歴史的研究』岩波書店，1990年，163-177ページ。

（２）　下川浩一「フォード・システムからジャスト・イン・タイム生産システムへ」『企業経営の歴史的研究』岩波書店，1990年，284-302ページに詳しい。

（３）　Abernathy, W. J., K. B. Clark and A. M. Kantrow, *Industrial Renassance*, Basic Books, 1983.（望月嘉幸監訳『インダストリアル・ルネッサンス―脱成熟化時代へ―』TBSブリタニカ，1984年，第2部第6章）。

（４）　*Ibid.*, 邦訳書はその代表例である。

（５）　藤本隆宏『生産システムの進化論』有斐閣，1997年，第Ⅰ部第3章。

（６）　安保哲夫・板垣博・上山邦雄・河村哲二・公文溥『アメリカに生きる日本的生産システム―現地工場の「適用」と「適応」―』東洋経済新報社，1991年。

（７）　Abernathy, *op, cit.*, 邦訳書が挙げられる。

（８）　例えば，小池和男・猪木武徳編著『ホワイトカラーの人材形成―日米英独の比較―』東洋経済新報社，2002年。

（９）　そのほかに下川浩一「前掲論文」，藤本隆宏『前掲書』も，フォード・システムとジャスト・イン・タイム生産システム（日本型生産システム）が原点では同一であったことを指摘している。

（10）　Womack, J., D. Jones, and D. Roos, *The Machine that Changed the World*, Rawson Associates, 1990.（沢田博訳『リーン生産方式が世界の自動車産業をこう変える』経済界，1990年）。

（11）　藤本隆宏『前掲書』はその代表例である。

（12）　藤本隆宏『日本のもの造り哲学』日本経済新聞社，2004年，第4章。

（13）　藤本隆宏・桑嶋健一編『日本型プロセス産業―ものづくり経営学による競争力分析―』有斐閣，2009年。

（14）　小池和男『海外日本企業の人材形成』東洋経済新報社，2008年。

（15）　藤本隆宏『現場から見上げる企業戦略論』角川新書，2017年。

［Review & Discussion］

（１）　生産システムはどのような歴史的変遷を経て発展してきたのだろうか。

（２）　日本型・アメリカ型の特徴について，まとめてみよう。

（３）　グローバル化経済が進展するなかで，企業が競争力を維持するために生産システムをどう位置づけるべきか考えてみよう。

第8章 国際生産システム　137

──次のステップへの推薦・参考文献──

1　Abernathy, W. J., K. B. Clark and A. M. Kantrow, Industrial Renassance, Basic Books, 1983.（望月嘉幸監訳『インダストリアル・ルネッサンス─脱成熟化時代へ─』TBS ブリタニカ，1984 年）。

2　安保哲夫・板垣博・上山邦雄・河村哲二・公文溥『アメリカに生きる日本的生産システム─現地工場の「適用」と「適応」─』東洋経済新報社，1991 年。

3　小池和男『海外日本企業の人材形成』東洋経済新報社，2008 年。

4　小池和男・猪木武徳編著『ホワイトカラーの人材形成─日米英独の比較─』東洋経済新報社，2002 年。

5　藤本隆宏『日本のもの造り哲学』日本経済新聞社，2004 年。

6　藤本隆宏『現場から見上げる企業戦略論』角川新書，2017 年。

7　Womack, J., D. Jones, and D. Roos, *The Machine that Changed the World*, Rawson Associates, 1990.（沢田博訳『リーン生産方式が世界の自動車産業をこう変える』経済界，1990 年）。

（河野　英子）

第9章 トランスナショナル組織

キーワード

トランスナショナル組織，海外子会社の役割差別化，戦略リーダー，調整メカニズム，全社的な目標と価値観へのコミットメント

1 多国籍企業の戦略課題と組織構造

現代の多国籍企業は，複数の戦略課題に同時に挑戦し，その目的達成を迫られている。

従来の多国籍企業は，1つの戦略課題に力を注いできた。たとえば，家電産業は，低コストで優れた労働力を活用できる国で生産し，世界標準製品を世界中に販売することで，グローバルに効率性を追求してきた。他方，日用雑貨産業は，製品差別化と現地対応型マーケティングを展開し，現地環境への適応を重視して差別化のメリットを享受してきた。

しかし，松下電器（現，パナソニック）が1980年代前半にポータブル・オーディオ製品のモデル数を倍増したように，家電産業も現地の消費者ニーズを取り入れた差別化製品の開発が要求されているし，他方，日用雑貨産業でも，80年代後半に洗濯習慣の国ごとの差が縮小したため洗剤の標準化が高まり，グローバルに効率性を追求する機会が生まれた。

また従来，日本企業は輸出をベースとするグローバルな効率性の追求を得意にしてきたが，米国や欧州のローカル・コンテンツ要求，東南アジア諸国の現地化政策などによって，日本企業も現地環境への適応に対応しなければならなくなった。

このように，グローバル競争の激化が，多国籍企業に異なる戦略課題を追求することを要求するようになったのである。

組織のコンティンジェンシー理論に基づくと，戦略と組織が適合した方がそうでない場合よりも経営成果が高いという。そこで，グローバルな効率性と現地環境への適応という戦略課題の達成に適した組織を構築する必要がある。この要求に応えようとした組織がグローバル・マトリックス組織である。

　グローバル・マトリックス組織は，世界規模・製品別事業部制と地域別事業部制をミックスさせたフォーマル組織である。世界規模・製品別事業部制は，製品事業部が国内事業と海外事業を管轄下においた組織である。製品事業部がグローバルな視点で事業展開できるので，グローバルな効率性の達成に適している。それに対して，地域別事業部制は，たとえばアジア事業部や欧州事業部などの地域事業部が担当地域の海外子会社を管轄する組織である。地域事業部が国や地域における社会的事情，消費者の嗜好，ビジネス慣行に適応した事業展開を行えるので，現地環境への適応に適している。

　グローバル・マトリックス組織は，これらの適性を取り入れた事業展開を行うために，製品事業部と地域事業部を併立して，双方の事業部で海外子会社を統括する組織である。しかし，グローバル・マトリックス組織を採用した企業は，期待どおりの成果を出すことができず，ほとんどの企業はグローバル・マトリックス組織を解消している。

　グローバル・マトリックス組織を採用すると，その企業は様々な問題に直面する。第1に，利害関係の異なる製品事業部長と地域別事業部長に同等の権限を与えているので，双方で権力争いが起きやすい構造になっている。第2に，製品事業部長と地域別事業部長の合意決定を志向するが，距離，時間，言語，文化という障壁がそれを妨げる傾向にある。

　グローバル・マトリックス組織をうまく機能させるには，企業がこうした問題に十分に対応しなければならない。これ自体すでに，多国籍企業の組織的問題がフォーマル組織の適用だけでは解決できないということを示唆している[1]。

　ところで，現代の多国籍企業には，グローバルな効率性と現地環境への適応という戦略課題に加えて，イノベーションと学習も重要である。研究開発費の増大，製品のライフサイクルの短縮によって，多国籍企業は多額の投資を回収するために，世界規模で大量生産と海外への技術供与を進めた。その結果，世界中に新技術が普及するようになり，海外子会社がそれを学習できるかどうか

140　第Ⅱ部　グローバル戦略とマネジメントの新展開

が，多国籍企業の競争優位に関係するようになってきている。

　さらに，純粋な国内企業に比べると，多国籍企業は，多様な環境に接している。海外子会社が立地する環境から刺激を受けて，新しいイノベーションが生まれる可能性がある。そこで，本社のみならず世界中のどこからでもイノベーションが出現し，その成果を世界中で学習できることがグローバルな競争優位の確立につながる。逆にいえば，環境の多様性を活かせなければ，多国籍企業は競争劣位に陥ることになる。

　このように，今日のグローバル競争環境は，多国籍企業にグローバルな効率性，現地環境への適応，イノベーションと学習という複数の戦略課題の同時達成を要求している。本章では，これを実現できる組織として，バートレット（C.A. Bartlett）とゴシャール（S. Ghoshal）が提唱したトランスナショナル組織を中心にして考察を進める。

2　伝統的組織モデルからトランスナショナル組織へ

2-1　伝統的組織モデル

　バートレットとゴシャールは，日米欧の多国籍企業9社の事例を分析して，それぞれの企業が伝統的な組織モデルの影響を強く受けていることを発見した[2]。伝統的な組織モデルとは次の3つである。

①　グローバル組織（global organization）
②　マルチナショナル組織（multinational organization）
③　インターナショナル組織（international organization）

　グローバル組織は，経営資源と組織能力を本社に集中している[3]。海外子会社は，本社の戦略と計画に従う実行機関であり，本社に大きく依存している。この組織モデルは，グローバルな効率性の追求に適している。この組織モデルを採用する企業は，本国に集中した研究開発，グローバルな規模での生産，標準化製品の世界販売を本社の中央管理体制の下で推し進めて，グローバルな規模の経済性を追求してきた。

　マルチナショナル組織は，経営資源と組織能力を海外子会社に分散している。

海外子会社は，研究開発，生産，販売などの機能を持ち，かなり自律的に現地経営を行っている。海外子会社が現地の消費者のニーズを把握して対応することができるので，現地環境への適応にはこの組織モデルが向いている。

インターナショナル組織は，経営資源と組織能力をある程度海外に分散させて，海外子会社にある程度の自律性を与えているが，基本的に本社がグローバルな調整を行う。この組織モデルは，グローバル組織とマルチナショナル組織の中間形態といえる。製品のライフサイクル理論に従って，この組織モデルの企業は研究開発を本社に依存する海外子会社が技術と知識を吸収し，現地向けに改良していくという，イノベーションと学習のプロセスを推進してきた。

ところで，日米欧の多国籍企業は，それぞれ特定の組織モデルを形成してきた。日本企業の伝統的な組織モデルは，グローバル組織である。周知のように，日本企業は，1970 年以降本格的に国際化を推進した。欧米の競合他社に対する競争優位を確立するために，日本企業は低価格，高品質の製品を作ることにこだわった。日本企業は研究開発，生産を中央で管理し，相対的に低い為替レートを武器に輸出戦略を展開し，それを実現してきた。

また，日本企業には，従業員間の「和」に基づいた合意形成と集団行動を重んじる経営慣行がある。この日本企業特有の経営慣行は，文化の異なる海外のメンバーには理解しにくいものである。グローバル経営にこの慣行を適用すると，日本人だけで大事なことを決めて，海外のメンバーはそれに従う中央集権的なマネジメントが適切になる。したがって，日本企業では，意思決定を本社で行い，経営資源と組織能力を本社に集中させたグローバル組織が形成されてきた。

欧州企業では，マルチナショナル組織が形成されてきた。1900 年代の前半に国際化した欧州企業は，本社と海外子会社を分断させる諸力に直面した。市場間を連結する輸送と通信に障害があったこと，米国の保護主義など差別的慣行や貿易障壁が高まったことである。こうした要因が働いて，欧州企業の海外子会社は，製造，販売など活動の自己充足性と自律性を獲得していった。また，欧州のなかでも英国，オランダ，フランスの企業は，トップマネジメントと海外子会社のマネジャーとの間の個人的関係を重視し，統制は財務面に限られた。こうした側面も海外子会社に活動の自律性を与え，マルチナショナル組織の形

成を促した。

　米国企業では，インターナショナル組織を形成してきた。第二次世界大戦後，米国の技術優位が圧倒的な時代に，米国企業は本国の技術と知識を海外に移転した。このためある程度，現地向けに製品改良する能力はあるが，研究開発は本社に依存していた。米国では，専門経営者とスタッフが権限委譲と経営システムによる調整を使い分けていた。彼らは，海外事業を本社の経営資源と組織能力を活用するところと認識していた。これは，米国企業にインターナショナル組織を採用させた。

　伝統的組織モデルと現実の企業活動との結びつきは強い。企業のなかでどの組織モデルが形成されるかは，その企業の国際化の歴史，国特有の経営慣行による影響が大きいからである[4]。しかし，これはグローバルな効率性，現地環境への適応，イノベーションと学習という戦略課題を同時に達成するうえで大きな障害になる。

2-2　戦略課題のトレード・オフ

　グローバルなコスト効率性，現地環境への適応，イノベーションと学習という，今日の多国籍企業の戦略課題を同時に達成するうえで，伝統的組織モデルは相応しくない。というのは，その3つの戦略課題はそれぞれトレード・オフの関係にあるからである。

　グローバル組織では，海外子会社に十分な経営資源と組織能力が与えられず，海外子会社が自律的に活動することもない。そのため，海外子会社には現地のニーズを吸収する力がなく，しかも自律性を奪われているのでその意欲もない。グローバル組織は現地環境への適応に適していないし，海外子会社のイノベーションも期待できない。

　また，マルチナショナル組織は，グローバルな視点から事業活動を配置し調整することが困難で，設備投資が重複するなど，グローバルな効率性の達成には不向きである。さらに，本社と海外子会社間のコミュニケーションが不十分なので，学習を推進できない。

　さらに，インターナショナル組織は，ある程度，経営資源と組織能力を海外子会社に分散させ，本社が海外子会社を調整するので，ある程度海外のニーズ

第9章 トランスナショナル組織　143

を吸収できるし，本社と海外子会社間でコミュニケーションが行われるので，他の組織モデルよりもイノベーションと学習に適している。しかし，グローバル組織ほどグローバル調整に力を入れていれておらず，マルチナショナル組織ほど経営資源と組織能力を分散させないので，グローバルな効率性と現地環境への適応を十分に達成できない。

　こうしたトレード・オフ関係があるために，従来の組織モデルですべての戦略課題を同時に追求しようとすると，組織はジレンマに陥る。そこで，多国籍企業には伝統的組織モデルとは異なる組織モデルを構築する必要が生じてきたのである。

2-3　トランスナショナル組織

　伝統的組織モデルでは，グローバルな効率性，現地環境への適応，イノベーションと学習という，今日の多国籍企業にとってきわめて重要な戦略課題は，同時に追求することはできなかった。その戦略課題間のトレード・オフが伝統的組織モデルでそれを追求することを妨げているからである。その問題を克服しようとする組織モデルがトランスナショナル組織である。では，伝統的組織モデルとトランスナショナル組織の違いはどこにあるのか。ここでは，近年多国籍企業の新しい組織モデルとして注目されているトランスナショナル組織について説明することにする（図表9-1）。

　グローバル組織とインターナショナル組織では，経営資源と組織能力を本社に集中させる傾向がみられた。それに対して，トランスナショナル組織は，マルチナショナル組織のように経営資源と組織能力を世界に分散し，海外子会社に活動の自律性を与えて，現地環境への適応を達成しようとする。しかし，分散の仕方はマルチナショナル組織ほど単純ではない。

　トランスナショナル組織を構築しようとする松下電器（以下，松下）とフィリップスをみると，松下では，台湾子会社がカラーテレビの部品や材料のうちかなりの部分を自前で生産できるが，いくつかの重要部品は本社の供給を受けるというように，海外子会社にはある程度の開発や生産を許可するが，重要な部分は本社で開発や生産を行う。さらに，フィリップスでは，英国子会社がテレテキスト・テレビの主導権を握り，ベルギー子会社がステレオ・セットの開

図表9-1　従来の組織モデルとトランスナショナル組織

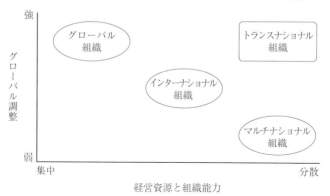

出所：一橋大学商学部経営学部門編『経営学概論』税務経理協会，1995年，315ページより筆者一部変更。

発・製造の責任を負っているように，海外子会社ごとに特定の活動を専門化している。トランスナショナル組織では，このような活動の専門化を実現できるように，経営資源と組織能力を分散させる必要がある。

　次に，グローバルな効率性を達成するグローバル調整についてみると，経営資源と組織能力を海外に分散させた場合，海外子会社が本社に依存することを前提にして中央管理体制で行うのは適切でない。トランスナショナル組織は，本社と海外子会社，海外子会社間の相互依存を前提にして双方向的なグローバル調整を行う。たとえば，NECでは，デジタル交換機NEAC61Eの開発において，本社がハードウェアの開発に，米国子会社がソフトウェアの開発に集中していた。米国子会社がハードウェアでは日本本社に依存し，ソフトウェアでは日本本社が米国子会社に依存するなかで，日本本社と米国子会社が互いに調整し合うことによって，グローバルな効率性を図ることができる。

　トランスナショナル組織では，経営資源と組織能力の十分な海外子会社が相互依存関係で本社を含めて全社的に結びつくために，イノベーションと学習をより促進できる構造になっている。伝統的組織モデルのイノベーションと学習のプロセスは，本社のイノベーションの成果を海外子会社に移転するか，現地で生まれたイノベーションを現地でだけ活用するか，そのどちらかであった。トランスナショナル組織では，それらに加えて，海外子会社のイノベーション

を世界に移転したり，本社と海外子会社が共同で研究開発を行うプロセスを考慮している。

前者の例として，ユニリーバの旧西独子会社の柔軟仕上げ剤「Kuscheiweich」を挙げることができる。旧西独子会社は，「Kuscheiweich」が成功した秘密がシンボルマークのテディベアが消費者に受けていたことだと気づいた。旧西独子会社のこの製品は，世界中の市場に移転されて，この部門におけるユニリーバのシェアを大きく引き上げた。

後者の例は，Ｐ＆Ｇのユーロ・ブランド・チームである。Ｐ＆Ｇでは，欧州の子会社が独自に製品開発を行っていたが，ユーロ・ブランド・チーム制を導入して，欧州の子会社が各チームに自主的に協力するような相互依存体制をつくり上げた。欧州全体を対象にした液体洗剤「ビズア」は，ユーロ・ブランド・チームの１つが開発した製品で成功をおさめた。

伝統的組織モデルに比べて，トランスナショナル組織には，これらのイノベーションと学習のプロセスをすべて活用できる強みがある。

このように多国籍企業はトランスナショナル組織を構築することで，複数の戦略課題の同時達成を目指すことができる。問題は，トランスナショナル組織をどのようにして構築するかである。

すでに指摘したように，伝統的組織モデルは，日米欧の多国籍企業に深く根づいているので，これを変えることは難しい。あるいはそれが可能だとしても，急激な変革は組織を混乱に陥れるので避けた方がよい。そこで，伝統的組織モデルを土台にして，トランスナショナル組織を構築するのが適切な方法である。

Ｐ＆Ｇは，マルチナショナル組織に相互依存関係を築き上げ，トランスナショナル組織の構築を試みた企業である。80年代の初め，Ｐ＆Ｇでは自律的な欧州子会社が独自に製品開発を行っていたので，製品開発が重複し，生産規模が非効率であり，市場戦略が調整できないという問題を抱えていた。Ｐ＆Ｇが問題を解決するために実行したのは，次の３つの政策である。

第１に，これまで機能していなかった欧州研究開発部門の責任者に影響力のある人材を配置して，欧州の製品開発を調整する部門としての正当性を欧州の子会社から獲得した。第２に，欧州の各子会社に焦点を合わせた情報システムを欧州全体の事業が検討できるように統合することで，欧州全体を視野に入れ

146　第Ⅱ部　グローバル戦略とマネジメントの新展開

た製品開発と生産が可能になった。第3に，本社機構において研究開発部門の地位を向上させて，製品開発を統合する政策を推進した。

　Ｐ＆Ｇでは，欧州の子会社の力が強いなか，効率性を追求する部門の力を徐々に高めていった。最終的には，両方のグループがバランスをとりながら，複数の戦略課題を達成していくことが肝要になるだろう。Ｐ＆Ｇの事例から指摘できる点として，従来とは異なる戦略課題を達成しようとするグループが力をつけるには，社内での正当性を獲得すること，情報にアクセスするだけでなく，情報をグループのニーズに合わせること，さらに他のグループに対する影響力を獲得することが大切である。

　次節では，このようにして構築したトランスナショナル組織をどのようにマネジメントするかについて説明しよう。

3　トランスナショナル組織のマネジメント

3-1　一律的なマネジメントの限界

　バートレットとゴシャールは，伝統的組織モデルを採用する企業が「国連型モデル」と「本社権力症候群」を前提にして，海外子会社をマネジメントしていることを指摘する。

　国連型モデルでは，国連が大国にも小国にも等しく1票の権利を与えているように，すべての海外子会社が同等に扱われている。すべての海外子会社が，現地市場に限定した役割を与えられ，本社の戦略と計画に同じ程度にかかわり，現地のマネジャーの評価は標準的規準で行われる。

　本社権力症候群とは，本社に全社レベルの意思決定権を集中させる性向のことをいう。この結果，本社はグローバル戦略を策定し，海外子会社は役割を現地市場に限定して，本社が策定したグローバル戦略を実行するにすぎない。

　しかし，多国籍企業の海外子会社は一律的にマネジメントできる組織単位ではない。消費者嗜好，競争他社の行動，政府規制，技術基盤，規模は市場によって異なるので，各海外子会社はそれぞれ異なる環境に直面している。環境のなかには，戦略的に重要な市場もあればそうでないものもある。また，各海外

子会社の経営資源と組織能力のレベルにも格差がある。

そのため，国連型モデルと本社権力症候群の前提に立って海外子会社を一律的にマネジメントすると，いくつかの問題が生じる。第1に，戦略的に価値の低い市場のニーズを満たしすぎて，重要な市場のニーズを満たしきれない場合がある。第2に，すべての海外子会社の役割と責任を現地市場に限定すると，戦略的に重要な市場で経営資源と組織能力のレベルが高い海外子会社の力が十分発揮されない恐れがある。第3に，能力の高い海外子会社のモチベーションを低下させる。一律的な海外子会社マネジメントでは，企業は多様で変化に富んだ海外の環境に対して柔軟に対応することができない。トランスナショナル組織では，各海外子会社に特定の役割を与えて，組織を分化させることで，環境に対する柔軟性を確保するのである。

3-2 海外子会社の役割差別化

バートレットとゴシャールの海外子会社の役割差別化モデルは，現地市場の戦略的重要度と海外子会社の経営資源・組織能力という2つの変数で，海外子会社の役割を次の4つに分類している（図表9-2）。

図表9-2 海外子会社の役割差別化モデル

出所：Bartlett, C. A. and S. Ghoshal, *Managing Across Borders : The Transnational Solution*, Harvard Business School Press, 1989.（吉原英樹監訳『地球市場時代の企業戦略』日本経済新聞社，1990年，142ページ）。

（1）　戦略リーダー（strategic leader）
（2）　貢献者（contributor）
（3）　ブラックホール（black hole）
（4）　実行者（implementer）

　戦略リーダーの海外子会社は，戦略的に重要な市場に位置し，経営資源と組織能力も十分保有している。本社のパートナーとして現地向けの役割だけでなく，グローバルな役割も果たす。戦略リーダーの海外子会社は，イノベーション能力があり，環境も刺激に満ちているので，イノベーションと学習においても重要な役割を担う。

　貢献者の海外子会社は，戦略的に重要度の低い市場で活動しているが，経営資源と組織能力は十分にある。この役割の海外子会社が生まれるのは，受入国政府の現地化要求や影響力のある海外子会社トップの存在が大きい。イノベーション能力はあるが，現地環境が刺激に乏しいので，戦略リーダーほど期待できない。

　ブラックホールの海外子会社は，戦略的に重要な市場に位置するが，それに対応する経営資源と組織能力に欠けている。戦略リーダーになる能力がないので，市場のトレンドや競争他社の動きを監視する「窓」の役割を果たす。イノベーション能力が不足しているので，イノベーションは期待できない。

　実行者の海外子会社は，市場の潜在性も乏しく，経営資源と組織能力も十分にない。現地市場で活動できるだけの能力を持って，グローバル戦略に必要な「規模の経済性」と「範囲の経済性」の達成に貢献する。イノベーションの担い手にはなれないが，イノベーションを学習するぐらいの能力はある。

　このように，トランスナショナル組織では海外子会社の役割差別化モデルに従って，その役割を配分することで，一律的なマネジメントの問題を解消できる。しかしそれと同時に，このモデルは，市場価値に対する経営資源と組織能力の配分で問題のある海外子会社を明確にしている。それは貢献者とブラックホールの海外子会社である。貢献者の海外子会社は，余剰の経営資源と組織能力を抱えているが，一方で，ブラックホールの海外子会社にはそれが不足している。トップマネジメントはこの問題を解決しなければならない。

　貢献者の海外子会社は，余剰の経営資源と組織能力を抱えているので，自律

性を拡大し，独自に無駄な製品開発をするようになるだろう。これは組織の分化を不必要に進める。だからといって経営資源と組織能力を削ぎ落とすような方法では，海外子会社のモチベーションを低下させ，人材を流出させてしまう。そこで，グローバルな役割を与えて，能力を全社的に貢献させることで，貢献者の海外子会社の問題を解決するのが適切だろう。

　ブラックホールの海外子会社は，企業内の経営資源と組織能力を配分して，戦略リーダーに育てる必要がある。しかし，経営資源と組織能力は稀少である。そこで，海外子会社が市場のニッチに参入して，徐々にそれを蓄積したり，戦略提携を活用して，足りない能力を補うという方法も考えられる。

　海外子会社の役割差別化モデルは，多様な環境に対して必要な柔軟性を身に付けるために，組織を分化させる方法を提示した。伝統的組織モデルは，一律的なマネジメントで，すべての海外子会社を同等に扱い，その役割を現地向けにしていた。トランスナショナル組織では海外子会社を分化した単位として捉えた結果，グローバルな役割を果たす戦略リーダーの海外子会社の存在を浮き彫りにした。

　トランスナショナル組織で，海外子会社のイノベーションを世界に移転したり，本社と海外子会社が共同で研究開発を行うプロセスを十分に活用できるのは，組織を分化させて，特定の海外子会社に戦略リーダーの役割を与えているからである。戦略リーダーの海外子会社は，環境から高い刺激を受けて，十分なイノベーション能力を発揮できる。これが世界標準製品の開発とか共同研究開発などのグローバルな役割と結びつくことで，これらのプロセスが促進される。トップマネジメントは，戦略リーダーの海外子会社をイノベーションと学習に貢献させるように仕向けなければならない。これはトランスナショナル組織の統合の問題である。

3-3　調整メカニズム

　トランスナショナル組織は，組織を分化することで，多様な環境に対する柔軟性を獲得できる。しかし逆に，組織の分化は，組織の複雑性を高めることになる。そのため，分化して複雑になった組織をどう統合するのかは重要な問題である。本節では，トランスナショナル組織の統合について検討する。まず，

150 第Ⅱ部 グローバル戦略とマネジメントの新展開

本社−海外子会社間に焦点を当てて多国籍企業の調整メカニズムについて説明する。

本社−海外子会社間を調整する場合に，日米欧の多国籍企業は，それぞれ次の3つの調整メカニズムを活用してきた。

（1） 本社統制（HQ-control）

（2） システムと手続（system and procedure）

（3） 社会化（socialization）

本社統制は，本社のマネジャーが海外子会社の意思決定に直接介入することである。本社統制のメリットは，迅速に意思決定できることである。海外子会社の規模と複雑性が小さい場合，本社が情報負荷に陥らず，本社統制はうまくいく。逆に，海外子会社の規模と複雑性が大きくなり，本社の情報処理能力を超えると，多くのマネジャーや技術者を海外に派遣することになるので，運営コストが高くなる。

システムと手続は，それによって海外子会社の意思決定を規定することである。柔軟性を欠いているので，意思決定をルーティン化できる時に適した調整メカニズムである。最初に，これを整備する初期投資はかかるが，一度立ち上がれば，運営コストは本社統制と社会化よりかからない。

社会化は，海外子会社を全社的な目標と価値観にコミットさせて，海外子会社の意思決定を方向づけることである。強固で柔軟性の高い調整メカニズムである。目標と価値観を一体化させるための投資，たとえば教育などにかかるコストは高い。

これまで，海外子会社の意思決定を調整する場合，日米欧の多国籍企業はこれらの調整メカニズムの1つを主に活用してきた。日本企業は本社統制，米国企業はシステムと手続，欧州企業は社会化を重視する傾向が強かった。しかし，コスト・パフォーマンスを考えると，1つの調整メカニズムに依存すると合理的でない場合がある。何の意思決定を調整するかによって，その調整メカニズムは異なるからである。

原材料，部品，完成品といった製品の流れは，システムと手続で調整することが適している。製品のフローは安定的であり予測できるからである。資金，人材，技術の流れは，本社統制で調整すべきだろう。これらは，戦略的に重要

第9章　トランスナショナル組織　151

図表9-3　海外子会社の役割と調整メカニズム

高	ブラックホール 　本社統制	戦略リーダー 　社　会　化
	実行者 　システムと手続	貢献者 　本社統制
低		

（左縦軸：現地環境の戦略的重要性）
（下横軸：低　　海外子会社の経営資源と組織能力レベル　　高）

出所：図表9-2に筆者加筆。

であり，しかも稀少なので，本社で管理する必要があるからである。技術移転
や人事異動がこれに含まれる。情報と知識の流れは，社会化で調整した方がよ
い。情報と知識の流れは多様で複雑なので，システムと手続で調整することは
できない。さらに，情報と知識の内容と量は複雑で膨大になるので，本社統制
は無理である。海外子会社を全社的な目標や価値観にコミットさせ，情報の流
れを具体的な戦略や政策に向けさせる必要がある。

　このように，企業内でどのようなものが流れているのかによって，調整メカ
ニズムを変えるのは適切なことである。これは，海外子会社に対する調整方法
に応用することができる。海外子会社は，その役割によって何の流れが重要か
によって異なるからである。海外子会社の役割と調整メカニズムの関係につい
てみてみる[5]（図表9-3）。

　実行者の海外子会社は，情報と知識に寄与する能力がなく，資金，人材，技
術が多く投入されることもないので，これらの流れを調整することは重要でな
い。実行者の海外子会社の場合，原材料，部品，完成品を他に依存しているの
で，製品の流れを調整する必要が大きい。実行者の海外子会社に対してはシス
テムと手続が重視される。

　貢献者の海外子会社は，現地環境の戦略的重要性が低いにもかかわらず，経
営資源と組織能力が高い海外子会社である。したがって，その余剰能力をグロ

152 第Ⅱ部 グローバル戦略とマネジメントの新展開

ーバルな課題に振り向ける必要がある。そこで重要なのが資金，人材，技術の流れを調整することである。貢献者の海外子会社に対しては本社統制が重視される。

ブラックホールの海外子会社は，現地環境の戦略的重要性が高いにもかかわらず，経営資源と組織能力のレベルが低い海外子会社である。したがって，資金，人材，技術の流れを調整して，現地環境の戦略的重要性に見合う経営資源と組織能力を供給することが必要である。ブラックホールの海外子会社に対しては，本社統制が重視される。

戦略リーダーの海外子会社は，現地環境の戦略的重要性が高く，経営資源と組織能力のレベルも高いので，知識と完成品を供給する。戦略リーダーの海外子会社に対しては社会化とシステムと手続が重視されるが，とくに社会化の方が有力である。戦略リーダーの海外子会社の持つ膨大な経営資源と組織能力，複雑な現地環境を他の調整メカニズムで処理することはできない。社会化は，戦略リーダーの海外子会社に自律性を与えるとともに，その情報と知識を全社的な課題に振り向けることができる。

3-4　全社的な目標と価値観へのコミットメント

ここでは，個人レベル，とくに多国籍企業のマネジャーとその行動に焦点を当てた統合，具体的には全社的な目標と価値観へのコミットメントについて考えることにする。

戦略リーダーの海外子会社に対しては，社会化を重視した調整を行うのが適切であった。戦略リーダーの海外子会社のマネジャーを全社的な目標と価値観にコミットさせることができるかどうかは，戦略リーダーの海外子会社に対する調整ができるかどうかにかかっている。戦略リーダーの海外子会社に対する調整の失敗は，そのままその企業の競争力の低下となって跳ね返ってくるだろう。それゆえ，戦略リーダーの海外子会社のマネジャーを全社的な目標と価値観にコミットさせることはきわめて重要である。

もっとも，この問題は戦略リーダーの海外子会社に限定されない。組織の分化が進むと，マネジャーは全社的利益よりも特定部門の利益を優先させる傾向が強くなる。マネジャーが特定部門の利益を追求することに邁進すると，組織

は無政府状態に陥ったり，マネジャー間の争いの場と化してしまう。組織をこうした状態に陥らせないためには，彼らを全社的な目標と価値観へコミットさせることが有効である。その方法としては，次の3つを挙げることができる。

第1に，全社的な目標と価値観を明確にする。NECのC＆C（コンピュータとコミュニケーション）は，この好例である。このコンセプトは，強力な競合他社に対する優位性がどこにあるのかを定義づけて，なおかつ将来の事業の方向性を提示した。コンピュータ部門はＡＴ＆Ｔより優れ，コミュニケーション部門はIBMより優れているので，この2つの部門が相対的に強いことがNECの優位性である。C＆Cは，将来この2つの部門をさらにバランスよく発展させていくことを明示している。さらに，C＆Cは戦略レベルに落とされたので，各マネジャーに具体的に何をすれば全社的な目標と価値観にコミットできるかまでを示している。

第2に，全社的な目標と価値観を理解し受容できる人材を育成する人事政策を実施する。

全社的な目標と価値観が明確であっても，それだけでは十分でない。マネジャーがそれを理解し受容できなければ意味がない。人事政策はその能力を押し広げることができる。キャリア・パス・マネジメントは，選抜したマネジャーが職能，事業，海外子会社間を移動することで，全社的な目標と価値観を身に付けるだけでなく，彼らが自ら伝道師の役割を果たすものである。たとえば，ユニリーバはインドで海外子会社の現地化を進めていったので，本社からそれほどメンバーを派遣する必要がなかったが，その派遣制度を継続した。ユニリーバは海外子会社のインド化を進めながら，インド人マネジャーのユニリーバ化を目指したのである。さらに，ユニリーバ化を促進する政策として，同社は毎年多くの海外子会社のマネジャーを本社に呼んで長期か短期の仕事をさせている。

第3に，全社的な目標と価値観にコミットさせるために，マネジャーをグローバル経営に巻き込む。たとえば，タスクフォース，委員会，プロジェクトチーム，ミーティングなど全社的な意思決定や活動の場に子会社のマネジャーを参加させる。フィリップスのビデオ部門は，トップレベルの世界戦略会議，実務レベルの世界政策会議を開催し，本社事業部と，戦略市場である英国，旧西

154　第Ⅱ部　グローバル戦略とマネジメントの新展開

ドイツ，フランス，米国，日本の主要マネジャーを参加させた。

　このように，海外子会社の意思決定あるいは役割に応じて，特定の調整メカニズムを活用し，さらに，各マネジャーを全社的な目標と価値観にコミットさせることで，トランスナショナル組織は，複雑性の高い分化した組織を統合することができる。この分化と統合のマネジメントこそが，今日の多国籍企業に課せられた複数の戦略課題の同時達成に適した組織モデル，すなわちトランスナショナル組織を活かすプロセスとして機能しているのである。それゆえ，トランスナショナル組織のマネジメントの中心にいるトップ・マネジメントの役割は重要である。すでに与えている海外子会社の役割は適切なものか，調整メカニズムの方法は適切か，さらに，マネジャーを全社的な目標と価値観にコミットさせているか，といった課題に対して，トップ・マネジメントは対応を迫られているのである。

（注）
（1）　本章では詳しく解説しなかったが，フォーマル組織は，従来の国際経営組織の研究における主要なテーマである。フォーマル組織の研究については，次の文献を参照されたい。
　　・Stopford, J. M. and L. T. Wells, Jr., *Managing the Multinational Enterprise*, Basic Books, 1972. （山崎清訳『多国籍企業の組織と所有政策』ダイヤモンド社，1977 年）。
　　・Davis, S. M. and P. R. Lawrence, *Matrix*, Addison-Wesley, 1977. （津田達男・梅津祐良訳『マトリックス経営』ダイヤモンド社，1980 年）。
（2）　バートレットとゴシャールが調査した企業は次の9社である。松下電器，NEC，花王，GE，ITT，P＆G，フィリップス，エリクソン，ユニリーバ。
（3）　ここでいう経営資源とは，具体的には人材，設備，技術，資金，情報などを指している。それに対して，組織能力とは，経営資源の活用に関するノウハウや知識を指している。たとえば，研究開発や人的資源管理に関して優れたノウハウや知識を持った海外子会社は，組織能力が高いとみなすことができる。
（4）　各国企業の国際化の歴史と国特有の経営慣行については，以下の文献を参照されたい。
　　・Chandler, A., *Scale and Scope: The Dynamics of Industrial Capitalism*, Harvard University Press, 1990. （安部悦生ほか訳『スケール・アンド・スコープ』有斐閣，1993 年）。
　　・Chandler, A., "The Evolution of Modern Global Competition," in *Competition in Global Industries.*, edited by Poter, M. E., Harvard Business School Press, 1986, pp.405-448. （土岐坤ほか訳『グローバル企業の競争戦略』ダイヤモンド社，1989 年，第9章）。
（5）　ゴシャールとノーリアは，調査した企業のうち3社の本社−海外子会社関係を分析して，海外子会社と調整メカニズムの関係を明らかにした。以下の論文を参照されたい。

Ghoshal, S and N. Nohria, "Internal Differentiation within Multinational Corporation," *Strategic Management Journal*, Vol. 10, 1992, pp. 323-337.

［Review & Discussion］

（1） 松下電器は, 2000年11月30日, 中期経営計画で, 70年近く続いてきた開発・生産・販売一体の事業部制を解体し, 製造部門を分離独立することを発表したが（『日経ビジネス』2000年12月11日号）, 従来の事業部制と比較した新体制のメリットとは何だろうか。

（2） 本章では, マルチナショナル組織のP＆Gが統合ネットワークを形成する時, 配慮するべき点について指摘したが, グローバル組織の企業（日本の多国籍企業）が統合ネットワークを形成する時にどういう点を配慮しなければならないだろうか。

（3） 海外子会社の役割差別化モデルは, トランスナショナル組織を分化する時に有益な指針を提供してくれる。しかし, 現実の経営で, このモデルを厳密に適用すると, いくつか問題が発生する。たとえば, 「実行者」のレッテルを貼られた海外子会社のメンバーは, モチベーションが低下し, 本当に実行者の役割しか果たさなくなる。この他にどんな問題があるだろうか。

（4） 本章では, 全社的な目標と価値観にマネジャーをコミットさせる方法として3つ挙げたが, 他にどんな方法があるだろうか。

──次のステップへの推薦・参考文献──

1　Bartlett, C.A. and S. Ghoshal, *Managing Across Borders : The Transnational Solution*, Harvard Business School Press, 1989.（吉原英樹監訳『地球市場時代の企業戦略』日本経済新聞社, 1990年）。

2　Bartlett, C.A. and S. Ghoshal, *Transnational Management*, Richard D. Irwin. Inc, 1992.（梅津祐良訳『MBAのグローバル経営』日本能率協会マネジメントセンター, 1998年）。

3　江夏健一・首藤信彦編著『多国籍企業論』八千代出版, 1992年。

4　桑名義晴・笠原伸一郎・高井透編著, *IBI*国際ビジネス研究センター監修『図説ガイドブック・国際ビジネス』中央経済社, 1996年。

5　一橋大学商学部経営学部門編『経営学概論』税務経理協会, 1995年。

（高橋　意智郎）

第10章　国際人的資源管理

キーワード

国際人的資源管理（HRM），受入国人材，海外派遣者の役割，日本企業における国際 HRM，グローバル人材

　企業の海外展開がますます活発化するにつれて，企業内人材の国際化も進んでいる。後述するように，ドメスティック（国内）企業であれば，採用，人材配置，教育訓練といった人的資源管理（human resource management；以下 HRM）にかかわる活動は，国内拠点の人材が対象となる。しかし多国籍企業（MNC）の場合，全社と各海外子会社という双方のレベルで HRM を実施する必要があり，HRM を行うための仕組みは非常に複雑なものとならざるをえない。

　海外展開が欧米企業に比べて遅れてきた日本企業でも，2017 年時点で少なくとも約 46 万人の日本人が長期的に海外で勤務しており，その数字は増加傾向にある[1]。また，これまでの日本企業は，欧米企業と比べ本国人の海外派遣社員（すなわち日本人）の比率がより高い傾向にあったことが指摘されている。

　本章では，このように MNC と国内企業で HRM のあり方はどのように異なるのか，また海外からみると人事制度の側面で特異である日本企業の HRM の課題や今後の方向性について，主に海外派遣者の側面を中心に論じる。

1　HRM と国際 HRM

1-1　HRM とは

　「HRM」とは，「モノ・カネ・ヒト・情報」と 4 種類の経営資源のうち，「ヒト」すなわち「人材」にかかわるマネジメント領域を指している。HRM の範囲は，人材の採用，育成・研修，報酬，業績評価，配置・異動などにかかわる

制度設計だけでなく，労使関係や福利厚生，退職・雇用調整の対応など多岐にわたった内容が含まれている。

ところで，そもそもHRMはなぜ重要なのであろうか。第1に，4種類の経営資源のうち，人材は競合企業によって模倣が非常に困難な経営資源である。というのも，一般的な人材であれば労働市場より調達しうるが，優秀な人材（もしくは人材プール）は時間をかけなければ育成・構築することは難しく，企業の持続的競争優位につながりやすいという点が挙げられる。第2に，第1とも関連するが，競争優位の源泉となる暗黙知はヒトしか持つことができない。人工知能（AI）やロボットなどの技術発展が叫ばれている今日であるが，今のところ，こうした機械が暗黙知を理解できる段階には発展しておらず，人間しか把握できないことにこそ，重要な知識やノウハウが内包されているのである。

では，企業はどのような人事制度を構築すればよいのだろうか。望ましい人事制度の重要な決定因となるのが，企業戦略である。つまり，企業が描く将来の進路に沿う形で，人材の採用，育成，業績評価などの制度設計が行われなければ，絵に描いた餅となってしまい，優れた業績は得られないのである[2]。そのため，企業戦略とHRM慣行との整合性が求められることになる。

もう1つの重要な決定因が，企業が位置する国や地域の環境である。たとえば，労働観，教育水準，労働に関する法（最低賃金など）といったことがらは国や地域ごとに異なる場合が多く，進出する国・地域によって，人事制度を変化させる必要が生じるのである。MNCの場合，進出する国が多いほど，国・地域別の環境要因の影響を大きく受けることになる（図表10-1）。

1-2　ドメスティックなHRMと国際HRMの違い

ドメスティックなHRMと国際HRMでは，何が異なるのであろうか。MNCの場合，ヒトが国境を越えて異動したり，国籍の異なる人材の採用，育成・訓練，配置といった国をまたがる活動や慣行が，ドメスティックな企業に比べて，より頻繁に行われる。

ただし，MNCといえどもその組織の形態は多種多様であり，パナソニックやコカコーラのような100ヵ国を越える国々に海外拠点を有する巨大なMNCと，1～2ヵ国にしか海外展開していないタイプの小規模なMNCでは，求め

158　第Ⅱ部　グローバル戦略とマネジメントの新展開

図表 10-1　人事制度の主な決定因

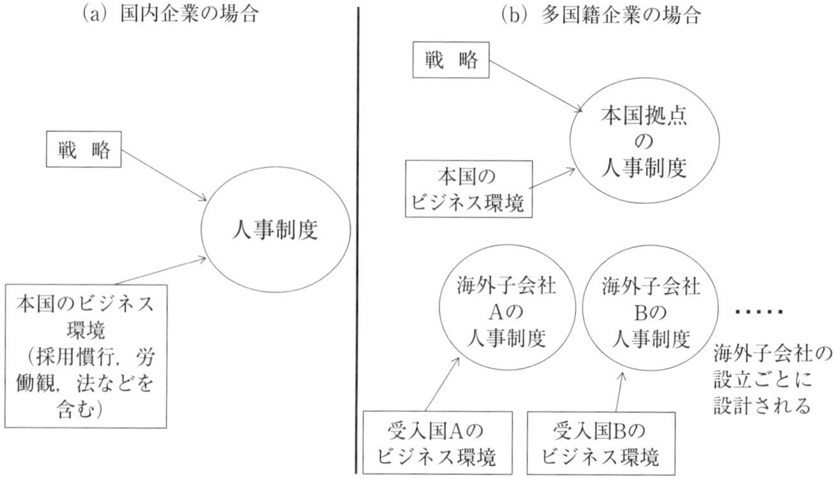

（a）国内企業の場合　　　　　　　　　（b）多国籍企業の場合

戦　略

本国拠点
の
人事制度

本国の
ビジネス環境

戦　略

人事制度

本国のビジネス
環境
（採用慣行，労
働観，法などを
含む）

海外子会社
Aの
人事制度

海外子会社
Bの
人事制度

・・・・・

受入国Aの
ビジネス環境

受入国Bの
ビジネス環境

海外子会社の
設立ごとに
設計される

出所：筆者作成。

られる HRM は大きく異なってくる。

　人材の出自でみても，ドメスティック企業と MNC では異なる点がある。
MNC の人材をその出自で分類すると，①本国人人材（＝本社が存在する国を
出自とする人材；PCN（Parent Country Nationals）），②受入国人材（＝海外子
会社が存在する国を出自とする人材；HCN（Host Country Nationals）），③第三
国人材（＝本社でも海外子会社でもない国を出自とする人材；TCN（Third
Country Nationals））とに大別される。

　それぞれの特徴を記すと，PCN は，本社あるいは本国拠点（マザー工場，
本国研究所など）が持つ優位性を移転する目的や，本社による海外子会社の調
整の担い手あるいは本社―海外子会社間のコミュニケーションにおけるパイプ
役として派遣されることが多い。また PCN がトップ・マネジャーやミドル・
マネジャーである場合，MNC の企業文化についても精通しているため，ロー
カル人材（PCN や HCN）への企業文化の伝承者としての役割を担うこともし
ばしばみられる。しかし，現地の法，文化，商慣行といった受入国のビジネス
環境に関する知識には疎いという短所がある。また先進国から発展途上国に派

遣される場合，派遣のコストが膨大にかかってしまうというデメリットも存在する。

　日本企業は TCN の比率が非常に少なく，「二国籍企業」と呼ばれるほど[3]，海外人材は PCN と HCN に依存する比率が高い傾向にある。とくに，伝統的な HRM を行っている日本企業では，海外派遣者であるグローバル人材はほぼ日本人で占められている一方で，受入国人材は現地子会社で採用され，そのキャリアパスはほとんど当該子会社でとどまっているということになる。

2　海外派遣者のマネジメント

2-1　海外派遣者の役割（ミッション）

　海外派遣者（expatriate）の役割やミッションについては，古典的研究では，①経営・技術に関する知識の本社からの移転，②国境を越えた経営理念の移転，③現地マネジャーの育成などが挙げられている[4]。しかし，近年では，その役割は多様化してきており，たとえば本社による海外子会社活動の調整，現地での事業の立ち上げ，市場の確保，収益の向上，製品・技術の開発，自分自身の経験・研修など多岐にわたっており，海外派遣者の職位や海外子会社の所在国によっても役割が異なることが論じられている[5]。

　したがって，海外派遣者にはそもそも難しい課題が与えられていたのであるが，仕事の幅や深さがますます増大しており，海外派遣者がこなす任務の難易度は高まっているといえよう。

　もともと海外派遣には，多くの困難や課題がともなうことが既存研究で論じられている[6]。第1に，海外派遣者による派遣先の現地環境への適応が求められる。これについては，派遣先国の食事，衛生面なども含む日常生活への適応だけでなく，思考・行動パターンが異なりうる現地人とのやりとりについても適応が求められる。第2に，海外派遣者の仕事内容に対する適応も必要である。上述したように，海外派遣者のミッションは多様化・複雑化しており，派遣元の職務とは広さ・深さの点でまったく異なる任務が課される可能性がある。日本企業の場合，派遣元における職階よりも上位の職階として派遣されること

160　第Ⅱ部　グローバル戦略とマネジメントの新展開

が多く，その意味でよりチャレンジングな仕事が与えられるといえるだろう。
つまり，本国で業績をあげている従業員であっても，海外に派遣されて業績を
スムースに上げられるとは限らないのである。第3に，海外派遣者の家族（配
偶者，子供など）が帯同する場合，彼らの現地適応についても課題が存在する。
家族の人々が現地コミュニティに溶け込めない場合，居場所を失ってしまうと
いった問題である。このように，派遣される本人のみならず，配偶者や子供な
ど周囲の人々に対しても大きな負担となることが知られており，人事部による
配慮が求められる。

2-2　海外派遣者の帰属意識と忠誠心

　海外派遣者のミッションが困難であるという，もう1つの側面として，帰属
意識が曖昧となるという点が挙げられる。帰属意識について忠誠心の側面から
分類を行うと，以下の4つのパターンに分けることができる（図表10-2）[7]。
　①　フリーエージェント型（free agents）：フリーエージェント型の海外派

図表 10-2　海外派遣者の忠誠心のパターン

本社への忠誠心

		低	高
海外子会社への忠誠心	低	フリーエージェント型の海外派遣者（free agents）	本社志向型の海外派遣者（heart at home）
	高	現地志向型の海外派遣者（go native）	二重帰属市民型の海外派遣者（dual citizen）

出所：Black, et al., *Globalizing people through international
assignments*, Reading, Addison-Wesley, 1999. 白木三秀・永井
裕久・梅澤隆監訳『海外派遣とグローバルビジネス』白桃書房，
2001年，200ページを一部修正。

遣者は，本社にも海外子会社にも忠誠心を持っていないが，何らかの専門
能力を有しているため，MNC側から重用されている人材である。しかし，
忠誠心のなさから離職率は高いというマイナス面がある。
② 現地志向型（go native）：現地志向型の海外派遣者は，本社から派遣さ
れているが，本社よりも海外子会社の方に忠誠心を有するタイプである。
海外への適応能力があり，本社から離れている年数が長い場合，このタイ
プになる人材が出現すると論じられている。
③ 本社志向型（heart at home）：本社志向型の海外派遣者は，現地環境に
適応しようとするモチベーションは少なく，むしろ高い本社への忠誠心が
維持されるタイプである。現地志向型海外派遣者と対照的に，本社での勤
務年数が長い場合，本社志向型になりやすい。また，現地環境に適応でき
ない場合や，本社からの多大なサポートがなされる場合，このタイプにな
る傾向がある。帰任後のキャリアパスについて，本社に帰任したいことを
考えている場合には，このタイプになることが多いであろう。多くの日本
人海外派遣者は，この傾向がみられる。しかし，本社志向が強すぎるあま
り現地環境に適応できなければ，本来のミッションが達成できない，現地
人材のモチベーションが低下するといったマイナス面が生じることになっ
てしまう。
④ 二重帰属市民型（dual citizen）：このタイプは，本社・海外子会社双方
への忠誠心が高い海外派遣者である。つまり，このタイプの海外派遣者は，
本社と海外子会社双方の組織の利益になることを常に考えているような人
材を指している。

　この4タイプを類型化したブラック（J. S. Black）らは[8]，二重帰属市民型
の海外派遣者がMNC全社でも海外子会社全社レベルでも貢献できるという点
で望ましいと論じている。確かに，本社からも海外子会社からも望まれる人材
として，理想像といえるであろう。しかし，こうした人材は数多く存在してい
ないことが明らかとなっているし，また実際に存在する二重帰属市民型の海外
派遣者も，本社と海外子会社に双方属するというアイデンティティの面で不安
定な状態になりながら，ミッションをこなしている状況といえる。さらに，本

162 第Ⅱ部 グローバル戦略とマネジメントの新展開

社から与えられたミッションが海外子会社にとって必ずしもプラスの影響を及ぼすとは限らない。その意味で，役割葛藤が生じるなかで任務を行うこととなる。このように，二重帰属市民型の海外派遣者には，想像以上の心理的負荷がかかっていることを見逃してはならないであろう。

ミッションの多様化にともない，様々なタイプの海外派遣者が必要となってくる。したがって，状況に応じて①〜④の各タイプの海外派遣者を併用することが求められるといえよう。

3　日本企業における国際 HRM の課題と求められる方向性

本節では，転換期を迎えている日系 MNC における国際 HRM 上の課題について論じたうえで，今後の求められる方向性について論じる。

伝統的な日系 MNC の国際 HRM 上の課題としては，以下の論点が挙げられる。第 1 は，本社から派遣された日本人が，海外子会社のトップやミドルのポストを占めてしまい，現地採用された優秀な現地スタッフのキャリアパスを妨げてしまい，モチベーションの低下や離職率の増加に繋がってしまうという問題である[9]。

日本人派遣社員が数多く派遣される背景としては，伝統的には製造業の海外展開が 1980 年代後半以降，積極的になされてきたため，本国拠点からの生産技術などの優位性を海外拠点に移転・移植させるために，暗黙知を含む技能を有する日本人社員が数多く派遣されたという原因が大きいであろう。

第 2 に，第 1 とも関連するが，本社が設計しているグローバル人事制度に基づいて運用がなされているのは本国で採用された社員にとどまり，海外子会社で採用されたローカル社員は海外子会社で設計された人事制度に基づき管理されている。つまり，グローバル人事制度と各国子会社の人事制度が分断されており，両者をつなぐ制度構築が遅れているという状態といえるであろう（図表 10-3）。つまり，ここで克服すべき重要な課題であるのは，たとえ優秀な現地スタッフであっても，本社へのキャリアパスが閉ざされているという点である。これは受入国人材の採用やリテンション（人材保持）に関わる問題である。ま

第 10 章　国際人的資源管理　　163

図表 10-3　伝統的な日系 MNC に見られる人事制度

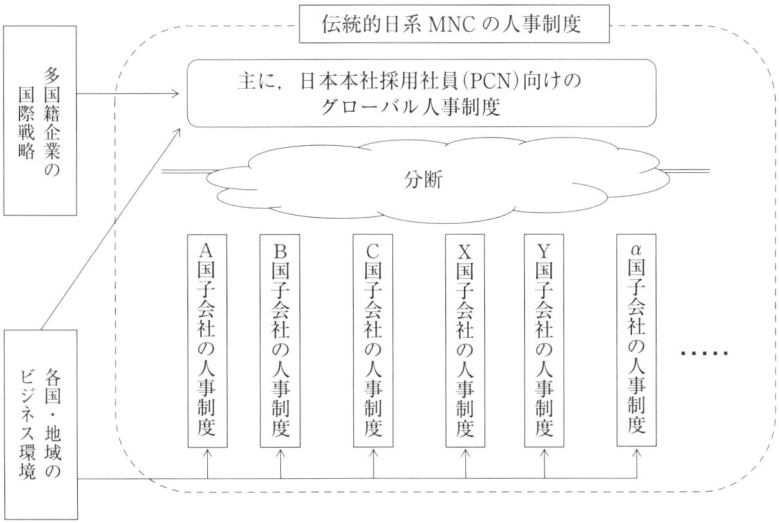

伝統的日系 MNC の人事制度

多国籍企業の国際戦略

各国・地域のビジネス環境

主に，日本本社採用社員（PCN）向けのグローバル人事制度

分断

A国子会社の人事制度　B国子会社の人事制度　C国子会社の人事制度　X国子会社の人事制度　Y国子会社の人事制度　α国子会社の人事制度　……

注：各国子会社の人事制度は，HCN 向けに別々に設計される。
出所：筆者作成。

た，グローバル人材になりたいと思うような上昇志向が強い受入国人材を採用しているケースが少ないという点も，もう 1 つの課題として挙げられる。

　したがって，この点に関して，日本企業の克服すべき方向性としては，グローバルに活躍したいと考えるような上昇志向の強い人材を採用することや，そうした優秀なローカル人材がグローバル人材のプールに加われるようなキャリアパスを設置することが求められる。

　より本質的には，人事慣行・制度の側面で，ローカル人材に不公平感を与えないということが重要となってくる。近年の研究では，人事制度・慣行の内容そのものよりも，人事制度・慣行に対する従業員の認識が業績に影響を与えることが論じられている[10]。そうした研究によれば，従業員に以下の側面を認識させる必要がある。すなわち，① HRM にかかわる慣行が，従業員に確実に視認できること（たとえば，給与体系について特定社員だけの秘密の慣行がないようにすること），② HRM にかかわる慣行が，従業員に理解しやすい内容であること，③ HRM のメッセージに一貫性があること，④公平性が担保され

164 第Ⅱ部 グローバル戦略とマネジメントの新展開

ていること，といった点である。これらの項目は，今後の日本企業に求められるHRMに重要な示唆を提供してくれていると考えられる。

第3の課題として，いわゆる「グローバル人材」の不足という課題について触れておきたい。とくに，日本企業の海外展開がますます積極的になり，海外事業の推進役が必要とされている一方で，若年層が海外での勤務を忌避する傾向にあり，企業と従業員の間にミスマッチが生じている[11]。さらに，日本企業が2000年代以降，焦点を当てている新興国については，「働きたくない」とする若年層の比率がとりわけ高くなっているのが現状である。

前述したように，近年の海外派遣社員の任務はその幅が拡大すると同時に，複雑化しており，難易度は増加している。そのため，従来の伝統的な派遣前研修にとどまることなく，新たな方式を採用している日本企業も出現してきている。

散見されるのは，海外派遣社員として派遣するのではなく，トレーニー（研修生）の立場として若年層（おおむね20代〜30代前半）の段階で海外に約1〜2年派遣させることにより，国際経験を積ませるという方式である。若手社員全員を一定期間のうちに何らかの制度によって海外に派遣させる企業もあれば（たとえば，三井物産），選抜された若手社員を新興国に派遣させる制度を設けている企業もある（たとえばNEC，日清食品）。

本社や他の日本人派遣者の支援をほとんど得ずに，自力で現地拠点に溶け込まなければならない状況をつくったり（NEC），あるいは外部の人材育成企業に委託し，現地人を巻き込まなければ達成できないような課題をクリアさせる研修に参加させる（日本ハム）というように，伝統的な派遣前研修（座学中心）とはまったく異なる経験を積ませていることが特徴である。

こうした新しいタイプの経験を積ませる研修の効果については，着手されたばかりということもあり，明確とはなっているとは，言い難い。しかしながら，将来の潜在的グローバル・マネジャーが不足しているなかでは，その育成や探索のために重要な試行錯誤といえるのではないだろうか。

若年や中堅時に海外勤務を行うことは，異なる文化に適応し，大きな仕事に直面し，自分自身を見つめ直すという点で「一皮むける経験」につながることが先行研究においても明らかにされている[12]。こうした海外研修はコストの

側面でも企業側に莫大な負荷がかかるとはいえ，グローバルなマインドセット
を持つ将来の幹部候補生の育成のためには有効な手段となりうると考えられる。

　＊本章には，JSPS 科研費 JP15H03386，16K03906 の助成に基づく知見や発見事実
　　が含まれている。記して感謝申し上げたい。

（注）
（1）　帯同する家族も含まれた人数である。外務省領事局政策課「海外在留邦人数調査統
　　　計（平成 29 年）」による。
（2）　より詳細には，企業戦略については，全社戦略，事業戦略，機能別戦略などの次元
　　　があり，各次元と人事制度間の整合性も求められる。こうした側面については，飛田正
　　　之「戦略と人的資源管理」白木三秀編著『新版　人的資源管理の基本』文眞堂，2013 年，
　　　24-41 ページなどを参照されたい。
（3）　白木三秀『国際人的資源管理の比較分析』有斐閣，2006 年。
（4）　Edstrom, A. and J. R. Galbraith "Transfer of managers as a coordination and
　　　control strategy in multinational organizations," *Administrative Science Quarterly*,
　　　22(2), 1977, pp. 248-263.
（5）　白木三秀編著『グローバル・マネジャーの育成と評価』早稲田大学出版部，2014 年。
（6）　Black, J. S., H. B. Gregersen, M. E. Mendenhall and L. Stroh, *Globalizing people
　　　through international assignments*, Reading, Addison-Wesley, 1999. （白木三秀・永井裕
　　　久・梅澤隆監訳『海外派遣とグローバルビジネス』白桃書房，2001 年）。
（7）　以下の記述は，Black, et al., 同上書に依拠している。
（8）　Black, et al., *op.cit.*
（9）　「グラス・シーリング」になぞらえて，この日系 MNC 特有の現象を「ライスペー
　　　パー・シーリング」と名付けた研究が存在するなど，人材配置上の課題となっている
　　　（Kopp, R., "The Rice-paper Ceiling in Japanese Companies: Why it Exists and
　　　Persists," in S. L. Beechler and A. Bird（eds.）, *Japanese Multinationals Abroad*, pp.
　　　107-130, Oxford University Press. を参照）。
（10）　Bowen, D. E. and C. Ostroff, "Understanding HRM-Firm Performance Linkages：
　　　The Role of the "Strength" of the HRM System," *Academy of Management Review*,
　　　29(2), 2004, pp. 203-221.
（11）　産業能率大学による新入社員に対するアンケート調査によれば，「海外で働きたい
　　　と思うか」という質問項目に対して，「働きたくない」と答えた比率は増加傾向にあり，
　　　2015 年度の調査では過去最高の数値（63.7 %）に至った。産業能率大学「第 6 回新入社
　　　員のグローバル意識調査」より≪http://www.sanno.ac.jp/research/global2015.html≫。
（12）　谷口智彦「若年中堅時の海外勤務，地方勤務，出向経験の比較を通じた経験の有益
　　　さの分析」『Works Review』Vol. 4, 2009 年，182-193 ページ。

166　第Ⅱ部　グローバル戦略とマネジメントの新展開

[Review & Discussion]
（1）　日本の MNC に求められる国際 HRM とは，どのようなものであろうか。
（2）　日本の MNC で，国際 HRM の面で先進的な取り組みを行っている企業を調べてみよう。
（3）　ネスレのような小国を出自とする外資系 MNC の場合，海外派遣者に関してどのような人事制度を設けているだろうか。高岡著『ゲームのルールを変えろ』などを参考にしながら調べてみよう。

──次のステップへの推薦・参考文献──
1　古沢昌之『グローバル人的資源管理論』白桃書房, 2008 年。
2　笠原民子『日本企業のグローバル人的資源管理』白桃書房, 2014 年。
3　関口倫紀・竹内規彦・井口知栄編著『国際人的資源管理』中央経済社, 2016 年。
4　白木三秀『国際人的資源管理の比較分析』有斐閣, 2006 年。
5　白木三秀編著『グローバル・マネジャーの育成と評価』早稲田大学出版部, 2014 年。
6　高岡浩三『ゲームのルールを変えろ─ネスレ日本トップが明かす新・日本的経営─』ダイヤモンド社, 2013 年。

（山本　崇雄）

第11章 異文化マネジメント

キーワード

マルチ・カルチャー，エスノセントリズム，異文化シナジー，高コンテクスト・低コンテクスト，グローバル・マネジャー

1 企業のグローバル化と異文化マネジメント

製造業のグローバル化は国内の余剰生産物を処分し，規模の経済性を実現するために輸出市場を開拓することから始まった。初期段階の海外市場の開拓は，外部の貿易会社に依存する間接貿易の場合が多く，メーカーが海外市場と直に接する機会は少なかった。メーカーにとって，間接貿易は海外市場とのコンフリクトを緩和してくれるが，異文化を管理するためのノウハウの蓄積はまったく行われない。

輸出比率が上昇するにつれて，輸出業務は量的にも質的にも拡大し，国内顧客と同様に，海外顧客のニーズを取り込むことが必要になる。メーカーによる直接貿易が一般化し，海外においては，外国の独立した代理店を買い取り，自社の販売網を広げる努力が進められていく。新しくできた輸出部は国内の輸出業務の処理と海外販売子会社の管理を行う。営業担当のスタッフが海外駐在員として派遣され，海外顧客のニーズに合わせた製品の現地適応化の必要性，標準化の可能性を探り，マーケティング活動面で異文化マネジメントが始まる。

輸出段階から現地生産段階に入ってくると，今まで販売面に限定されていた異文化マネジメントの問題が人的資源管理面に拡大する。海外生産拠点で働く現地人従業員の管理という新たな問題は，本国流の管理方式をどこまで現地に移転できるか，現地流の管理方式をどこまで導入するかといった問題に集約される。集権化を進める企業は，当初予想される異文化とのコンフリクトをでき

168　第Ⅱ部　グローバル戦略とマネジメントの新展開

るだけ早く解消するための制度面，人事面の工夫が不可欠となる。現地に権限委譲し，分権化を進める企業は，異文化とのコンフリクトは起こりにくいが，本社・海外子会社のネットワーク作りという別の課題がある。

　海外事業の経験やノウハウが蓄積されるにつれて，企業は本国と世界各国の生産子会社，販売子会社の事業計画を調整し，全世界的視野で利潤の極大化を目指すようになる。そのためには，本国本社から派遣社員を管理職として送り込むだけでなく，現地人スタッフを管理職に登用していく経営の現地化を進め，さらに国籍に関係なく，グローバル・グループ経営戦略を実践していく核となるグローバル・マネジャーの育成が必要になる。この点は第4節で述べる。

2　多文化主義と文化的多様性の管理

2-1　多様性のメリットとデメリット

　多国籍企業の特色として，文化的多様性を内包していることが挙げられる。そのことは，組織に多様な視点を提供してくれる。新しいアイディアが出る可能性が増大し，多様な解釈が行える。選択肢が拡大することで，創造性や柔軟性が増大し，問題解決スキルが増大する。したがって，多国籍企業が雇用する外国人従業員に関するより良い理解が可能になるほか，海外の顧客と効果的に仕事をする能力が備わり，効果的に販売する能力も備わる。外国の政治・社会・法律・文化の環境に関する理解も増大する。

　一方，マルチ・カルチャーはその多様性ゆえに曖昧さ，複雑さ，混乱を増大させる。意味の統一が困難で，コミュニケーション上のミスが起こり，1つの合意に達することが困難である。行動面での統一も困難であるうえ，具体的行動への合意が困難である。その結果，メンバー間で不信感がつのり，ストレスが増大する。広い視野に立った優れたアイディアが提供されても，それを適正に評価し，合意にいたれない危険性も内包している。

　現実的に，多国籍企業は多様な文化環境下でビジネス活動を行っているにもかかわらず，それに対する認識は無視，または最小化していこうとする対応が大半を占め，それでいてグローバル・グループ全体に大問題を発生させていな

い。それは，企業業務の大部分がルーティン・ワークで占められているからである。日常業務を遂行するためには，アイディアの多様性や創造性よりも，あらかじめ形成された単一の価値観のもとで共同作業を進めていくほうが効果的である。文化的にも単一な方が意思統一が容易であり，効率的である。1980年代に日本企業が国際競争力を維持していた分野はまさに方向性の定まったルーティン・ワークにおける効率性・生産性の追求の分野であった。そのため日本企業は，その業務の大部分をできる限り日本で行おうとし，海外でビジネスを行う時でも日本人社員を海外派遣し，日本人社員を通じてマルチ・カルチャーをコントロールしようとした。

ところが，グローバル・グループ本社に課せられた戦略策定は，不確実な環境に対応する創造性が求められる。文化的多様性のメリットを享受しつつ，デメリットを最小化することが要求される。そこで，世界各国でルーティン・ワークを行っている事業会社はその事業領域，労働力を単一文化のなかで完結できるように自律性を与え，マルチ・カルチャーのマイナスの影響が及ぼされないようにする。

反対に，グローバルな視点でグループ戦略を策定する必要のあるグループ本社では，多様なアイディア，創造的な問題解決の方法が望まれる。そこでは，マルチ・カルチャーの持つメリットを最大限に発揮できるように多様な文化的背景を持ったスタッフがクリエイティブなアイディアを異文化シナジー的解決方法を用いて，企業グループの方向性を決定している。

2-2　多国籍企業のマルチカルチャーへの対応
（1）　エスノセントリズム的対応または現地適応的対応

多様性の存在を無視，または最小化し，集権的管理を行うことは，混乱を避けるための1つの選択肢である。とくにルーティン・ワークの場合，多様性がデメリットとなるので，単一性を確保するためには，エスノセントリズム的対応をして文化の差異を無視するか，文化の差異を認めて，現地に個別に適応することで多様性を回避することができる。

（2）　マニュアルや規範による対応

多様性のメリットも享受したいし，企業としての統一性も維持したい時にマ

ニュアルや規範が採用される。ABB 社は 45 ヵ国において 1,000 社以上の子会社を有し，従業員 20 万人を超える企業グループであるが，各子会社は独立採算制の下で完全に分権化されている。分権化した子会社の業績管理は，コンピュータでネットワーク化された情報システムでマニュアルに従って送られてくる月次報告書によって行われる。数値化された情報により，多様性のデメリットである曖昧さ，混乱を回避する仕組みを設けている。

　また，少人数の多国籍なスタッフで構成される本社は，子会社から送られてくる月次報告書をもとに各事業の業績と経営上の問題点を検討する機関にその役割を特化している。

（3）　企業文化や企業理念による管理

　3M 社は研究開発型の企業で，従業員の自主的研究を促進することで多様性のメリットを得ている。上司に無断で個人の研究を行って良い（ブートレッキング）ルールや業務時間のうち 15 ％を自らの研究課題のために使って良いという，何よりも「汝，アイディアを殺すなかれ」という企業文化を様々な手段を講じて植え付けていく。さらに，自主研究をチーム・プレイに移行させる仕組みとして，同社の持つ技術の蓄積である「テクノロジープラットフォーム」，技術者同士の交流会である「技術交流フォーラム」，上級研究者からアドバイスを受ける「メンター制度」の利用を制度化することで，「個人研究→チーム作り→研究成果の企業資産化」という流れを作り出すことに成功している。

　多様性は，創造力を必要とする革新的タスクを実行する時には，その成果を発揮し，新しいアイディアや多様な選択肢が問題解決に有効となる。しかし，ルーティン・ワークの時にはメンバーの団結，一体感が重視されるために，多様性は逆にデメリットになってしまう。欧州と米国をまたにかけた自動車メーカーの大型合併は，規模の面はともかくとして，1 つの会社としてのシナジー効果を十分に発揮しているとはいえず，また，日本の銀行同士の合併も，出身銀行をもとにしたたすきがけ人事をしなくては行内の融和がはかれないほど一体感を十分に育てていないことなどからわかるように，多様性のメリットを活用するには多くの困難がともなう。

3　異文化シナジーとコミュニケーション

3-1　異文化シナジー

　異文化シナジーは，文化間の異質性を前提とし，両者の共通点だけでなく，相違点も重視する。多国籍企業がこのような対応をとることは，きわめて稀であるが，自分たちのやり方と相手のやり方の組合せがベストと考える。文化的多様性は，組織にプラス・マイナス双方の影響を与える。つまり，問題を発生させるが，利益も創造されうると認識させ，さらには組織のメンバーを訓練して文化的相違を認識させ，彼らに組織への利益を創造させる。

3-2　コミュニケーション・スタイルの違い

　海外子会社の現地人従業員と日本人マネジャーのコミュニケーション・ギャップは古くからいわれており，いまだに解決できていない問題である。もちろん，日本に進出している外資系企業においても同じ問題は起きているのであるから，これは日本人，日本企業の問題というよりもコミュニケーション・スタイルの違いに起因する問題と捉えたほうがよい。

　ホール（E. T. Hall）はコミュニケーションが起こる物理的，社会的，心理的，時間的環境，すなわちコンテクスト（文脈）がコミュニケーションの形式と内容に多大な影響を与えること，そして異文化コミュニケーションに与える影響に着目した。ホールは文化を高コンテクスト（High Context: HC）文化と低コンテクスト（Low Context: LC）文化に大別した（図表11-1，11-2参照）。

　高コンテクスト文化では，人々の結びつきが緊密であり，情報がメンバー間で共有されている。したがって，コミュニケーション情報は，コンテクストのなかに組み込まれているので，情報を伝達するための言語コミュニケーションは，非明示的コミュニケーション・スタイルとなる。これと反対に，低コンテクスト文化では，人々の離合集散が一般的で，情報がメンバー間で共有される前提が少ない。情報を事前に共有するコンテクストを持ちえないので，言語情報で意味を伝えるために，明示的コミュニケーションを用いて，自分の意図を的確に相手に伝える必要がある。

図表 11-1　高コンテクスト文化（HC）と低コンテクスト文化（LC）

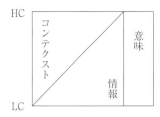

出所：Hall, E. T., *Beyond Culture*, Anchor Preesl Doubleday, 1976.（岩田慶治・谷泰訳『文化を超えて』TBS ブリタニカ，1979 年，119 ページ）。

図表 11-2　各国の HC 度，LC 度

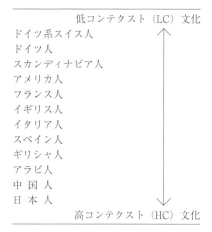

出所：Ferraro, G. P., *The Cultural Dimension of International Business*, Prentice Hall. Inc., 1990.（江夏健一・太田正孝監訳『異文化マネジメント』同文舘出版，1992 年，102 ページ）。

日本企業の海外現地法人で働く現地人社員が，日本人マネジャーの指示は非論理的で不明確であり，何が言いたいのかよくわからないと批判することがあるが，これもマネジメント能力の不足よりも，コミュニケーション・スタイルの違いにより意思の疎通を欠いた結果である。

3-3　マネジメント・スタイルの違い

日本人マネジャーの能力不足を指摘する理由にそのマネジメント・スタイルがある。日本企業は稟議制度に基づく集団的意思決定を旨としている。関係部門間で公式・非公式の会議を繰り返し，根回しに時間をかける。日本企業におけるマネジャーの役割は，関係者のコンセンサスを得るための調整能力にある。したがって，決定するまでに時間がかかり，誰が意思決定したのかがわからない。日本国内では，関係者の意見をどのように集約し，調整するかがマネジメント能力ととられ，その成否によって有能か無能かが問われる。しかし，現地

人社員の目からみると，日本人マネジャーは一人で迅速に意思決定ができない無能者のように映る。個人で力を発揮することが前提の国々では，なおさらそのように映る。

逆に，日本人マネジャーから現地人社員をみると，気がきかない，いちいち言わないとわからないといった不満がある。察する能力を身につけること，コンテクストを共有するための努力をすることが部下の務めであると考えている日本人マネジャーにしてみれば，それをしない現地人社員は無能か怠け者に映る。

両者の間の溝が埋まらないと，日本人マネジャーと現地人社員双方に不信感がつのり，コンフリクトが高まる。コンテクストを共有できない現地人社員には，ますます情報のフィードバックはなくなり，権限の委譲も行われなくなる。そのような会社にいても意味がないと思う現地人社員の離職率は高くなり，経営の現地化は進まなくなる。

このような悪循環を断ち切るためには，何が必要か。第1に，仕事観，コミュニケーション・スタイル，マネジメント・スタイルの違いを認識することである。第2に，これらの違いを説明するコミュニケーション能力を身につけることである。日本国内では暗黙の了解とされて説明も不要であった（または説明が不能であった）ことも異文化環境においては明確に相手にわかるように伝えることが要求される。第3に，各文化ごとの差異をどのように管理するかである。

4　国際人的資源の開発：グローバル・マネジャーの育成

4-1　グローバル・マネジャーの育成の必要性

日本企業は，グローバル化の進展により，外国人従業員の雇用を増やした。それは，異なった価値観，文化的背景を持つ人々に1つの企業体の一員として共通の目的，協働意欲，コミュニケーションを持たせることを意味する。

今まで，日本人管理職が日本人従業員だけを相手に行っていた日本的管理手法は見直しを迫られ，これに代わるグローバルな視点に立った管理能力を持つ

174　第Ⅱ部　グローバル戦略とマネジメントの新展開

マネジャーを育成することが望まれる。ここでは，日本的管理手法の基盤にある日本人，日本企業の価値観を国際比較するなかで，多様な価値観を管理することの重要性を強調し，これを管理するための手法，管理する能力を持ったグローバル・マネジャーをどのように育成していけばよいかを考察する。

　多様性を管理する制度を設けても，それを運用するグローバル・マネジャーを育成しなければ，グローバル企業は真に多様性のメリットを享受できない。

4-2　グローバル・マネジャーの要件

　グローバル企業が多様な価値観，文化的背景を持った従業員に十分なモチベーションを提供し，企業に貢献してもらうためには，彼らの価値観，文化的背景を理解し，尊重し，多様性のメリットを活かしつつ，1つの企業体の目的へと彼らの貢献を収斂できる能力を持ったマネジャー（＝グローバル・マネジャー）の存在が重要である。

　グローバル・マネジャーの要件として，次の5つがあげられる。

　（1）　異なる価値観を受け入れることができる。

　（2）　異文化環境において的確な状況判断ができる。

　（3）　異文化環境においても理解可能な指示が出せる。

　（4）　本社と海外子会社をつなぐキーパーソンになれる。

　（5）　業務を遂行するための管理能力がある。

4-3　グローバル・マネジャーの育成の事例

（1）　エリートの早期選抜

　石油多国籍企業のE社では，"Expatriates"と呼ばれる国際スタッフが数多く存在する。彼らは一定期間，本社と世界中の操業会社をローテーションで回ることで多様な職務，多様なビジネス環境を体験し，キャリア開発を進めていく。同社の経営陣は，このなかから早期に選抜され，徹底した帝王学が施されていく。

（2）　ショットガン方式

　自動車部品メーカーのS社は，急速な海外展開により，社員全員が海外勤務を行う体制作りをしている。海外勤務者を募る際に，勤務先は知らせずに募

集をし，海外派遣者に対する事前研修は，経理システムの研修のみで他社が通常行うような語学教育，異文化トレーニングは行わずに，いきなり赴任先に送り込む。赴任当初は強烈なカルチャーショックを起こすが，このほうが現地に適応するスピードも度合いも早いと同社は考えている。海外子会社に権限が委譲されているので，海外派遣社員は独自の裁量で現地のビジネスを拡大することができる。ただし，赴任者のバックアップのために本社重役が1人1〜2社担当する海外子会社を持ち，諸々の相談に乗っている。また，一度英語圏に赴任した者を次に海外赴任する時は別の言語圏に派遣するなどして，グローバル・マネジャーとしてのキャリア開発を行っている。

（3） MBA 留学

欧米のビジネスマンだけでなく，アジアからも多くのビジネスマンが欧米の経営大学院（MBA コース）で学び，母国に戻っている。ある意味で，MBA流の管理メソッドや思考スタイルが国際標準になってきている。グローバル・マネジャーの育成に MBA コースでの教育は必要条件となった。また，ここで培った人的ネットワークもグローバル・マネジャーにとって重要な財産となる。

（4） 来日したグローバル・マネジャー

カルロス・ゴーン氏は1954年生まれ。ブラジルで生まれ，フランスで教育を受け，卒業後，仏ミシュランに入社し，ブラジル，北米子会社の CEO を経験した後，1996年から仏ルノーに移り，同社の再建を成功させ，1999年の6月から日産自動車の COO に就任した。同氏のグローバルなキャリアは，意識的なものか偶然の結果かはわからないが，日産のおかれた現状，今何をすべきかを瞬時に把握する原動力となっている。さらに，リバイバルプラン作成にあたり，クロス・ファンクショナル・チーム（CFT）を発足させ，ボトム・アップ的に改革の芽を伸ばす仕組みを作り出す点は，多様な文化環境に身をおいた経験のなせる技である。

また，のちにフォード・モーターズ上級副社長となったヘンリー・ウォーレス氏はマツダの社長時代に，フォード流の改革を急速に行わずに，販売店網の整備，売れる車の開発をドラスティックに行ったほかは，日本流の対話を重視する経営を行い，系列の切り崩しも行わなかった。これも同氏のグローバルなキャリアのなかで培われたグローバル・マネジャーとしての能力の賜である。

日本企業の経営が異質であるか否かを議論する前に，違いや共通点を明確に説明できるコミュニケーション能力，異文化の多様性を尊重しつつ，1つの企業体の目的へとその経営努力を収斂できる能力を持ったマネジャー（＝グローバル・マネジャー）の存在，そしてその育成が重要である。

[Review & Discussion]
（1）日本企業による異文化マネジメントが難しい理由を文化の面から考えてみよう。
（2）マルチ・カルチャー・チームのメリット，デメリットは何だろうか。
（3）高コンテクスト・コミュニケーションが成立する要因は何だろうか。

──次のステップへの推薦・参考文献──

1 Adler, N. J., *International Dimensions of Organizational Behavior*, PWS-KENT, 1991. （江夏健一・桑名義晴監訳『異文化組織のマネジメント』セントラル・プレス, 1996年）。

2 Elashmawi, F. and P. R. Harris, *Multiculfural Management*, Gulf Publishing Company, 1994.（寺本義也監訳『マルチカルチャー・マネジャー』産能大学出版, 1996年）。

3 Ferraro, G. P., *The Cultural Dimension of International Business*, Prentice Hall, Inc., 1990. （江夏健一・太田正孝監訳『異文化マネジメント』同文舘出版, 1992年）。

4 Hall, E. T., *Beyond Culture*, Anchor Preesl Doubleday, 1976. （岩田慶治・谷泰訳『文化を超えて』TBSブリタニカ, 1979年）。

5 林　吉郎『異文化インターフェイス経営』日本経済新聞社, 1994年。

（藤井　健）

CASE 4

クロスボーダーM&A：ソフトバンクによる米国携帯電話会社スプリントの買収

1 日本企業のクロスボーダーM&Aの動向：大型クロスボーダーM&Aが増加

クロスボーダーM&Aは，取引当事者のいずれかが海外企業の合併・買収である。国内企業による海外企業のM&AをIN-OUT型，海外企業による国内企業のM&AをOUT-IN型という。近年，日本企業のM&Aは件数・金額ともに増加傾向にあり，なかでもIN-OUT型M&Aの金額は増加が著しい（図表1）。この背景には，企業が少子高齢化にともなう国内経済の成熟化を見据え，新たな収益源を海外に求めて大型M&Aを積極的に実施していることがある。

本ケースは，クロスボーダーM&A[1]を積極的に活用しているソフトバンク

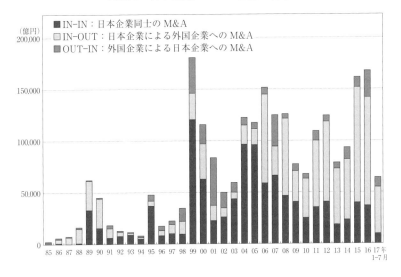

図表1　日本企業のM&A金額の推移

出所：レコフ調べ≪https://www.marr.jp≫。

が，2013年に行った米国の携帯電話会社スプリントの買収を題材にし，国際ビジネスにおけるその目的，評価，意義と課題などを，企業財務の視点を中心に分析する。

2　ソフトバンクの企業概要：M&Aの活用により持続的な成長を遂げる

ソフトバンクは，「情報革命で人々を幸せに」という経営理念のもと，情報通信・テクノロジー分野において，現在複数の事業活動を展開している。

創業はパーソナル・コンピュータ（PC）萌芽期の1981年で，ソフトウエアの流通事業を中核事業としていた。1994年に株式公開をしたのち，1995年にインターネットのベンチャー企業であった米国Yahoo，さらに2000年に中国の電子商取引最大手アリババへ出資を行っている。これらの出資から得た投資利益を活用して，2001年にYahoo BBを通じてブロードバンド事業を開始，2004年には日本テレコムを買収して固定通信事業に参入，2006年には英国ボーダーフォン日本子会社の買収により携帯電話事業へと事業拡大を図った。近年はクロスボーダーM&Aを積極的に活用しており，2013年に米国の携帯電話会社スプリント，2016年には英国の半導体設計会社アームを買収している。

このように，ソフトバンクはテクノロジーのパラダイムシフトを予見し，時

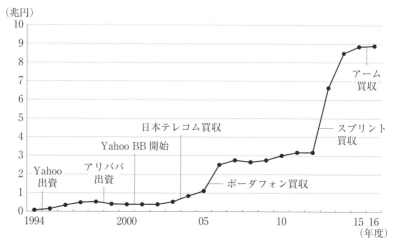

図表2　ソフトバンクの売上高の推移

出所：ソフトバンクHP「企業・IR」《https://www.softbank.jp/corp/》のデータに基づき，筆者作成。

代の変遷とともにインターネット，ブロードバンド，モバイル（携帯電話），そして最近では AI へと事業活動を拡大・変容させている。自社で新規事業の立ち上げや事業拡大のすべてを行えば成果を得るまでに長い時間を要するが，M&A を活用することで時間を短縮し，持続的な成長を遂げている。図表 2 はソフトバンクの売上高の推移を表している。

株式を公開した 1994 年度の売上高は僅か 968 億円であったが，2016 年度にはその約 92 倍である 8 兆 9,010 億円まで拡大している。現在では，携帯電話を中心とした通信事業が売上高の約 8 割を占める巨大通信会社に成長し，創業時の事業活動から大きく様変わりしている。

3　ソフトバンクによるスプリント買収

（1）　背景と目的：グローバルな水平的統合によりシナジー効果を得る

スプリント買収の分析を行う前に，背景にある携帯電話会社のビジネスモデルや市場動向，さらにこれらに基づく当買収の目的について整理しておく。

携帯電話（通信）会社の売上高は，原則，携帯電話契約数× ARPU（1 契約当たりの月間平均収入）によって決まる。企業が持続的な成長を目指すならば，契約数か ARPU，あるいは両方を増加させることが課題となる。一般に，契約数や ARPU を増加させるためには，大容量のデータ通信，高速の通信速度などを安定的に提供できる高品質のネットワークを構築・維持することが要件となるが，これには基地局増設が不可欠で，多額の設備投資資金が必要となる。したがって，携帯電話会社のビジネスモデルは，規模の経済が働きやすい。

スプリント買収が行われた 2012 〜 2013 年頃の携帯電話市場は，ARPU の飛躍的な上昇をもたらすと期待されていたモバイル・インターネットの黎明期にあった。モバイル・インターネットの普及には，スマートフォン端末とそのインフラとなる大容量で高速のネットワークが必要になる。当時の米国市場は，契約数で世界第 3 位[2]，スマートフォン使用率は 50 ％前後と先進国のなかでも高い水準に達していた。一方ネットワークの高速化はやや遅れを取っていた状況で，近い将来高い成長率が見込める巨大市場と位置づけられていた。

こうしたなかでスプリントの契約数は，ベライゾン，AT&T に続き米国市場第 3 位であった。上位 2 社と比べて，ネットワークの品質が低かったことから契約数は伸び悩み，フリーキャッシュフロー[3]はマイナスに落ち込んでいた。ネットワーク改善のための設備投資資金を自力で調達できず，深刻な経営不振に陥っていた。

このような経営環境のなか，ソフトバンクのスプリント買収は行われた。そ

の目的は，日本国内で中核事業に成長した携帯電話事業を，潜在成長率の高い米国市場においてグローバルに水平的統合することを通じて，日米両国においてシナジー効果[4]を得ることにあった。具体的には，規模の経済がもたらすスマートフォン端末やネットワーク設備機器などの調達コスト削減，さらにはスプリントのネットワークの品質改善を行うことで，米国市場におけるモバイル・インターネット普及による成長を取り込むことも見込んでいた。

（2）　スプリント買収の詳細：為替ヘッジが奏功

　企業財務の視点からみた M&A の成否を決定する主たる要因は，買収価格[5]である。上場会社を対象とした M&A において，買収企業が提示する買収価格と被買収企業の現在株価との差額を買収プレミアムという。買収プレミアムが高いほど買収価格は割高，低いほど買収価格は割安と評価され，国内企業がかかわるすべての M&A の平均レンジは 25 〜40 ％程度である[6]。

　2012 年 10 月にソフトバンクがスプリントに提示した買収価格は，M&A 発表前の株価 5.04 ドルに対して 7.30 ドルで，米ドル建てで 45 ％のプレミアムが付いていた。この後，米国衛星放送会社 DISH が，ソフトバンクの買収価格に13 ％のプレミアムを上乗せした買収案をスプリントに提示したことで，ソフトバンクは価格をさらに 7.65 ドルへ引き上げた。2013 年 7 月に締結された最終合意は，買収総額 216 億ドル（2 兆 1,245 億円），ドル建てのプレミアムは52 ％となり，経営不振の企業に対する買収価格としては破格の条件であった。

　説明会資料（2013 年 4 月開催）によれば，買収価格 7.65 ドルの算定根拠の詳細は，スプリントの現在価値 6.38 ドルに，シナジー効果 1.27 ドルを加算したものである。現在価値は，買収後スプリントのネットワーク改善・再構築を実施し，2015 年度からフリーキャッシュフローが黒字化することを前提に算出されていた[7]。一方，シナジー効果は，上述の調達コスト削減が中心で，ソフトバンク全体で年平均 20 億ドル程度を見込んでいた。どちらも，割高な買収価格の算出根拠であるため，強気な見通しになっている。

　ところで，M&A 実施プロセスにおいては，買収案の提示から最終合意に至るまでにタイムラグが発生する。クロスボーダーM&A は相手が海外企業であるため，この期間の為替レートの変動によって，円建ての買収総額（価格）も変動する。つまり，為替リスクが発生するのである。スプリント買収の場合，買収案を提示した 2012 年 10 月の為替レートは 1 ドル約 80 円であったが，その後アベノミクスによる円安が進み，最終合意をした 2013 年 7 月には 1 ドル98 円まで下落した。約 18 円の円安となり，為替リスクに対して何の対策も講じなければ，買収資金は 2 割以上増加することになる。

CASE 4　181

　為替リスクを回避するための手段に，為替ヘッジ[8]がある。買いの為替予約をした場合，円安となった18円分は決済時点で為替差益として計上され，会計上買収総額から控除することができる。実際，ソフトバンクは82円20銭で買いの為替予約を付けた結果[9]，3,101億円の為替差益が発生した。このため実質的円建ての買収総額は，上述の買収総額2兆1,245億円から為替差益3,101億を控除した1兆8,144億円となった[10]。

　このように，為替ヘッジの巧拙は，クロスボーダーM&Aにおいてその成否を決める重要な要因の1つになっている。

4　スプリント買収の評価（財務分析）：最悪期を脱して成長軌道へ

　ソフトバンクの現在の事業活動は，国内通信，スプリント，yahoo，流通，アーム，その他の6部門に分類され，このうち国内通信とスプリントの売上高で全体の約8割前後を占めている。図表3は，ソフトバンク全体および国内通信事業とスプリント事業の業績や経営指標などを一覧表にしている。

　スプリントを買収した2013年度の売上高は6兆6,667億円で，前年度比約3兆2,000億円の増加であった。このうち約2兆6,000億円は，スプリントによる増収効果であった[11]。国内通信とスプリントの売上高を比較すると，スプリント買収効果が年度を通じてフルに寄与する2014年度以降は国内通信よりもスプリントの方が多く，所在地別売上高構成比は日本よりも海外のウェイトが大きくなっている（図表4）。

　次に営業利益をみると，スプリントは2013年度に12億円の赤字を計上したが，その後2016年度には1,864億円の黒字に改善している。一方，国内通信の営業利益は，2013年度時点の約6,000億円から，2016年度には7,000億円超の水準に達しており，スプリント買収による国内通信へのシナジー効果の寄与があったと推察される。フリーキャッシュフローについても，概ね同様のトレンドが確認できる。ただし両事業の2016年度営業利益率を比較すると，スプリントは国内通信の1/4程度と低い水準にあり，業績改善の余地は依然大きい状況である。

　懸案であったスプリントのネットワーク改善・再構築に対する設備投資額は，2016年度までの4年間で合計約2兆2,642億円に達している。同期間の国内通信への設備投資額が1兆9,958億円であったことを踏まえると，すでに成熟期に入った国内通信が稼いだフリーキャッシュフローの大半を，新たな成長事業と位置づけるスプリントへ集中投資している構図となる。

　スプリントの契約数は，設備投資の成果もあって2015年度と2016年度の2

182 第Ⅱ部　グローバル戦略とマネジメントの新展開

図表3　ソフトバンクの業績および経営指標の推移

(単位：億円)

年度	2013			2014			2015			2016		
		移動通信	スプリント		国内通信	スプリント		国内通信	スプリント		国内通信	スプリント
売上高	66,667	31,655	26,010	85,041	30,194	38,000	88,818	31,447	38,716	89,010	31,938	36,234
営業利益	10,770	6,090	▲12	9,187	6,405	669	9,089	6,884	615	10,260	7,196	1,864
営業利益率	16.2%	19.2%	0.0%	10.8%	21.2%	1.8%	10.2%	21.9%	1.6%	11.5%	22.5%	5.1%
設備投資額	12,453	6,790	4,643	13,534	5,837	6,998	11,131	4,126	6,224	9,236	3,206	4,777
減価償却費	8,999	3,950	4,185	10,952	4,537	5,792	13,735	4,749	8,421	14,656	4,894	8,858
フリーキャッシュフロー	—	—	—	1,133	—	▲33	—	4,022	▲14	—	5,618	6
ROA	3.1%	—	—	3.2%	—	—	2.3%	—	—	5.8%	—	—
契約数（百万）	—	35,925	29,918	—	31,550	29,706	—	32,038	30,915	—	32,400	31,576
ARPU（円、ドル）	—	4,450	63.52	—	4,190	56.94	—	4,150	51.68	—	3,950	47.34

注：
・国内通信（移動通信）事業とスプリント事業は，ソフトバンク全体の中の内訳の数値。
・2014年度より事業区分の変更があり，国内通信事業は携帯電話などの移動通信，固定通信，ブロードバンドをまとめて記載している。
・フリーキャッシュフローは，内部取引を控除した会社開示の数値。スプリントのフリーキャッシュフローは米ドル建ての数値。
・ROA（＝当期純利益／総資産：総資産利益率）は，企業の総資産が利益獲得のためにどれほど効率的に利用されているかを表す。
・国内通信の契約数とARPUは移動通信の主要回線と通信ARPU，スプリントの契約数とARPUはワイヤレスポストペイドの数値。

出所：ソフトバンクHP「企業・IR」≪https://www.softbank.jp/corp/≫のデータに基づき，筆者作成。

図表4　所在地別売上高構成比の推移

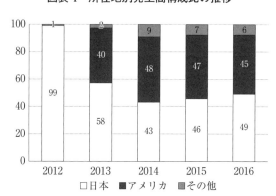

出所：ソフトバンクHP「企業・IR」
　　　≪https://www.softbank.jp/corp/≫のデータに基づき，
　　　筆者作成。

CASE 4   183

期連続で増加し，営業利益やフリーキャッシュフローの回復傾向も鮮明になっている。また，図表中に記載はないが，買収直前期2012年のROA 5.2％と2016年のROA 5.8％を比較すると，数値は0.6％上昇している。この期間，スプリント買収を含めた複数のM&Aによって資産規模は約3倍になっているが，ソフトバンクの事業活動全体はより効率的になっているのである。これは，実施したM&Aの買収価格が高過ぎることなく，また投資に見合った成果（利益）を産み出していることを示唆している。

　以上から，経営難にあったスプリントは，買収時のシナリオに沿った力強い業績回復とまではいかないが，最悪期を脱してようやく成長軌道に入ろうとしていると考えられる。

5　クロスボーダーM&Aの意義と課題

　スプリント買収によって，ソフトバンクは一躍グローバル巨大通信企業へと変貌した。買収を機に，国内よりも海外の売上高が大きくなり，事業内容も携帯電話事業が大半を占めるようになった。このように，国内経済の成長余地に限りのみえる日本企業にとって，クロスボーダーM&Aは迅速かつ機動的に海外の新たな収益源泉を開拓することできる強力なツールである。反面，その実績は国内企業同士のM&Aと比べて見劣りしている[12]。

　繰り返しになるが，M&Aの成否を決定する主たる要因は買収価格である。買収企業はシナジー効果を合理的に見積もることができず，過大な買収価格を算定する傾向が強い。クロスボーダーM&Aの場合には，為替レートの変動が買収価格に影響を与えるため，価格算定の難度はさらに上がる。高い価格で買えばそれだけ求められる投資成果のハードルも上がるが，これを達成できる企業がそれほど多くないのは上段（注12）の実績が示すとおりである。

　スプリント買収のケースをみると，DISHという競合相手が出現したために買収価格が過大になったことは否めない。さらに，買収案の提示から最終合意までの期間に為替レートが大きく円安になった。しかし，機動的に為替ヘッジを活用することで，実質的な円建て買収総額のプレミアムは平均的レンジ近辺に落ち着いた[13]。加えて，買収後のスプリントの業績回復やROAの改善状況を勘案すると，スプリント買収は企業財務の視点からみると及第点であるといえよう。ソフトバンクの成長は数多くのM&Aによってもたらされた。スプリント買収においても，これまで培われた豊富な経験とノウハウが存分に活用されたのであろう。

　ソフトバンクは，スプリント買収以降も1億ドル以上のクロスボーダー

184　第Ⅱ部　グローバル戦略とマネジメントの新展開

M&A あるいは出資を，確認できるだけで 2016 年度までに 15 件実施し，その総額は 262 億ドルに達している。加えて，2016 年には英国半導体設計会社アームを，日本企業によるクロスボーダーM&A の最高額である 240 億ポンドで買収している。これらクロスボーダーM&A 成否が，今後のソフトバンクの成長を大きく左右する要因となることは間違いない。

（注）
（1）　以下では，IN-OUT 型 M&A をクロスボーダーM&A と総称する。
（2）　ICT（International Telecommunication Union）によれば，2012 年時点における国別の携帯電話契約数は，1 位中国 11 億 1,200 万台，2 位インド 8 億 6,500 万台，3 位アメリカ 3 億 500 万台，日本は 7 位で 1 億 4,100 万台であった。
（3）　企業が事業活動から獲得した資金のうち，株主配当，借入金返済などに自由に使える資金を指す。フリーキャッシュフローがプラスに大きくなるほど，企業価値は大きくなる。
（4）　2 つ以上の事業を合わせることで生じる，相乗効果のことをいう。主に，コスト削減，売上高増加などの効果がある。
（5）　買収価格は，DCF（割引キャッシュフロー）法を中心に複数の計算方法によって算出された企業価値をベースに，シナジー効果などを調整して決定される。DCF 法は，分子の将来の予想フリーキャッシュフローを分母の割引率で割り引いた現在価値の総和を企業価値とするモデルである。DCF 法の詳細は，別途コーポレート・ファイナンスの教科書などで確認して欲しい。
（6）　買収プレミアムに関する統計データは，株式会社ストライク（M&A 専門会社）が提供する MARR Online で閲覧することができる。
（7）　現在価値は，DCF 法などを使って算出されている。分母の割引率は，7～9 ％が設定されている。
（8）　為替ヘッジには，為替（先物）予約，通貨オプション取引が使われる。このうち為替予約は，将来のある時点での通貨の売買を現時点で予約することで為替変動リスクを回避するものである。クロスボーダーM&A の場合，円安が予想される場合は買い予約，円高の場合は何もしないというのが一般的なようである。
（9）　決算説明会資料（2013 年 1 月開催）によれば，買収金額 216 億ドルのうち 170 億ドル分について，82 円 20 銭で買いの為替予約を実施した。
（10）　2014 年，2015 年の ANNUAL REPORT を参照。
（11）　2013 年度決算数値には，スプリントの子会社化が完了した 7 月 11 日以降の業績（約 9 カ月分）が反映されている。
（12）　松本（2014）は，クロスボーダーM&A 実施後 10 年以上が経過した買収金額 100 億円以上のサンプル 116 社を調べた結果，成功が 8 ％，失敗 44 ％であることを報告している。また Inoue et al.（2013）は，クロスボーダーM&A 実施企業は，その後長期間にわたり収益悪化が顕著にみられ，シナジー効果創出などの取り組みが遅くなっている可能性があることを指摘している。
（13）　2013 年 7 月の支配獲得日の為替レート 101 円 14 銭と現在（2017 年 9 月）の為替レート 112 円 50 銭から，買収資産には約 10 ％の為替差損益が発生している。

CASE 4　185

[Review & Discussion]
- （1）　M&A は，企業融合の方向性によって，水平的統合，垂直的統合，多角的統合に分類される。垂直的統合，多角的統合の事例についても調べてみよう。
- （2）　クロスボーダー M&A は国内企業同士の M&A と比較して，企業財務の視点からどのようなメリット・デメリットがあるかを，考えてみよう。

（参考文献）

1　ICT（International Telecommunication Union：国際電気通信連合）≪http://www.itu.int/en≫。

2　Inoue, K., S. Nara and T. Yamasaki (2013), "Are Japanese Acquisitions Efficient Investments?," DPRIETI Discussion Paper Series 13-E-085.

3　レコフ HP ≪https://www.marr.jp/≫。

4　松本茂(2014)『海外企業買収　失敗の本質：戦略的アプローチ』東洋経済新報社。

5　ソフトバンク HP ≪https://www.softbank.jp/corp/≫。

（久田　祥子）

CASE 5 ·····

現地化プロセス：日系ドラッグストアの中国華東進出

1 はじめに

　日系ドラッグストアの中国華東への進出は，2011年から急速に加速した。当初はどの企業も「日本式ドラッグストア」の中国市場への移転に意欲を燃やし，数年で数十店舗規模の出店を計画し，華々しく進出した。しかしながら2017年現在，華東で操業する店舗は各社数店舗にとどまり，しかも上海での出店を諦め，周辺地域への出店へ切り替えた企業も多い。

　このように厳しい局面にある日系ドラッグストアの華東進出だが，現地法人として採算が取れつつある企業も出てきている。このような企業では，「日本式ドラッグストア」という小売技術をどのように現地化（現地市場に適用・適応）したのか。そのプロセスについて概観してみたい。

2 日系ドラッグストアの華東進出状況

　まず，華東に進出している日系ドラッグストア4社について，進出の経緯をみていく。

（1）キリン堂ホールディングス

　キリン堂ホールディングス（以下，キリン堂）は，2011年1月に合弁（80％シェア[1]。2013年には独資化）で麒麟堂美健国際貿易（上海）を設立し，日中双方への商品供給業務を行う傍ら，しばらく出店のタイミングを見計らっていた。しかしながら，2012年に独資で忠幸麒麟堂（常州）を設立し，出店の基軸を江蘇省へ移した。さらに業態をバラエティストアに変更し，2012年12月江蘇省常州市に「忠幸麒麟堂」1号店（吾悦国際広場店），2013年9月江蘇省蘇州市に2号店（蘇州 HARMONY CITY 店），2013年12月江蘇省南京市に3号店（南京水平方店）を開店した。同店舗は，「生活便利ストア」をコンセプトに，日系化粧品や育児用品，日用品，食品などを扱っており，とくに主力商品である化粧品売場を，同社が2012年12月に出資した璞優（上海）商貿に任せて「BeauBeau」コーナーとして展開している点が特徴的であった[2]。

しかしながら 2013 年から，璞優（上海）商貿の親会社でキリン堂の持分法適用関連会社である，BEAUNET CORPORATION[3]に中国の事業を統合しており，事実上，自社による店舗展開を諦めたかたちだ。

（2）ウエルシアホールディングス

ウエルシアホールディングス（イオングループ。ウエルシア薬局，シミズ薬品などが傘下。2012 年にグローウェルホールディングから社名変更。以下，ウエルシア）は，2011 年 11 月に中国資本（中国の流通最大手百聯グループ傘下の聯華超市 43 ％，上海毎日通販商業 18 ％[4]）との合弁事業（聯華毎日鈴商業（上海））を立ち上げ，翌年の 2012 年 6 月に「櫻工房」第 1 号店を出店した。その後，日系他社に比べてより頻繁に出店・退店を繰り返し（上海および蘇州に合計で 11 店舗出店），2017 年 12 月現在，蘇州・無錫に 4 店舗（蘇州 IZUMIYA 店，蘇州永旺湖東店，蘇州永旺新区店，無錫崇安寺荟所店[5]）を展開している。2014 年末，上海毎日通販から 14.4 ％の株式を 720 万人民元で取得し，出資比率を 39 ％から 53.4 ％に引き上げた。さらに 2015 年には聯華の全株式を取得し，出資比率を 96.4 ％に高め，自社主導を完全なものとした[6]。

（3）富士薬品

富士薬品（配置薬販売業大手・ドラッグセイムスを運営）は，2011 年 11 月に独資現地法人の富高美健（上海）貿易を設立，さらに 2012 年 5 月に上海でドラッグストアチェーンを展開する台湾系の中化生医科技（サモアバイオ）を買収した。同社の 100 ％子会社であり，中国で薬・化粧品の卸・小売業を展開する上海百齢薬業連鎖を活用することで，医薬品の取り扱いを可能にした。しかしながら，2012 年 6 月にオープンした「ドラッグセイムス（伊美斯）」の 1 号店（光启城店）では，規制のため医薬品を取り扱うことができず，日本の化粧品などを中心に 8 割を日本商品で占めるビューティ特化型のフォーマットとなった[7]。2014 年 1 月には，上海古北に 2 号店をオープンした。この店舗は食品や日用品の品ぞろえが強化されただけでなく，生鮮やお弁当を取扱い，イートインコーナーもあるなど，コンビニエンスストアのようなフォーマットであった。しかしながら伊美斯の店舗は，すでに閉店している。

（4）ココカラファイン

ココカラファイン（セガミメディクスとセイジョーが経営統合し，2008 年設立）は，2012 年 2 月に独資現地法人の可開嘉来（上海）商貿を設立した。これはセガミメディクスによる先述の中化生医科技への出資と解消を経て，グループとして二度目の挑戦であった。同年の 2012 年 5 月には「cocokara（可開嘉来）」1 号店（美羅城店）をオープンしたが，その後は出店を拡大せず，

188　第Ⅱ部　グローバル戦略とマネジメントの新展開

2017年現在上海市で2店舗を展開するにとどまる。その一方で2013年大連に，伊藤忠商事（12％）およびアルフレッサホールディングス（12％），成大方円医薬連鎖投資（51％）との合弁で遼寧康心美商業連鎖（遼寧康心美）を設立[8]し，遼寧省での店舗展開を開始している。

3　参入方式と事業の成功

　以上のように，各社の参入方式はまちまちである（図表1）。

図表1　華東に進出している日系ドラッグストアの参入方式

キリン堂	上海：合弁（マジョリティ出資）→独資 常州：独資
ウエルシア	合弁（マイノリティ出資）→合弁（マジョリティ出資）
富士薬品	独資&買収
ココカラファイン	独資　＊遼寧省では合弁（マイノリティ出資）

　　出所：各社リリースより筆者作成。

　いったいどの参入方式が正解なのか。多国籍企業の内部化理論によれば，完全子会社は市場の不完全性を解消し，取引コストを最小化するとともに，低位の参入方式（輸出やライセンシング）よりも多くの情報を得ることができるため，市況の好転に対しより機動的に投資規模を拡大することができる。一方，リアルオプション理論の観点からは，不確実性が高い市場において国際合弁事業の方が，漸進的に事業を拡大していく「成長オプション」や追加投資を延期する「延期オプション」の価値が高くなる。しかしながら，このオプション価値は，不確実性の「レベル」「タイプ」「質」によって影響を受ける[9]。さらに，どのオプションを選択するかは，本社のリソース（ヒト，モノ，金，情報，スキル，ブランドなど）の強みや弱みが影響する。

　それでは買収はどうだろうか。グリーンフィールド投資による完全子会社設立よりも，統合のためにより多くの調整コストや場合によってはのれん代が必要になる一方で，より多くのリソースを短期間で入手することができる。事実，富士薬品は中化生医科技の買収により，上海での医薬品販売店舗と医薬品販売免許を獲得した。外資が新規の医薬品販売免許を取得することは不可能に近いため，このメリットは大きい。したがって「不確実性」をどう捉えるか，どのオプションを選択するか，また買収のコストとベネフィット，新規設立のコストとベネフィットをどのように捉えるかなどによって，各企業のベストシナリオは変わってくるといえる。

CASE 5 189

　実際にウエルシアの場合，進出当初，必ずしも最終的に中国での事業展開における主導権を握ろうと考えていたわけではなかった。合弁会社の持ち分比率が中国側で5割を超えていたこと，また立ち上げから数年後には，日本人駐在員が不在でも機能する体制を取りたいと考えていた[10]ことなどがその理由である。それでは商品の供給に特化しようと考えているのかというと，プライベートブランドは規制やコストの問題から日本からの供給ではなく，企画のみ日本，生産は中国という体制になっている[11]。そう考えると，キャピタルゲインと海外事業経験，IR（Investor Relations：投資家向け広報）上のメリットが主たる目的であったといえよう。少なくとも進出当初は，「事業の成功」のみが目指すべき道（＝企業にとってのベネフィット）というわけではなかったのである。

　しかしながら，華東に進出している日系ドラッグストアのうち，現時点で事業の成功という目的に最も近いのは，店舗単体だけではなくチェーンとしての採算に目途が立った[12]ウエルシアであるといえる。ウエルシアは，マイノリティ出資の合弁からマジョリティ出資の合弁へと切り替えており，リアルオプション戦略を取って成功したと捉えられる。それでは同社は，どのようにして採算の取れる体制へ移行したのか。

4　聯華毎日鈴商業（上海）の概要[13]

　聯華毎日鈴商業（上海）は2011年11月に3社（聯華超市，上海毎日通販，グローウェルホールディングス（現ウエルシア。以下，グローウェル））の合弁事業として設立された。

　同社は，出資3社の合議による意思決定が行われたが，そのなかに過半数のシェアを保有する企業はなかった。このことは，現地企業の自由度を高めるために大きな意味を持った。設立段階におけるマネジメント体制は，董事長は聯華超市側から，副董事長は上海毎日通販とグローウェル側から1名ずつ，董事兼総経理にはグローウェル側から輩出された[14]。意思決定の権限は日本側と中国側とで半分ずつ，オペレーションの権限は日本側が担ったかたちだ。

　オペレーション体制においても，日本側と中国側でバランスよく人員が配置されたが，日本側がノウハウを持ち込み，中国側がそれを学習しつつ現地適応させるというかたちで進められた。

　当初の櫻工房のコンセプトは「日本式ドラッグストア」であり，日本のマーチャンダイジング（マーケティング戦略），日本のインストアプロモーション（販売促進活動），日本の接客を中国に持ち込むことを目的としていた。しかしな

190　第Ⅱ部　グローバル戦略とマネジメントの新展開

がら，医薬品販売規制，化粧品輸入規制などの制約から，日本の店舗の品ぞろえを中国で再現することは難しかった。医薬品の取り扱いはなく，医薬品以外の商品の品ぞろえも，他の日系小売業が取り扱っているものと同じ商品を陳列する以外なかった。そのため，化粧品中心のバラエティストアフォーマットでの展開となった。競合店舗は主として，化粧品を中心に健康食品・日用品・食品を扱うアジア最大のドラッグストアチェーン「ワトソンズ」が対象となった。

5　日本式小売技術の移転[15]

　以上のようにマーチャンダイジングにおける制約があるなか，櫻工房は，主としてプライベートブランド（PB），インストアプロモーション，接客の面で「日本式」を実現しようとした。

　（1）　日本企画のプライベートブランド（PB）の開発

　PB は設立時に総経理が，「日本のメーカーと手を結んで，日本でプロデュースした商品を中国の OEM として作っていくのが1つ。日本のレシピで，メイクを中心とした新しい PB 商品のブランド作りをしていきたい。日本でも売れるようなレベルの商品も含めてだ[16]」と述べているように，日本企画で現地生産の商品を開発した。第一弾は，日本の有力ナショナルブランドメーカーの処方を活用し，原材料を日本から輸入して中国で充填した商品であり，「櫻工房」のブランド名で，無添加・無着色を訴求したスキンケア商品を16品目，「櫻」のブランド名でヘアケア・ボディケア商品を3品目，計19品目を発売した[17]。将来的には日本の店舗や百聯グループの店舗でも展開することを想定していた。しかしながら店舗数の少ない初期段階では，生産ロット数と販売可能数との乖離_{かいり}が大きく，多数のアイテムを導入することはできなかった。

　（2）　日本式インストアプロモーションの実施

　次にインストアプロモーションでは，日本式の「手書き POP」「POP による情報提供」「商品ラッピング」「多箇所陳列」「エンド（ゴンドラの両端にある陳列スペース）の活用・テーマ設定」等を導入した。マニュアルは現地向けに新しく制作され，プライスカードの内容，POP の種類，手書き POP の書き方などが記載された。手書き POP については，文字の大きさ・太さ・色，使用するキーワードなどが説明された。こうして櫻工房の店頭では，手書き POP 用の紙やペンが常備され，手が空いている時間にスタッフが POP を制作し，日本式の漫画文字が店頭を彩るようになった。エンドの活用では，本部制作の POP を利用したプロモーション売場の設置も行われた。

　さらに，祝祭日ごとのプロモーションテーマや，年間および月間の重点品が

設定され，それに呼応した毎月のDM（店頭で配布するチラシ），POP（店頭に設置するアテンションカード）が制作された。

（3）　日本式接客の実施

最後に接客では，日本式のおもてなしを現地の能力給制度と融合させた。言葉づかいやお客様への対応の仕方，商品の知識・売り方などを，集合研修でまず店長に教育し，店長から各店舗へ落としたのである。このような集合研修は，初期の段階から毎月必ず行われた。

本部スタッフが訪店し，メイクの仕方などを指導することもあった。店頭スタッフは接客やメイクの方法を習得し，商品や使い方に関する情報提供やメイクサービスなど日本式の店頭サービスを提供した。バレンタインデーには，メイクアップサービスを実施し，ビフォー・アフターの写真を店頭スタッフ自身の微信（SNS）にアップロードし，「いいね」の数で報奨（取り扱い商品）を提供するといった販促活動も実施された。

店舗の販売力が高まるとともに，店舗への権限委譲も徐々に進んだ。毎月，複数の重点強化アイテム・ブランドとそれぞれの売上目標を設定し，売上目標をクリアしたら店舗に報奨金を出した。それを店長，副店長，店舗スタッフで分配するのである。そのため各店長の役割が大きくなり，店長のスキルが店舗の成績に影響した。朝礼・夕礼で販売ノウハウが積極的に共有された。店頭スタッフは接客を通じて顧客との関係を構築し，微信を通じて顧客との継続的なつながりを持ち，販促情報を紹介することもあった。さらに，本部スタッフと店舗スタッフ間，店舗スタッフ間も微信によるコミュニケーションが行われた。上海では競争が激しく達成することが難しかった売上目標も，蘇州ではすべての重点ブランドにおいて達成することができるようになった。成功事例が増えることで，取組みを強化するメーカーの数も増えていった。

6　マイノリティ出資からマジョリティ出資への転換

出店を上海から蘇州へ集約したのは，2014年からである。「上海の不動産賃料，人件費が想定以上に高騰し，採算ベースに合わなくなったため」[18]，その時点で上海に展開していた4店舗を閉鎖した。前年2013年10月に開店したイズミヤの中国法人蘇州泉谷百貨店内店舗の早期黒字化が図られた[19]こと，合弁会社を連結子会社化し自社主導の事業推進に転換したことがその理由である。ウエルシアグループ主導で事業を行うことが中国における合弁事業の将来性に資すると判断[20]し，ウエルシアは2014年末，上海毎日通販から14.4％の株式を720万人民元で取得し，出資比率を39％から53.4％に引き上げた。

192 第Ⅱ部 グローバル戦略とマネジメントの新展開

さらに 2015 年には聯華の全株式を取得し，出資比率を 96.4 ％に高め，自社主導を完全なものとした[21]。その後，蘇州のイオンモールに 2 店舗，無錫に 1 店舗を出店している。また同時期，物流センターを開設し，物流機能を内部化した。

7 ウエルシアの戦略的現地化

ウエルシアの中国進出は，以上のように，品ぞろえ面で実現できなかった「日本式」を，インストアプロモーションや接客において実現した「適用」のプロセスと，日本式の接客・推売を中国式の報奨型の給与体系と組み合わせて現地化した「適応」のプロセスによって推進された。

以上のような，十分な売上を上げるために必要なオペレーション体制の素地ができたところに，上海に比べて賃料が安い蘇州泉谷の店舗内に出店する契機を得たこと，物流センターの開設により仕入れ価格を下げることができたこと，メーカーとの取組みが定着し，取組先も増えてきたことが相まって，採算が取れる体制へと移行した。

そこに至るまでには，進出時の想定から多くの戦略転換がみられた。たとえば，医薬品販売を諦め化粧品強化型のフォーマットに転換したこと，PB 開発による品ぞろえの差別化からインストアプロモーションや接客の差別化に力点を変えたこと，百聯集団が運営するショッピングセンター内に積極的に出店することで店舗数を一気に増やすことを想定していたが，日系ショッピングセンター内への出店に切り替えたこと，ドミナント出店のエリアを上海から蘇州に切り替えたことなどである。現地市場の知識やオペレーションのノウハウが蓄積された結果，このような戦略転換を行ったといえる。その点で，マイノリティ出資からスタートしたことは，有利に働いた。

またこのような動態的な適応プロセスは，Coe & Lee（2013）が指摘する「戦略的現地化」のプロセスと一致する。戦略的現地化は「企業および現地市場の組合せごとの適応行動におけるバリエーション」と定義され，参入時のみの適応化行動ではなく，動的かつ競争的な一連のプロセスであること，トップダウンの意思決定ではなく，現地環境との相互作用の結果，形成されるものであることなどを特徴とする[22]。また戦略的現地化は，グローバル戦略との相互作用という側面も重要となる。そこでは，現地環境の変革，現地マネジメント経験の組織内へのフィードバックという重要なベクトル（図表 2 の実線矢印）が存在する。しかしながら現状では，そのベクトルが作用するかどうかは派遣者に委ねられているようである[23]。実際に，聯華毎日鈴商業（上海）の設立時

図表 2 グローバル戦略と現地戦略

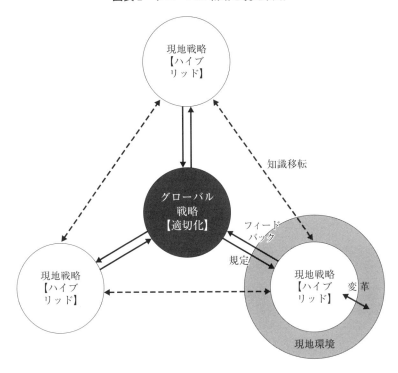

出所：今井（2017）9 ページ。

から 2015 年まで総経理を務めた人物が，2017 年 3 月に設立されたシンガポール現地法人（51％シェア）のトップを務めており，現地子会社同士の知識移転はその人物に委ねられているかたちだ。

今後，同社のグローバル戦略において，アジア現地法人の経験がどのように影響していくのか。国際ビジネスのケースとして大変興味深い対象といえる。

(注)
(1) 『Fujisankei Business i』2011 年 2 月 11 日。
(2) 『週刊粧業』2013 年 6 月 3 日。
(3) ビューティ/コスメ情報の専門ポータルサイト「美優網/BeauBeau」の企画運営を行う企業。現地メディアや日系ベンチャーキャピタルの出資を得て 2005 年香港にて設立。同社は，日本化粧品を多角的に扱い日本の化粧品メーカーの中

国市場アクセスのプラットフォーム化を進めている。

（4）『日本経済新聞』2012年5月30日。
（5）櫻工房　微信　公式アカウント（2017年12月20日参照）。
（6）『日経MJ』2015年3月4日。
（7）『日刊ドラッグストア』2012年6月14日。
（8）『ココカラファイン　プレスリリース』2014年5月30日。
（9）金﨑（2011）。
（10）2011年12月に実施した実地調査に基づく。
（11）同上。
（12）2017年11月に実施したインタビューに基づく。
（13）2011年から2014年にかけて実施した実地調査に基づく。
（14）『薬事日報』2011年8月19日。
（15）2011年から2014年にかけて実施した実地調査に基づく。
（16）『薬学生新聞』2012年1月1日。
（17）『週刊粧業』2013年5月20日。
（18）『ダイヤモンドリテールメディアオンライン』
　　《http://diamond-rm.net/articles/-/11330》（2017年9月1日）。
（19）同上。
（20）同上。
（21）『日刊ドラッグストア』2014年10月21日。
（22）Coe and Lee（2013）pp. 327‒356.
（23）今井（2017）。

＊＜謝辞＞本研究は科研費（16K03956）の助成を受けたものである。

［Review & Discussion］

（1）日系ドラッグストアの華東への進出方式には，どのような種類があったのだろうか。
（2）現地中国企業との合弁は，日系企業にとってどのようなリソースの獲得を可能にしただろうか。
（3）アジア市場において，日系ドラッグストアは今後どのような戦略で成長することができるだろうか。

（参考文献）

• 書籍・論文

1　Coe, N. M. and Y. S. Lee（2013）, "We've learnt how to be local': the deepening territorial embeddedness of Samsung-Tesco in South Korea," *Journal of Economic Geography*, Vol. 13, pp. 327‒356.

2　今井利絵（2017）「アジアの小売市場と国際化」『東・東南アジアの流通と日系小売企業』中央経済社。

3　金﨑賢希（2011）「環境の不確実性と多国籍企業の市場参入戦略—リアルオプ

ション理論からの検討―」『国際ビジネス研究』国際ビジネス研究学会。

• 雑誌，その他
1　『ダイヤモンドリテールメディアオンライン』
　≪http://diamond-rm.net/articles/-/11330≫（2017 年 9 月 1 日参照）。
2　『Fujisankei Business i』2011 年 2 月 11 日。
3　『日刊ドラッグストア』2014 年 10 月 21 日。
4　『日経 MJ』2015 年 3 月 4 日。
5　『日本経済新聞』2012 年 5 月 30 日。
6　『週刊粧業』2013 年 5 月 20 日。
7　『週刊粧業』2013 年 6 月 3 日。
8　『薬学生新聞』2012 年 1 月 1 日。
9　『薬事日報』2011 年 8 月 19 日。
10　『ココカラファイン　プレスリリース』2014 年 5 月 30 日。
11　『グローウェルホールディングスプレスリリース』2012 年 5 月 15 日。
12　櫻工房　微信　公式アカウント（2017 年 12 月 20 日参照）。

（今井　利絵）

CASE *6* ··

多様性のビジネス：日本食レストラン「祭」のハラールのおもてなし

　本ケースでは，多様性のメリットを活かし新たなビジネスチャンスを生み出すことについて考える。多様性のためのビジネスケース[1]という観点から，増加する訪日（インバウンド）外国人に対応する日本の飲食業界のケースを捉える。

　2016 年，訪日外国人は 2,000 万人を超えた。中国，韓国，台湾，香港の東アジア地域から急増するとともに，近年タイ，マレーシアやベトナムなど東南アジア諸国からも増えており，その人数は米国を凌ぐようになった。

　しかし，日本のおもてなしというサービスを，ムスリム（イスラム教徒）をはじめとする外国人に提供するには多くの困難がともなう。たとえば，ムスリムの間では，「ハラール」という宗教上の規則があるが，日本での認識は十分でない。日本の観光産業が成長するためには，多様な文化を理解し，そのうえでおもてなしと組み合わせたビジネスを展開しなければならい。

1　ムスリムについて

（1）　訪日ムスリムの規模

　現在，世界のムスリム人口は 16 億人といわれている。これはキリスト教徒に次ぐ規模である。また，イスラム諸国の特徴は国民の平均年齢が若く，人口増加のペースが速いことであり，2020 年には世界の人口の四分の一がムスリムになるといわれている。マレーシア，インドネシアでは国民の大半がムスリムで，東南アジア諸国では合計で約 2 億 4,000 万人いる。これらの国では，所得水準が高くなるとともに海外旅行が増え，ビザ発給の緩和やオープン・スカイ（航空会社の乗り入れ規制の緩和）政策で LCC（格安）航空の就航が増加したことで，日本への観光人気が高まっている。

　2015 年の訪日ムスリムは年間 60 万人にのぼり，外食や土産の購入など，ムスリムによる食関連の市場は 650 億円に達していると報告され，2020 年に年間 100 万人以上となり，その食関連の市場が 1,600 億円まで伸長すると予測さ

れている[(2)]。

　現在，訪日外国人観光客に占めるムスリムの割合は5％程度であるが，ハラールを提供している飲食店，ホテル，礼拝施設が絶対的に不足しており，ムスリム市場は未開拓である。訪日ムスリムは増加が予想され，日本の飲食店にとって1つのビジネスチャンスとなるであろう。また，基本的にムスリムは和食の定番の魚介類は食べられるので，調理に酒を使わないなど簡単な調整をすればよい。ハラールメニューは非ムスリムと両立できるものである。

　（2）「イスラム」と「ハラール」

　「イスラム」とはもともとアラビア語で「平和，従順，服従」という意味で，それから「唯一絶対の神＝アッラーに服従すること」を指すようなった。イスラム教はユダヤ教やキリスト教の流れをくみ，アッラーを信仰する一神教である。7世紀初頭に，預言者ムハマッドがメッカ郊外でアッラーの啓示を受けたのがその始まりとされている。イスラム教の経典『コーラン』は，ムハマッドが預言者としてアッラーの声を書き起こしたものである。コーランには，ムスリムが守らなければならない教えが書かれており，基本概念は心，言葉，行動で「六信五行」[(3)]を信仰し実行することである。

　ハラールとは，アッラーが許している行動，考え方，食べ物などのことで，ムスリムにとって非常に重要なものである。他方，「ハラーム（禁止）」というのは，アッラーが許さない事柄で，コーランに示されている。したがって，ハラールとは，ハラーム以外のものを求めることである。

　一般的に食のハラームは以下のものを指す。

①　豚や犬の由来のものすべて
②　①以外の動物で，イスラム法にのっとった食肉処理されていない（ハラールではない）もの
③　トラ，熊，象，猫など，長く鋭い牙を持つ動物
④　猛禽類など，かぎ爪のある鳥
⑤　ネズミやゴキブリなど病原菌を持つ生き物
⑥　ハエやシラミなど嫌悪感を抱かせる生き物
⑦　ワニやカメ，カエルなどの水陸両生の生き物
⑧　汚染された水など
⑨　アルコールおよび酒類

日本国内の飲食店の料理や，コンビニエンスストア・スーパーマーケットで売られている弁当には，イスラム法にのっとった食肉処理がされていなかった

図表 1　豚由来の食品の例

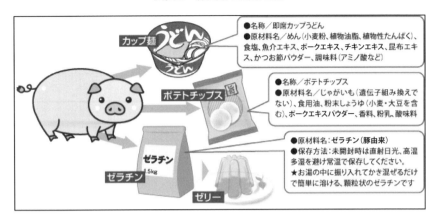

出所：フーズチャネル≪https://www.foods-ch.com/gaishoku/1408604936996/≫。

り，豚由来やアルコール・酒が使われている原材料を確認するのが難しかったりするため，ほとんどのものを口にすることができない。

　注意しなければならないのは，図表1で示すように，豚由来のものが加工され添加された場合もハラールに認められないことである。和食に不可欠のみりんや料理酒，添加物の乳化剤やゼラチン[4]などが含まれていれば，食べることができない。また，原材料や添加物は日本語で記載されているため漢字を読めない人にとってはさらに不便である。

（3）ハラール市場への参入

　近年，日本企業によるハラール市場への参入が著しい。多くの日本の食品がハラール市場で売られ，たとえば高級和牛などのイスラム諸国への輸出が増加している。さらに，東南アジアでは，和食ブームがきっかけになり，醤油，みりん風味調味料，ソース，マヨネーズといった日本の調味料の需要も増えている。そして，ハラールの認証を取得するために現地生産されている。このハラール認証を得た調味料は日本に逆輸入することも可能であり，日本で生産されているハラール商品も増えている。これらにより，以前より簡単に日本でハラール料理を提供できるようになってきている。

　しかし現状では，日本のおもてなしを満喫できないまま帰国する訪日ムスリム観光客が多いであろう。その対策として日本の和牛，食材，調味料などをハ

ラール化する動きが始まっている。国内のハラール支援グループやハラール認証団体が積極的にマレーシア，インドネシア，シンガーポールなどのハラール当局からの指導と支援を受け，多くの和食に使う調味料などのハラール化に取り組んでいる。

また，ハラールの支援グループも多く[5]，主要都市で飲食店向けハラール・セミナーや勉強会が開催され，毎年 Tokyo Halal Expo やムスリムインバウンド EXPO in 大阪などのイベントが開催されている。

近年，訪日ムスリム観光客の増加にともない，ハラール対応の飲食店，ホテル，ツアーなどの需要が増えている。関東を始め関西，北海道に多くのハラール対応の飲食店が登場している。2020 年のオリンピックやパラリンピックに向けてさらにハラール対応飲食店，ホテル，その他の施設などを増やす計画をしている自治体や民間企業が出てきている。東京都台東区がハラールの支援グループと共同で「ムスリムおもてなしマップ in 台東区」を作成するなど，自治体が民間企業等の協力を得て地域のハラール・マップを作成する例もある。ムスリム観光客が多い京都や大阪，北海道の各地でも地図や観光ガイドを作成し配布している。

2 ハラールのおもてなしの事例：日本食レストラン「祭」

（1）ハラール対応レストラン「祭」の誕生

日本レストラン「祭」（以下，「祭」）は，大阪の野田阪神にあるオーナー・シェフの佐野氏が経営している完全ハラール対応総合料理店である。「祭」には 2016 年の 5 月に開店してから 1 年間で約 1 万 2,000 人以上もの外国人が訪れた。30 席程度の店舗で，毎日ほぼフル稼働しており，リピーター客や海外の旅行会社からの予約も殺到している。日本のハラール業界で最も成功したレストランとしてよく取り上げられている。オーナーは，国内のハラール研究会やセミナーなどにゲスト・スピーカーとして招待され，「祭」の店づくりについて語っている。

「祭」の実績を見ると，顧客の 9 割は訪日外国人であり，ほとんどがムスリムである。さらにスタッフに外国人を多く雇っている。顧客とスタッフが，様々な宗教，国籍，人種，価値観などを持ち，まさに多様性のある環境でビジネスを行っている。ただし，「祭」の店自体はハラールの認定を持っていない。それにもかかわらず，なぜ「祭」がハラール対応のレストランとして著しい成功を収めることができたのであろうか。

「祭」は，オーナーが14年間の飲食店での勤務を経た後に開店したハラール対応のレストランである。ハラール対応の店を始める動機は，訪日および在日ムスリムの方々が，日本での食事が困難なことが多いと知り，ムスリムの方にも日本のおもてなしを紹介し経験してもらいたいと考えたからである。現在，多くの訪日ムスリム観光客は，ハラールのために日本の飲食店で食事することを避け，自国のカップ麺などインスタント食品を持ち込むことが多い。なかには炊飯器と米を持参する人もいるといわれている。このような状況では，ムスリムの観光客が日本の観光のリピーターになり，さらに大勢が訪日することには限界がある。

そこで「祭」のオーナーは，1年半ほどかけて東京のハラールレストランやハラール支援グループ，在日ムスリムおよび留学生と交流し，ハラールに関する知識を学んだ。その結果，現在の「祭」の「ムスリムに愛される店づくり」という経営理念を提唱した。

（2）　ムスリムに愛される店づくり

「ムスリムに愛される店づくりの基本（以下，基本）の1」は，「ムスリムに愛されるメニュー」である。そもそも「祭」は，特別なメニューを作るのではなく，いかに本場の和食の味をハラール化するか，いかにムスリムの客とのコミュニケーションを進めるか，そして，いかに訪日ムスリム観光客の利便性を図れるのかに焦点を当てた。

「祭」は，ハラール認証を持つ原材料や調味料を使用したうえで，本場の大阪の味を実現するために，大阪の「粉もん」に合うソースを自社ブランドとして開発し販売している。まだハラール認証のない材料および調味料について，祭のオーナーがメーカーや業者に問い合わせてハラームの材料を使用しているか確認した。そして，従来日本の調味料に使われている酒・アルコール，みりん，豚や牛や鶏のエキス，ゼラチンなどを除き，ハラール化を行い，本場の大阪の味をムスリムに提供している。

接客に関しては，メニューを英語化するとともに，メニューの95％は写真を掲載し，時間をかけて料理を選ぶことを楽しみの1つと考えたおもてなしをしている。

また，「祭」は，料理の専門店というよりも総合的な店として始めた。日本の多くのハラール対応の店は，ラーメン屋，焼肉屋，寿司屋といった専門店が多い。「祭」は差別化を考え，既存のハラールの情報を利用して，訪日外国人観光客が最も食べたい日本料理のトップ10をメニューとして提供している。

いろいろな日本料理を味わうことができるため，数日間大阪に滞在するうちにリピーターになる観光客も少なくない。

加えて，オーナーは，ムスリムがホテルの朝食に困るという情報や，ムスリムの食文化を学びに東南アジアを訪問した際に現地のテイクアウトの習慣に気づいた経験から，「持ち帰りメニュー」を導入した。ムスリムに好まれる商品やサービスを実施して，リピーターを確保し，売上を伸ばしている。

「基本の2」は，「ムスリムに愛されるおもてなし空間」である。「祭」は，訪日ムスリム観光客に対応するために，日本のおもてなし文化をアレンジしイスラム文化や価値観に合わせることに挑戦している。店内では，1台分のバスの受け入れを想定して30席分の畳敷きの座席を用いて，訪日ムスリム観光客に「和の空間」を体験してもらうことにしている。店内には，記念撮影のためのはっぴ（法被）を用意している。また，ムスリムとの距離感を縮めるため，ハラールであることを公開し，日本の料理を紹介するために「オープン・キッチン」を導入した。店内やキッチンでの撮影は自由で，店全体がフレンドリーな空間になっている。

「祭」は，ムスリムとの交流により，さらに新たな慣習を発見した。たとえば，料理の配膳時，多くのムスリムが，全員の注文がすべて届いてから一緒に食べることに気づき，できた料理から順次出すよりも，まとめて一度に持っていった方が喜ばれると学んだのである。さらに，礼拝空間を用意することも重要なおもてなしである。ムスリムにとっては1日5回の礼拝は欠かせないものであり，とても歓迎されている。

「基本の3」は，「ムスリムに愛されるフレンドリースタッフ」である。「祭」は，訪日ムスリム観光客への接客を強化するために，インドネシア人女性の留学生とパキスタン出身の男性2人のムスリムを雇っている。彼らには料理づくりや接客，販売促進の役割を任せている。その存在は，ムスリムの客に本格的なハラール対応の店であることを印象付ける。また，来店するムスリムの方々は様々な国や地域から来ており，ハラールに対する見解も若干異なる場合がある。さらに好みもいろいろあり，特別に料理の材料の調整を希望する客もいる。たとえば，「たこ焼きの具をタコではなくエビに変えてほしい」等である。「祭」としては，そのような希望にできる限り対応し，すべての方に満足してもらえるおもてなしを提供したいと努力している。

「基本の4」は，「ムスリムに愛される販売促進」である。「祭」は，店のターゲットとなる国内外のムスリムへのプロモーションおよびリピーター増加の模索を続けている。

1つ目の取り組みは「ムスリムを探せ」という取り組みで，街中でムスリムを探して「ムスリムおもてなしマップ大阪」やハラールガイドや店のチラシを配布している。そのほかに，大阪にある176件のゲスト・ハウスやホテルなどに，そのマップと情報を提供している。2つ目は，SNSを通じて店を紹介し，情報を国境を越えて拡散する方法である。日々の状況をレポートし，訪日ムスリムの反応や要望を聞いている。その効果は開店3カ月目から現れ，来客数が2.5倍まで伸びた。3つ目は，「祭」オリジナル箸の客へのプレゼントである。訪日ムスリムが喜ぶ日本の土産を考え，「祭」と刻印された箸をプレゼントすることにした。訪日ムスリムが帰国後も箸をみて，日本に再び行きたいという気持ちになることを期待している。4つ目の取り組みは，客に感想やイラストなどを「ムスリム・ダイアリー」に書いてもらうことである。それをSNSで配信している。一方，客側もSNSやブログを通じて口コミ情報として発信している。

「祭」は，このダイアリーのなかで観光に関する英語のアンケートを行っている。それは，①どこの国の人か，②この店をどのようにして知ったか，③好きな日本食は，④日本での滞在期間はどのくらいか，⑤どこに宿泊しているか，⑥旅行に最も必要な情報は何か，⑦どんなウェブサイトあるいはSNSアプリをよく利用しているか，という内容である。このダイアリーは，訪日ムスリム観光客の動向や嗜好分析に役立っている。

5つ目は，ムスリムに優しいサービスの提供である。ラマダン（断食）期間中に「イフタール・セット」[6]のメニューを用意し，日没とともに提供，あるいは持ち帰り弁当として販売している。「祭」は，イフタールで最初に口にすることの多いナツメヤシを，ラマダン中のイフタールに入れている。日本の店ではなかなかみられないサービスであろう。これらの取り組みは，ムスリムに愛される店づくりに大きく寄与している。

「基本の5」は，「ムスリムに愛される和の体験」である。上述のように自由に着られるはっぴを用意している。最も評判の高い体験はたこ焼きづくりで，スタッフの指導のもと観光客が自分でたこ焼きを焼いて，家族や仲間と楽しむ和の体験ができる。その他に，綿菓子づくりやかき氷づくりの体験もある。それらは「祭」と観光客がSNSに掲載し，大きな反響を呼んでいる。また，土産品として店自慢のオリジナル・ハラール・ソースのほか，植物性ベースのラーメン「侍ラーメン」，東京あられなどを販売し，好評を博している。

「基本の6」は，「ムスリムに愛される旅行会社との協力」である。「祭」は，個人のほかに，団体旅行誘致も試みている。立地については，バスが停まれる

場所や駅に近い物件を探して大阪の野田阪神に出店している。また，SNSや友人紹介を通じて，マレーシアとインドネシアの旅行会社数社と取引を始めている。

3　ハラール対応から新しいビジネスモデルを考える

　「祭」は，観光立国政策を利用して，増加している訪日ムスリム観光客の受け入れ環境を構築する挑戦をしている。日本の未開拓なハラールの飲食産業にいち早く参入し，新しいハラールのおもてなしサービスの提供を成し遂げたレストランといえよう。多様なムスリムのニーズを尊重するだけではなく，日本に知られていない宗教的な多様性をビジネスチャンスと捉えた。このようなハラール対応のビジネスモデルは日本のインバウンド産業に新しい風を吹かせ，多様性が活かせるビジネスケースとして参考になるであろう。

　　＊本ケース作成に当たって，「日本食レストラン祭」にご協力をいただきました，厚く御礼申し上げます。

（注）
（1）　多様性のビジネスケース（Business Case for Diversity）とは，組織内外の多様性がビジネスのチャンスを企業に与え，および収益性をもたらすこと意味する。
（2）　一般社団法人ハラール・ジャパン協会の調べ。
（3）　六信とは，「アッラー以外に神はない」，「コーランが最後の経典である」ことなど6つの定めである。五行とは，「一日5回の礼拝」や「イスラム暦の9月の断食（ラマダン），「メッカ巡礼」など5つの行いである。
（4）　ゼラチンは，一部の会社で牛由来のものを開発し，海外でハラール認証を受けているものがある。
（5）　たとえば，ハラール・メディア・ジャパン（HMJ）は，主な事業は国内のハラール飲食店，ホテル，旅行の情報を海外のムスリムに発信するポータルサイトを運営する会社である。全国でハラールのセミナーやコンサルティングも行っている。
（6）　ラマダンとはイスラム暦の9番目の月で，その1カ月間未明から日没まで飲食などができない。日没後「イフタール」という夜食でその日初めて食事ができる。

204 第Ⅱ部 グローバル戦略とマネジメントの新展開

[Review & Discussion]

（1） グローバル化が進んでいることにより国境を越える人の移動も以前よりも活発になっている。その結果，職場の環境も多様性に包まれている。企業にとって多様々な人種，性別，宗教，国籍，価値観などからもたらされるメリットとデメリットについて考えてみよう。

（2） グローバル・マネジャーとして，市場にある多様性を有効活用できるかを議論してみよう。

（3） 本ケースのような宗教的な多様性以外にはどのような多様性が新しいビジネスチャンスを創造できるかを考えてみよう。

（参考文献）

1　一般社団法人ハラル・ジャパン協会（2017）『飲食店のためのハラル対応ハンドブック』柴田書店。

2　今井雅和（2016）『新興国市場ビジネス入門』中央経済社。

3　読売新聞「浪速の味ハラールで」2017 年 8 月 11 日。

4　ハラールメディアジャパン《http://www.halalmedia.jp/ja/》

5　日本観光局報道発表資料
《https://www.jnto.go.jp/jpn/news/press_releases/pdf/20170117_4.pdf》

（ヌルハイザル・アザム・アリフ）

CASE 7 ....

ボーン・グローバル・ベンチャービジネス「WASSHA 株式会社」: アフリカの未電化地域に火を灯す[1]

1 はじめに

　国際エネルギー機関（IEA）によると，2014 年時点で世界全体で約 12 億人が電気のない生活を送っている。電化率でみると，OECD 諸国や移行経済諸国が 100 ％なのに対し，途上国は 79 ％にとどまっている。その途上国のなかでも数値が極端に低いのがアフリカ地域で，アジア，中南米，中東の各地域が 90 ％前後なのに対し，わずか 45 ％である。さらにそのアフリカでもとくに電化が遅れているのが，サハラ砂漠以南，いわゆるサブサハラ・アフリカで，電化率は 35 ％，農村部は 19 ％にまで低下する。同地域で電気のない生活を送っている人々は約 6 億 3000 万人と，全世界の半分以上を占めている。未電化地域での電力供給ビジネスという点において，世界最大の市場がそこに存在している。

　2017 年現在，タンザニアを中心に未電化地域の貧困層を対象に，電力サービス「WASSHA（ワッシャ）」を展開しているのが，WASSHA 株式会社（以下，WASSHA）である。WASSHA は東アフリカで使用されるスワヒリ語で「火を灯す」という意味の「washa」に因んで付けられたものである。同社は，開発途上国の社会課題の解決に貢献する事業を実施するため 2013 年 6 月に設立された，ボーン・グローバル・ベンチャー企業である[2]。

　WASSHA の注目度は高く，このケースの最後に挙げた参考文献では紙幅の都合上，そのほとんどを割愛せざるをえなかったが，創業者であり現地で陣頭指揮を執っている同社代表取締役 CEO 秋田智司氏および同事業は各種メディアで多数紹介されている。JICA（国際協力機構）や UTEC（東京大学エッジキャピタル）からの資金調達にも成功し，タンザニアでの事業は安定的基盤の確立の一歩手前まで辿り着いている。

2 WASSHA の事業の仕組み

　サブサハラ・アフリカの未電化地域では，灯油（ケロシン）を用いたランプが一般的に使用されているが，明るさは不十分で，有害ガスによる健康被害，

また火事の危険性もあり，より明るく安全で安心な LED ライト等の「電灯」に対するニーズが大きい。しかし，サブサハラ・アフリカ地域では広大な土地に小さな村が散在しており，送配電網の整備は費用が膨大にかかるため困難で，電化が進んでいない。

電化が遅々として進まない一方で，携帯電話の普及は急速に進んでいる。GSMA（携帯通信事業者の業界団体）によれば携帯電話の普及率は 2013 年時点で 36 %，2020 年に 50 %に達すると予測されている。普及の背景にあるのは「モバイルマネー」である。携帯電話の 2G 回線を使ってどこにいてもお金のやり取りができる電子マネーサービスで，銀行口座の保有者が少ない開発途上国の農村地域の状況を背景に一気に普及した。携帯電話は，単なる通話の道具としてだけでなく，金融サービスにアクセスする道具として農村地域の人々にとって無くてはならないものになっている。ただし，上記の電化状況から携帯電話の充電ができる場所が少なく，課題となっている。

未電化地域では，中間所得層以上の世帯を対象に，自宅にソーラーパネルを設置して電力を供給する製品（ソーラーホームシステム）は存在しているが，貧困層向けの電力サービスはまさに「空白地帯」であった。WASSHA は，タンザニアを中心に，この貧困層をターゲットとして，電力の用途として最もニーズの大きい 2 点，電灯（LED ランタン）のレンタル，および携帯電話の充電に特化したサービスを提供している。

どんな田舎であってもアフリカの村々には，キオスクと呼ばれる小さな日用雑貨店がある。同社は，このキオスクに発電用のソーラーパネル，蓄電用のソーラーバッテリー，電力出力に使う WPD（WASSHA Power Device の略，USB ポートが 20 個付いた充電器），WPD を制御するアプリがプリインストールされたスマートフォン，住民にレンタルする LED ランタン（30 個）を無償でリースする[3]。ただしモバイルマネーで電力料金を事前に送金しない限り，キオスクは電力を利用することが出来ない仕組みになっている。いわば，キオスクは事前に仕入れた電力を使って周辺住民に LED ランタンのレンタルサービスや携帯電話の充電サービスを提供しているのである。サービスの利用料を住民から徴収し，それを元手にまた次の電力を仕入れる。LED ランタンのレンタル料金は 1 晩 500 タンザニア・シリング（約 25 円）。住民にとっては，灯油ランプを灯りとした場合の費用と同額で，より明るく，より安全で，より安心な「灯り」を享受できるようになる（図表 1）。

WASSHA のビジネスには様々な工夫，アイデアが組み込まれている。とくにユニークな点として次の 2 点を挙げる。1 点目は「モバイルマネーを利用し

図表1　WASSHA の事業構造

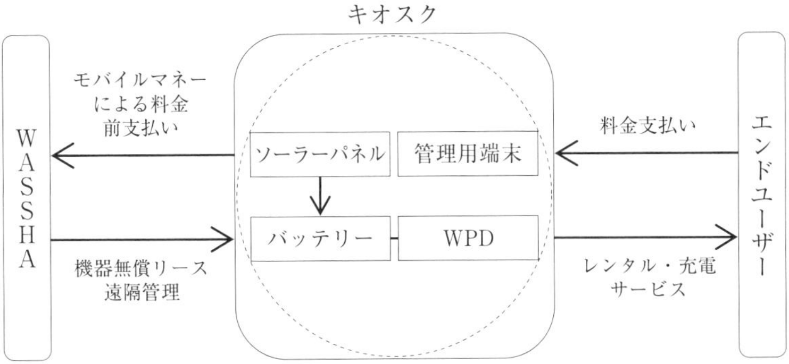

キオスク

```
モバイルマネー
による料金
前支払い

WASSHA ← [ソーラーパネル | 管理用端末] ← 料金支払い ← エンドユーザー
        → [バッテリー | WPD]           → レンタル・充電
機器無償リース                           サービス
遠隔管理
```

出所：各種情報に基づき筆者作成。

た電力プリペイドの仕組み」である。これまでにもソーラーパネルを村に設置し貧困層に電力を提供しようという試みは多数存在したが，常に課題となったのは遠隔地に点在する発電設備管理と料金徴収であった。遠く離れた各村で発電・蓄電・消費の状況や設備の状態を正確に把握するのは物理的にも困難で，交通費などの費用もかさんでしまう。さらに，現金でやり取りされる売上の管理を特定の人材に任せてしまうと虚偽報告や不正のリスクがあり正確な売上把握ができなかった。WASSHA はこの課題をモバイルマネーによる電力プリペイドの仕組みで解決している。ソーラーパネルは晴天時には常に発電し，バッテリーに蓄電されているが，WASSHA のサービスでは，その電力は WPD の側面についた USB からしか利用できなくなっており，キオスクのオーナーが事前にモバイルマネーで電力料金を支払わなければ，USB から電力を利用できないように設計されている。これによって売上を正確に把握でき，売上が低いキオスクから撤退し，より売上が見込める地域に再配置する等の機器の配置計画が効率的にできるようになる。また，WPD 内にはセンサーが埋め込まれており，発電・蓄電・消費の情報，および機器の不具合情報が携帯通信網を介して本社のサーバーに自動送信されている。これにより遠隔地の村々を直接訪問せずともトラブルを検出でき，最小限のコストで必要に応じて対応することが可能になっている。

　もう1つユニークな点は「サービス拡大にキオスクをうまく活用していること」である。WASSHA では LED ランタンをレンタルしているが，貧困層向けにサービスを提供する場合には持ち逃げや盗難のリスクもある。これらを防

ぐために，村人を良く知っている現地のキオスクと連携するのである。

　また，サービスをより広く，より多くの顧客に届けるため，サービス導入時の初期投資をすべて WASSHA が負担している。キオスクはノーリスクでサービスを開始し追加的な利益を得ることができるため，多くのキオスクが WASSHA の導入を希望しサービス提供地域の拡大に寄与している。キオスクの立場では自己資金でソーラーパネル等を購入し充電サービスに参入することも可能だが，模倣品・粗悪品も混じって売られるソーラーパネル関連機器市場で費用に見合う品質の製品を選定・購入することは難しい。そのため，高品質な機材を無償で利用でき，機器の遠隔管理により必要な場合に同社スタッフが駆け付けるメンテナンス体制も万全の WASSHA を選ぶキオスクが多い。さらに導入時には満充電状態の LED ランタン 30 個も提供されるため，これをすぐにレンタルし現金収入を得ることができる。その収入を使って次回充電に使用する電力を購入することでサービスが持続的にまわっていく。つまり，WASSHA では機器のみならず運転資金までキオスク側の初期投資は不要なのである。

　このような理由により，上述のとおり，導入を希望するキオスクは絶えない。そこで次に重要となるのは，優秀なキオスクの選定・育成であり，それも含めた営業力が WASSHA のコア・コンピタンスとなっている。

　人口密度，送配電網の整備状況，日照量や降雨量などの統計データを基にターゲットの村を絞り込み，現地スタッフを送り込む。そして村で営業するキオスクを回り WASSHA の紹介をするとともに，そのキオスクを評価・選定していく。当初は印刷されたアンケート用紙を使用して店舗評価を行っていたが，契約店舗が増加するにつれて管理が煩雑になったためスマートフォン用業務アプリを開発し，データベース化するようになった。GPS データによりキオスクの位置も把握できる。評価項目には，「きちんと帳簿をつけ売上げや利益の管理を行っているか（ドンブリ勘定のキオスクも多く，そのようなオーナーはビジネス・センスが低いと考えられるため）」，「営業年数はどれくらいか（期間が長いほど地域の人々から信頼されていると考えられるため）」，「何人でやっているか（親戚や知人の結婚式や葬式が多く，1 人で営業しているとお店がたびたび休みとなり WASSHA のサービス提供も止まってしまうため）」といったものがあり，現地での試行錯誤から得られた知識・ノウハウが反映されている。

　機器の設置・撤収は容易かつ短時間で行えるため，優良なキオスクを見つけ出し契約が成立したらその場で設置やトレーニングを行い，すぐビジネスを始めることも，契約違反があった場合キオスクに赴きすぐ撤収することもできる。

キオスクと結ぶ契約には，リースした機器を勝手に使用しないことは当然のこととして，細かく具体的な項目が数多く含まれている。その1つに，設定した目標稼働率を4週間続けて達成できなかった場合には，WASSHA側が一方的に契約を解除し撤退できるという項目も含まれている。また，リースした機器の紛失や盗難といったリスクを担保するため，機器が紛失・盗難された場合にはキオスク側の責任となることが契約に盛り込まれている。さらに，社会関係資本的な観点から，その村の村長や長老にリース契約の後見人となってもらい，オーナーの機会主義的行動を抑制している[4]。

　このように WASSHA としても，様々なリスクを回避しビジネスとして成立するようきめ細やかな工夫を行っている。

3　WASSHA 事業の沿革

　前項で紹介した WASSHA の立ち上げの経緯はどのようなものであったのであろうか。CEO の秋田氏にフォーカスしながらみていきたい。

　秋田氏は，高校時代，紛争問題，さらに紛争問題がとくに多いアフリカに関心を持ち，大学進学の際には途上国開発を専門に学ぶ学部に入学した。在学中，タンザニア・キリマンジャロ山での植林ワークキャンプに参加した。植林の知識もなく，英語もうまく話せない，体調を崩して面倒をみてもらったりと，援助しに行ったつもりが，逆に現地の人々に助けられてばかりであった。この活動の経験を通じて2つの気づきを得た。それまで一方的，いわば「上から目線」的な援助を志向していたが，アフリカの人たちと一緒に何かやりたいという想いを持つようになった。もう1つが，ビジネスの可能性である。それまでビジネスは単なる金儲け，多国籍企業はアフリカの人々を搾取する存在と思っていたが，「将来，自分でビジネスを立ち上げ大きくして，村の貧乏な人々を雇って，みんなでハッピーになるんだ！」と語る現地の同世代の若者との交流を通じて，現在のソーシャル・ビジネスや BOP ビジネスのような，社会をより良くする手段としてのビジネスの可能性を感じ取っていた。

　そこで，ビジネスをもっと深く学ぼうと大学院に進学，指導教授より「君はこういうのに興味があるのではないか」と手渡されたのが，BOP ビジネスの論文であった。貧困層の人たちにビジネスとして商品・サービスを提供し共に豊かになっていこうというその基本的な考え方に感銘を受け，いつかアフリカで BOP ビジネスをやりたいという想いを抱くようになった。とはいえ，いきなり起業するのも困難と考え，外資系コンサルティング会社に入社した。将来を考える余裕もないほど多忙な日々を送っていたが，途上国ビジネスに関心の

ある外資系コンサルタントの会合に参加し議論を交わすなか，仲間たちとNPO法人を設立することになり，退社した。そのNPO法人時代，バングラデシュで幼児教育と保育園の事業を立ち上げようと試み，現地へ飛んだ。ニーズはあるだろう，という目論見はあったが，初期投資や売上を概算し計画を作ってみると，全く黒字化できない事業だとわかり断念した。

　その後は，同NPO法人でビジネス・プロデューサーという肩書を得て，日本企業の途上国進出プロジェクトを経験，後に共同創業者となる東京大学の阿部力也教授と出会った。阿部教授は自身が発明した技術を使って事業化し，研究を社会に還元できないかと模索していた。秋田氏としてはアフリカでのビジネスをなんとか実現したいという想いもあり，教授を誘って，2013年2月，経済産業省の事業の一環としてケニア，タンザニアへ調査に赴いた。現地で様々な人たちと会うなかに未電化地域で事業を行っているケニア人がいた。彼に話をすると「良いビジネスのアイディアがあるので，君たち自身でやってみないか」という提案を受けた。彼の提案内容を検討してみると，ビジネスとして十分成り立つことがわかり，それが現在の「WASSHA」のビジネスモデルの原型となった。2013年6月，教授とともに事業会社を設立し，9月からはケニアで試験的にビジネスを開始した。

　アフリカ事業の最初の地としてケニアが選ばれたのは，WASSHAのビジネスモデルの要の1つであるモバイルマネーが誕生し広く普及していたためであった。翌年には，秋田氏もケニアに移住し事業に取り組むが，結局，うまくいかず，撤退することとなった。ケニアでうまくいかなかった要因として，秋田氏は①電力会社の未電化地域対策が積極的で未電化市場が縮小している，②灯油の流通網が確立されLEDランタンの競合である灯油ランプの費用が下がっていた，③お金を払っているにもかかわらず自分の所有物にならないレンタルサービスへのケニアの人々の不満が強かった，という3点を挙げている。

　タンザニアでは，2015年1月に事業を開始し，約半年をかけて試験運用を行った。その結果，上記のケニアでの3つの失敗要因がタンザニアにはない。しかもモバイルマネーも十分に普及していることがわかり，タンザニアでの事業展開にフォーカスすることとなった。同国での事業展開のためには様々な許認可の取得が必要であった。しかし，制度が確立されていなかったため，関連情報を容易に入手できなかったり，担当者によっていうことが異なったり，いわれた書類を持参したにもかかわらず追加で別の書類を提出するよう求められたりと，非常に長い時間を要した。現地の様々な事情に精通していることが重要なので，基本的に現地スタッフに任せた。

タンザニア進出後，すぐにタンザニアでの事業立ち上げや組織的運営を強く
サポートできる優秀なタンザニア人の女性マネジャーを獲得できた。彼女は，
秋田氏が親しくしていたタンザニア人の親戚であり，タンザニアでの事業を成
功させるためには彼女のような優秀な人材が絶対に必要なので，なんとしてで
も説得するようにとその友人にいわれた。友人のアドバイスに従い，一緒にタ
ンザニアをより良くして欲しいと心へ訴えかけるような説得をした結果，人事・
総務のマネジャーとして携わってくれることになった。WASSHA 事業に関心
を持ってくれたのか，積極的に関与するようになり，重要な存在となっていっ
た。事業拡大にともない，現地スタッフも増えていくなか，現地トップは現地
人がいいのではと秋田氏は考え，2015 年 9 月，タンザニア支店長に彼女を任
命した。彼女のモチベーションはさらにアップしたとのことである。
　契約キオスク数は 2015 年 1 月のパイロット事業開始から 1 年間で約 160 店，
2016 年半ばには約 650 店，2017 年半ばには約 800 店へと拡大し，それにとも
ない売上げも拡大している。2017 年 6 月時点で，日本人 10 名（うちタンザニ
ア駐在 4 名），タンザニア人約 80 名，セネガル人 1 名の組織体制で取り組んで
いるが，今後のさらなるキオスク・ネットワークの拡大，しかもスピーディー
な拡大のための体制構築が，現在の大きな課題である。

4　今後の事業拡大の方向性

　WASSHA が現在提供している WASSHA サービスは，将来的にその地域で
電力インフラが整備されれば，基本的に不要な存在となってしまう。では，成
長を維持するためには，どのような事業拡大の方向性が考えられるだろうか。
最もシンプルなのが，未展開の未電化地域にどんどん進出していくという方向
性である。アフリカの未電化地域は，今世紀中に全地域を電化するのは不可能
という予測もあるほど広大で，未開拓の市場規模はまだまだ大きい。この方向
での拡大の延長線上にあるのが，事業の多国展開である。設立当初より海外事
業を開始した同社ということもあってか，その取り組みも早く，2016 年 1 月
時点で，すでにセネガル，ナイジェリア，ルワンダの 3 カ国でパイロット事業
を行っており，とくに順調であったセネガルでの事業拡大を狙っている。将来
的にはアフリカ以外の未電化地域での事業拡大も視野に入れている。
　もう 1 つの方向性は，これまでの事業展開で蓄積された経営資源・能力，よ
り具体的には優良なキオスク・ネットワークの活用である。このネットワーク
を通じ，キオスクの顧客に供給する商品・サービスを電力以外にも拡大する方
向性や，WASSHA スタッフが契約キオスクを定期的に訪問する業務を行う際

212　第Ⅱ部　グローバル戦略とマネジメントの新展開

に集中購買による商品仕入れの代行サービスを提供するなど，キオスク・オーナーへのサービス事業に拡大するという方向性も考えられる。

（注）
（1）　本ケースは，2016 年 1 月に早稲田大学で行われた秋田智司氏のプレゼンテーションとその際の質疑応答をベースに，さらに WASSHA の公開情報や同社を取り上げた各種メディア情報の二次情報を参考にして作成されており，秋田氏による原稿チェックも受けている。なお紙幅の都合上，詳細な参照情報の記述は省略する。
（2）　設立当初，日本とアフリカでの事業展開を企図していたが，その後日本事業はビジネスとして成立させるのは困難という結論に至り，現在はアフリカ事業にフォーカスしている。
（3）　キオスク 1 軒あたりの初期投資は，パイロット事業開始時点では約 50 万円であったが，機器の製造委託先や仕様の見直しなどを行い，2016 年 1 月時点で半分の約 24 万円へと縮小した。さらに生産国を日本から中国に切り替えるなどしてさらなる縮小を試み，現在，約 15 万円にまで低下し，それにともない初期投資回収期間も順調に短縮化している。
（4）　実際，2016 年 1 月時点で，キオスク・オーナーの悪質な行為はこれまで皆無とのことである。

```
[Review & Discussion]
（1）　このケースを基に BOP ビジネスを立ち上げ，軌道に乗せていくのに重要な
　　　ポイントはなにか考えてみよう。
（2）　秋田氏の経験が，どのように WASSHA 事業につながったのか考えてみよう。
（3）　今後の事業拡大の方向性について，他にもなにかあるか考えてみよう。
```

（参考文献）
1　Digital Grid 社 WASSHA ウェブサイト≪http://www.wassha.com/≫（2017 年 10 月 1 日）。
2　「アフリカの無電化地域に電気を届ける「WASSHA」ビジネスで新風！ ～デジタルグリッドの挑戦（前編）」≪http://www.nikkeibp.co.jp/atcl/tk/DTrans/ecs/042600074/≫（2017 年 9 月 30 日）。
3　「モバイルマネーが無電化地域を救う！ WASSHA ビジネスの核心 ～デジタルグリッドの挑戦（後編）」≪http://www.nikkeibp.co.jp/atcl/tk/DTrans/ecs/042700075/≫（2017 年 9 月 20 日）。
4　「鮫島弘子のアフリカビジネス入門 2017　電気は小口で小さく売れ！ ケーススタディ デジタルグリッド」≪http://special.nikkeibp.co.jp/atclh/NBO/16/jica1111/vol1_3/index.html≫（2017 年 9 月 20 日）。

（佐藤　幸志）

第Ⅲ部
国際ビジネス：焦眉の課題と将来展望

　第Ⅲ部は，今日の国際ビジネスが直面する焦眉の課題と将来展望についてである。これまでの国際ビジネス論は製造業中心で論じられてきたが，今日，小売り，金融，ホスピタリティなどといったサービス産業の国際化・多国籍化という新しいトレンドがみられるようになっている。したがって，今やサービス産業・企業のビジネスが大きく変わりつつあり，新しい経営課題が提起されている。

　また，日本市場に目を向けると，近年外資企業の進出も大きな関心を集めている。とりわけ，最近の小売業に代表される非製造業による対日投資の急増は，様々な分野で日本型システムの変革を迫っている。他方，最近中国，インドなどの台頭によって新興国市場におけるビジネスが注目されている。新興国市場の特徴，ビジネス市場としての新興国市場，および日本企業の新興国市場ビジネスなどについても概説している。

　最後に，今日の国際ビジネスが直面する諸問題を再検討しながら，新しい国際ビジネス・モデルの構築の必要性やその重要性を提唱し，国際ビジネスの将来展望を試みる。

第 12 章　サービス化と国際ビジネス

キーワード

サービス化，顧客満足，製造企業間競争，サービス企業，AI，IoT

1　サービス化とは

　サービス化について，10 数年前となるが興味深い発言がある。マイクロソフト（以下，MS）社のビル・ゲイツ会長（当時）の「サービス化の波に備えよ」（2005 年 10 月）である。要約すれば，サービス化の波が破壊的なものになることを予見し，MS 社はインターネットにかかわり進めてきたソフトウェアをさらに強化すべきで，とくにソフトウェアに IT 部門や開発者の仕事を助けるサービスモデルを組み込み，新しい機能を提供することが必要である，とした。

　MS 社は，ソフトウェアをサービス化させていく 1998 年のビジョン以降，Windows や Office 製品に組み込むサービスに継続投資し，ユーザーが問題をフィードバックして理解できるようにした。また，数百万，数千万，数億の人々にインターネットを通じて瞬時にアプリケーションや経験（エクスペリエンス）を広げる「サービス化の波」に対応し，ユーザーの経験の活用・向上，問題の解決が高まることを期待し，インターネットサービスを柱とした戦略を立て，幅広いサービスを提供してきた。なお，その開発費と流通費は広告収入が重要な手段であるとした。こうした考え方は，2006 年以降に普及した「クラウド・サービス（cloud service）」[1] の流れに連なり，「サービス化のさらなるサービス化」が進展した。

　MS 社は，2013 年 9 月に Nokia の携帯端末事業を買収し，一時スマートフォン事業に参入したものの，2016 年末には同事業から実質的に完全撤退し，同社の 2017 年 9 月 26 日付プレスリリースでは「クラウド，AI，Mixed

216　第Ⅲ部　国際ビジネス：焦眉の課題と将来展望

Reality（複合現実）を自社製品に融合していく」と自社の「サービス化」を説明している。クラウドとAIでビジネスプロセスの近代化を図り，エンタープライズクラウドを進化させ[2]，「使ってもらう」クラウド・サービス，AI，IoTを活用したサービスの充実化である。重点業種は，製造，金融，流通・小売，政府・自治体，先端研究，医療などである[3]。

　サービスの特性は，無形で，かつ壊れやすく，つくられると同時に消費されるなどといわれる。サービスは，一般にストックあるいは事前に消費者にそのすべてを示すことが困難な付加価値活動である[4]。サービスは，便益，快適さ，適時さ，健康などの価値が付加された「見えざるもの」であり，非常に変わりやすいものでもある。サービスには，顧客の感情，情感ないし人間関係など人的要素への配慮が不可欠である。こうした点は，MS社においてもIBM社でも，また製造業においても，その状況が確認できる。

　本章では，サービス化の概略，そのインフラとしてのインターネットの発展過程を確認し，そのうえで国際ビジネスのなかに製造業とサービス業が包括されサービス化のさらなるサービス化が進展している一端を示すこととする。

2　サービス化の進展過程

　人類の歴史をみると，まず食を確保し，次いで衣・住などにかかわる形のあるモノを整え，そして満足や効用などにかかわる形のないモノ（サービス），いわば五感，情感を豊かに，あるいは満たす方向へと進んできた。アダム・スミス（Adam Smith）[5]をはじめ，古典派経済学者は産業革命期，またその後の背景のなかで，形のあるモノ（財貨）の生産にかかわる労働は生産的な労働としていたが，形のないモノ（サービス）の生産にかかわる労働を非生産的な労働として，その価値を認めていなかった。しかし，今日，スミスが非生産的な労働とした産業で多くの人が働いている。

　サービス産業に関する分析をみると，第3次産業（あるいはそれから電気・ガス・水道業を除いたもの）の運輸・通信業，卸売・小売・飲食業，金融・保険業，不動産業をサービス産業（広義）とし，狭義のサービス業をコンテンツ・

レジャー分野（映画，音楽，ゲーム，出版，放送，観光など），健康福祉分野（医療，福祉，保育など），人材育成分野（教育関連など），事業支援分野（コンサルティング，人材派遣，広告，IT など）等としている。

　産業別の付加価値割合を GDP（国内総生産）構成比でみると，とくに先進国では，第 3 次産業（サービス業）が第 2 次産業（製造業）を超えて久しい。アメリカでは 1960 年に約 60 ％だった第 3 次産業が，1980 年 64 ％，1990 年 70 ％，2000 年 75 ％，2014 年 80 ％となっている。日本でも第 3 次産業は，アメリカに約 15 年の間隔があり，1960 年 50 ％未満であった構成比が 1980 年 56 ％，1990 年 58 ％，2000 年 66 ％，2014 年 71.9 ％と推移している[6]。ただ，世界的には 1 人あたり GDP とサービス産業の構成比率とに相関がみられるが，日本は世界的傾向に比して低水準で推移している[7]。このことは，日本における GDP の伸びに対するサービス産業の寄与度と生産性の伸びの低さを示している。なお，タイ，中国の 2014 年のサービス業の GDP 比率は，42.1 ％，40.6 ％である。

　「サービス化」は，経済活動の重心が移っていくことを示唆している。このことに関しては，ペティ＝クラークの法則（1941）が端緒であろうが，ダニエル・ベル（Bell, 1973）の脱工業化社会（脱産業社会），アルビン・トフラー（Toffler, 1980）の『第三の波』などの言葉ともつながりが深い。

　ベルは，経済活動の重心が財の生産からサービスに移り，伝統社会，産業社会に脱工業化社会を加えることから社会を分析し，その核に「知識」ないし「知識階級」を据えている。トフラーは，農業（農耕）革命，産業革命に次ぐ第三の波として脱工業化社会を捉え，その説明の核として「情報」を挙げている。ベルにおいてもトフラーにおいてもだが，こうした脱工業化社会へとつながる考えの一端は 1960 年代にすでに認められる[8]。

　梅棹忠夫は，1961 年に「情報」また「情報産業論」という言葉をすでに用い，1962 年には論文「情報産業論」を執筆している。動物の発生学的概念を援用し，人類が内胚葉産業（食べることに追われた農業）の時代，中胚葉産業（筋肉機能である各種の生活物資とエネルギー生産＝工業）の時代，そして外胚葉産業（脳あるいは感覚器官機能の拡充＝情報）の時代へと進化がみられ，これは有機体である人間の諸機能の拡充であり，生命の自己実現の過程であるとい

う(9)。

　「サービス化」は情報・知識と強い関連性がある(10)が，先進国を中心として
モノはあふれ，製品や情報（提供する内容）を差別化し，購入に導くにはいか
に消費者の琴線にふれ，さらには消費者が使用の経験を通じて満足を得るとい
うことが重要になってきた(11)。製品の中身が優れている，良い悪いではなく，
感情面での受けとめ方の差異によって，購入するかしないかが決まってしまう。
基本的なケースでいえば，医療は，病気を治すためのサービスを提供し，患者
はそれに診療費を支払う行為である。高い専門性が重要であるにもかかわらず，
サービスの内容だけではなく，医師（あるいは看護師）と患者との人間的な関
係で，患者がサービス（治療）を受けるかどうかを左右する。また，サポート
センターへの電話がつながらない，銀行等の受付で待たされるなどの不満など，
事前期待よりも事後評価が低くなることで顧客が離れるケースもみられる。顧
客満足（Customer Satisfaction：CS）に関わることである。

　顧客満足とは，顧客が製品（またはコンテンツ）に好ましい感じ，あるいは
快い感じをいだき，使用の経験によってそれが継続ないし高まっていくことで
ある。物的製品を生産・販売しないサービス業は，その品質は取引される状況
に依存することが多く，品質の標準化は難しい。物的製品を生産する製造業も，
使用期間が長く，修理・維持などメンテナンスのサービス等が必要なものは，
感情，情感ないし人間関係にかかわる部分が多い(12)。

　顧客の事前期待よりも事後評価を高く，少なくとも事前期待と同等にするた
めに，近年ではメールや FAQ（Frequently Asked Questions：よく尋ねられる質問）
など WEB サポートサービスの充実が図られている。さらなる挑みが 2011 年
以降の IBM Watson の「コグニティブ・コンピューティング・システム」で
あり，MS 社の「コグニティブサービスによるイノベーション」（2017 年度経
営方針）であろう。コグニティブ（Cognitive）とは，認知であり，人間のよう
に理解・推論・学習する過程である。AI が人に代わって作業をするというイ
メージが強いとすれば，コグニティブ・システムは人の作業をより良いものに
していくサポートに力点があるという。Watson であれば，高齢者介護施設，
ホテル・銀行・役所などでのコミュニケーション・ロボット技術に活かされて
いるし，MS 社であれば，視覚認識における顔検出，音声認識における音声の

文章変換や文章の音声変換，言語理解における自然言語からの文意抽出などであり，問題解決あるいは利用者への新たな経験の提供である。これらは，顧客関係構築，優れた人材・スキルの確保と生産性向上，業務最適化，サービス・製品開発分析などのためのさらなるサービス化である[13]。

　生産と消費の懸隔を埋める商人の誕生以来，顧客満足度を高めるためにサービス化が進展してきた。Watson や MS 社をはじめとする今日の「サービス化」は，顧客が意識していた懸隔ではなく，顧客がはっきりとは意識していない，無意識に近い領域にまで踏み込んでいる。ヒトでなくモノ，人工物を介してのサービス化である。結果，昔，職人が商人に統治されたように，顧客が生産者に包括・統治され，われわれの意思決定へのサービス企業の支援ではなく，サービス企業がわれわれの意思決定を左右する状況をもたらす可能性がある。今日の「サービス化のさらなるサービス化」の流れには抗えないかもしれないが，この行く末について一人ひとりが意識しておく必要はあるだろう。

3　インフラとしてのインターネット

　今日のサービス化の進展に大きな影響を及ぼし，IoT に連なるインターネットの発展過程について概略しておこう。

　取引関係のデータは，これまで書類，帳簿という紙の形で長い間確認・保存されてきた。電話などで注文を受ける場合でも伝票に転記されてきた。基本的に書類を作成し，取引先に渡し，先方もまた書類という形で処理する時代が商取引の最初の段階である。次の段階になると，コンピュータの導入によって書類・帳簿のデジタル化がなされた。デジタル・データ化によって，分析なども含め事務処理効率が上がった。書類記載内容を取引先それぞれがコンピュータに入力する段階を経て，記憶媒体としてのフロッピー・ディスクを渡すレベルへと進んだ。さらに，専用線接続や VAN（Value Added Network：付加価値通信網）を利用することによって EDI（Electronic Date Interchange：電子データ交換）[14]が行われるまでに進んだ。この段階はまだ 1 対 1 のデータ交換であったし，高コストであった。

220　第Ⅲ部　国際ビジネス：焦眉の課題と将来展望

段階は進み，インターネットで直接にデータ交換ができるようになった。しかし，企業ごとにデータ形式が異なっていれば，専用端末が必要であるし，あるいは自社のデータ形式に変換する煩わしさが生じる。そのために，多くの企業が参加する標準的な取り決めに基づく EDI が生まれた。この EDI に沿えば，異なる企業間の商取引データを送受することができる。インターネットに接続することで企業内，企業間，消費者，行政など，あらゆる組織・個人とネットワークすることができるようになった。概して部門ごとにデータを管理し，発信・交換するという段階を旧タイプとすれば，新タイプは単なる EDI を超え，様々な情報を共有し，新たなものを創造しようとすれば，できる体制になった。

　データ共有・情報共有に関しては，情報通信の面での発展が貢献している。ハードである大型コンピュータが，データ処理目的を中心として 1960 年代後半に配置された。最初の配置先は通常本社での集中管理だろう。その後，各工場等への配置となっていく。1980 年代に入ると，PC（Personal Computer：パーソナル・コンピュータ）化へと進展し，工場での生産あるいは原価管理に，営業での顧客管理に，本社での人事管理などに利用するなど，分散して処理を行うようになった。しかし，当初は概してそれぞれの部署での個別利用にとどまることが多かった。

　情報共有のメリットあるいは必要性が高まるにつれ，1980 年代後半から VAN，LAN（Local Area Network：ローカルエリアネットワーク）など企業内の専用情報システムを整備することになる。情報共有は，効率的な情報共有のためのソフトの開発・入手によって可能になった。それぞれの部署からアクセスすることによって，相互に同時に確認できるし，また変更・修正も瞬時に各部署で把握することができるようになった。さらに，1990 年代後半以降，急速に発展したインターネットは，企業内だけでなく，企業間においても簡便で，同時的なデータ送受信を可能にした。企業は，売れる商品を生産し，かつタイムリーに市場に送り，販売機会をつかもうとする。生産に役立てるために，企画開発―生産―物流―営業に至る情報共有をし，取引コスト・販売コストを削減するために原価管理情報，在庫管理情報，販売管理情報などを共有して，活用する。もちろん，企業内部の情報共有と企業外部との情報共有は異なる。企業外部とは基本的には受発注に係わるデータ送受信，B2B（Business to

Business：企業間インターネット取引）である。

B2B，さらには B2C（Business to Consumer：企業・顧客間インターネット取引）
の時代を経て，チップの小型化，無線技術の発展など技術革新はさらに進み，
既存の ICT（Information and Communication Technology：情報通信技術）市場
の後発市場の創造がなされた。市場規模も 2016 年の 1.4 兆ドルから 2020 年に
は 3 兆ドルと見込まれ[15]，あらゆるモノがインターネットでつながり，将来
予測や顧客の改善提案型にまで拡がる IoT 社会へと進展した。

IoT という用語は 1999 年に使われたといわれる[16]が，2010 年代のアメリ
カの「インダストリアルインターネット」，ドイツの「インダストリー4.0」な
ど各国も国家政策として進捗に力を入れている。IoT は，モノに設置されてい
るセンサーから情報を得て，それを「クラウド」にデータ蓄積し，AI でデータ
分析し，ヒト（顧客）にフィードバックするとか，モノの最適動作へとつなげ
る流れであり，その利活用によって顧客ないし社会の問題や課題の解決につな
げようとしている。健康状態の管理，車の自動運転化，バス到着時刻の通知，
農業での水・肥料散布自動化などが一例である。

4　製造企業間競争とサービス化

サービス業はもとより，製造業であれ，サービスの中身を継続的に高める行
動は行っている。機能面だけでなく，感情面，人間関係等へも配慮することを
基盤として製品づくりに取り組むことを前提としている。顧客の望みに合わせ
る，顧客の希望に近づけた生産活動，顧客の一歩先を行く経験の提供などなど，
販売部門や製品開発部門だけでなく，その他の部門とともにサービスを考慮し
ていくことが，企業が淘汰されないために必要となってきている。

製造企業をはじめ企業間競争は，一般的にローカルないしドメスティック（国
内）競争からスタートする。ローカルないしドメスティック企業が存続するた
めには，①継続的な経済成長があり所得の持続的伸びがある，②規制，障壁に
守られている，などといった前提条件を必要とするだろう。しかし，環境変化
は必ず起こり，1980 年日米間調達取り決め策定の対象であった旧電電公社

222　第Ⅲ部　国際ビジネス：焦眉の課題と将来展望

（NTT）のように，競争をほとんど排除した形で供給者の立場を保持し続けることはまずできない。1989-90年日米構造協議など2国間交渉，GATT（General Agreement on Tariffs and Trade：関税と貿易に関する一般協定），WTO（World Trade Organization：世界貿易機関）の1996年政府調達協定など各国間の障壁を削減・撤廃する国際社会のグローバリゼーションをもたらす動きは，その枠組みの保持を許してはくれない。

　国際ビジネスは，企業の生産拠点を基点として，調達・販売が国境を越えてなされることに始まる。つまり，まずは貿易である。しかし，企業は生産拠点を1ヵ国にとどめておくわけではない。複数国に生産拠点を持つ企業が生まれる。多国籍企業化である。製造企業における多国籍化は，これまでに生産拠点以外の国に拠点を設けるというところからスタートする。放射状に生産拠点を設置することから当該企業の多国籍化は進展していく。企業であれば成果としての利益を生み出す必要があり，複数国に生産拠点を持てば，その経営は国際経営（多国籍企業経営：国際マネジメント）となる[17]。

　放射状に生産拠点が拡がっていけばいくほど，各生産拠点（子会社）の単体経営でなく，全体を一体化させた複合ないし連結経営としての経営成果を必然的に求めていくことになる。放射状での部分最適でなく，網状としての全体最適が必要とされることになる。

　製造企業が商品を何のために生産するかといえば，消費者に使用してもらうためである。顧客は，たとえば，生活を豊かにするために商品を購入する。調達から生産に至る過程，生産から消費に至る過程を経て商品が生産から消費へとつながる。調達（原材料）→生産⇒市場（販売）と価値を付加していく，製造企業活動は，材料であるコモディティを商品としていくという流れのなかにある。ただ，情報の世界伝達の同時化は進展しているものの必ずしも世界中の顧客ニーズが一致しているわけではない。一致していれば，グローバル商品の開発は概して容易である。そこで，ウォンツが異なる市場への適応のために製造企業は，たとえば自動車においては，外観のデザインあるいはまた内装などに違いを持たせながら，プラットフォーム（車台）を共通化させた。顧客にとって見えない内部の部材等の共通化は，世界規模で経済性を高めようとする製造企業の1つの動きであった。

第 12 章 サービス化と国際ビジネス 223

網状多国籍化段階になった製造企業が複数になっていけば，そうした企業間の競争になる。各国の規制緩和，ポスト冷戦などの要因が加味されるが，1990年代，2000年代と競争は激化していった。それは特定国向けのローカル商品の生産・販売よりも規模の経済，コスト低減の側面からグローバル商品を望む競争になっていった。グローバル市場で販売することで，概して上昇している開発コストの回収につなげ，また投資に見合う収益を上げることを目指す。そのためには，グローバル市場向けの商品企画・開発をし，網状に拡がった生産拠点を活用し，販売のための流通網を整える必要がある。いわば，世界同時生産・同時販売に近づける努力を積み重ねていくことになる。もちろん大競争は，顧客ニーズ・ウォンツに適った，売れる商品を見出し，それを迅速に生産し，すばやく市場に配送する仕組みを構築することを促す。需要側に対して供給側は，量・品質など1つ1つへの柔軟性・融通性が求められることとなる[18]。

P＆G，ユニリーバ，花王など家庭用品関連企業間の競争の歴史はこうした事例の1つであろう。それぞれ米国，欧州，日本の市場での競争に勝ち抜き，各々で主市場の濃淡はありながら，地球規模での競争に突入している。この際に，消費者の購買動向から生産段階まで，物流も巻き込みながら統合していくことは，インターネットを利用したデータ共有システムによって可能になる。データを分析し，消費者を理解した商品企画・開発に焦点を当てつつ，製造コスト低減を実現させ，かつ小売企業の過剰在庫削減を行うなど，流通企業を巻き込んだ効率性を実現させようとする。製造企業によるサービス企業の取り込みないし連携である。

商品をおおまかに市場に投入しても成立していた時代は過ぎ，とりわけ1990年代後半以降，ICT革命という背景も相まって，きめ細やかに原価を検討し，顧客の要求も考慮に入れた，つまりサービスを付加した商品を生産し販売していく方向へと進んだ。それも各国市場だけではなく，グローバルレベルでの競争となり，商品の生産・販売に，「サービス」という要素がこれまで以上に加味されることとなった。製造企業であれば，取扱商品がナショナル・ブランド（National Brand：NB）からインターナショナル・ブランド（International Brand：INB）になるにつれ，競争が激化するなかで売れるための情報を積極的に吸収し，生産から流通過程を含む競争優位構築に力を注ぐ。国内市場競争

はもちろんのこと，グローバル市場競争のなかでのグループ企業内の情報共有化の仕組み，またその活用をレベルアップさせ，結果として寡占化の渦中に入っていく。国内市場，そしてグローバル市場での競争を乗り越え存続していくためには，生産から消費にわたる情報共有，とりわけ顧客情報と還元システムを常に一段上へと実行していくことが必要となった。

換言すれば，商品を顧客に提供する製造企業から，顧客との情報循環のなかでサービスあるいは経験をも含めた商品を提供する企業への進化が望まれたということである。こうした考え方は，バーゴとラッシュ（S. L. Vargo and R. F. Lusch）やグレンロス（Grönroos）など，マーケティング研究における価値共創という考え方にも連なっている[19]。IoT 社会となって，たとえば，トヨタが金融・ファイナンスに乗り出す事業の多角化でのサービス化だけでなく，自動運転化など製品そのものへとサービス化が進展しているケースもあるし，コマツのKOMTRAX（建設機械情報の遠隔確認システム）のように生産現場の生産性分析また消耗部品の交換時期把握など顧客の作業能率の改善・コスト削減につながるサービス化のケースもある[20]。このようにサービス化は，製造企業においても，IoT，AI 技術の発展，またグローバリゼーションの進展にも起因する企業間競争の激化のなかで，サービス化のさらなるサービス化へと進展した。

5　サービス企業のサービス化

生産者と消費者の懸隔をつなげるサービス・ビジネスにあっても，競争のグローバリゼーションが進展している。生産（製造）⇒消費の間の流通経路にはいくつかのバリエーションがある。国境，業際，また様々な規制（障壁）の低下や緩和が進み，需要を超える供給能力がもたらす厳しい争いが進展してきた。それは製造企業の競争激化だけでなく，当然，流通サービス企業，小売業においても激しい競争をもたらすことになる。製造企業は，顧客ニーズを踏まえた商品企画，製造における品質向上とコスト低減を実現させるべく努力する。他方，小売企業は顧客ニーズ・ウォンツに沿った商品を仕入れ，いかに多く販売

できるかの努力をする。

　商流（交換）に付随する物流サービス，運輸・倉庫企業においてもサービスを向上させ，物流コストを低減させることが求められる。ロジスティクス（Logistics）関連企業自体の生き残りをかけての争いとなる。ロジスティクスはもともと兵站とか後方支援を意味する軍事用語である。網状に展開した生産拠点を持つ多国籍企業，また世界規模で販売可能な市場を持っている企業にとって，迅速さと物流コスト低減という二律背反的な課題を実現できるかが激しい競争のなかで必要とされた。顧客ニーズ・ウォンツにすばやく対応するために，納期の正確さだけでなく短縮化をはかり，しかも物流コストは価格競争力を向上させるために低減したいという要求である。

　製造企業あるいは小売企業など荷主のこうした要望に応え，同業他社に対する自らの競争優位を構築するために生まれた動きがサードパーティ・ロジスティックス（Third Party Logistics：3PL）であった。製造企業など，いわば特定の荷主のために製品の生産（あるいは原材料）から販売までの全体的な実際の流れを捉えながら，倉庫（適切な保管立地），在庫管理（たとえば小売段階の情報保有），配送などの課題を，全体の流れのなかでトータルとして検討し，提案を行う。様々な物財に対して，それぞれの需要に合致したタイムリーな供給を実現させる，そのための適切な情報・データ管理と運用が新たな需要を生み競争優位の構築につながる，との認識に基づいた１つの動きであった。

　生産と消費の接点を担っている店舗型小売企業の歴史を振り返れば，一言でいえばチェーン化とプライベート・ブランド（Private Brand：PB）化の進化であった。チェーン化は，仕入・販売促進における規模の経済（スケール・メリット，advantage of scale）を獲得しつつ，店舗設計など規格化・標準化・集中化しながら多店舗管理するものである。チェーン・オペレーション（chain operation：多店舗経営管理）の巧拙は，優れた情報システムの仕組みをうまくつくれるかどうかにある。それは，正しいデータの入手→データベース→分析→実行（現状の修正・変更）を，組織全体にかかわることと個別店舗ごとの特性とに峻別しながら活用し，外部環境・内部環境を踏まえ，迅速に意思決定し，行動できるかにつながる基礎でもある。PB化は，小売における寡占化によって購買力が高まり生産に影響力を行使するという側面もあるが，小売企業その

226 第Ⅲ部 国際ビジネス：焦眉の課題と将来展望

もののブランド化への意欲が強くなった結果と考えることができる[21]。企業（店舗）イメージを向上させ，消費者を仲間に引き込み，利用度を高める動きである。

　チェーン化とPB化の進展は，規模の経済を実現させるための差別化，補完行動と捉えることができる。つまり，店舗型小売企業は，第1に，販売管理コストなど自社内の努力を行い，利益を生む構造を確立しようとする。そのうえで第2に，製造企業あるいは卸売企業からの商品調達に交渉力を高めようとすれば，チェーン化などによって販売高（売上高）を上げようとする。そして第3に，一定の交渉力が確立されれば，製造から小売までの流通経路にかかわっている企業全体で効率化をはかろうとする。価格と品質それぞれを考慮した，売れる構造になっているかどうかが，関連企業それぞれの利益に対して影響を与えるからである。競合商品ないし競合小売企業との差別化をもたらそうとする動きである。PB化もその流れにある。もちろん第4に，消費者との接点としての小売企業がその力を増せば，売れる商品を扱うNBないしINB製造企業との連携がいわば有力企業同士で進むことになる[22]。こうした段階になってはじめて，グローバル競争に耐えうる小売企業の基本構造ができたといえるだろう。ただ，地域（ローカル，ドメスティック，リージョナル）への依存性が高い小売企業において，グローバル企業となるのは容易ではない[23]。

　店舗型小売企業は，PB化とチェーン化と併せて，金融事業を取り入れる形でサービス化を進めてきた。とりわけ1990年代後半以降の大競争の進展，業際低下，規制緩和，さらに情報通信技術の発達は，流通ビジネスと金融ビジネスの連携にも影響を与えた。

　人が集まるインフラとしてのコンビニに金融機関が注目すれば，ATMを設置することになる。三井住友（当時さくら）銀行は，am/pm（エーエム・ピーエム）（2010年ファミリーマートが吸収合併）と提携し，1999年3月無人出張所のATM＠バンク（アットバンク）を設置した。

　セブン＆アイ・ホールディングスは2001年にセブン銀行（当時アイワイバンク銀行）[24]を設立した。ATMプラットフォーム中心に事業展開する銀行で，預金，ローンサービス，海外送金サービス，デビットサービス，売上高入金サービスなどの決済口座業務と提携金融機関の事務受託サービス（600社超）を，

セブン-イレブン，イトーヨーカドー，空港など全国 23,368 ヵ所（2017 年 3 月末現在）の ATM を中心に行っている。海外では，北米とインドネシアでも現地法人で ATM サービスを行っている。

イオンも 2006 年に銀行業への参入を決め，2007 年イオン銀行として営業開始をし，インストアブランチを設置し展開を進めた。今日では，銀行持株会社イオンフィナンシャルサービスの傘下で，クレジットカード事業とフィービジネスを行うイオンクレジットサービスと預金・調達・融資事業を行うイオン銀行を有する総合金融事業として展開している[25]。イオンクレジットサービスはアジア展開をし，海外事業が経常利益全体の約 4 割を占めている（2016 年度上四半期）。1990 年香港の後，タイ（1992 年），マレーシア（1996 年），台湾（1999 年），中国（2000 年），インドネシア（2006 年），フィリピン（2008 年），ベトナム（2008 年），インド（2011 年），カンボジア（2011 年），ミャンマー（2013 年），そしてラオス（2013 年）と展開している。ただ，金融サービス事業と小売事業との連関性・相互支援については，先進国市場と異なり新興国・途上国市場という特性が影響しているのか，小売と取引先間の POS データベースの電子的情報交換はあるが顧客情報の把握についてはまだ充分とはいえない[26]，という状況である。

店舗型小売企業にとっては，アマゾン（Amazon），楽天などをはじめネット・ショッピングとの競争が激しくなっている。アメリカでは，メーシーズや JC ペニーなどが 2017 年になって大量閉店しているし，日本でも百貨店をはじめ実店舗での売上比率が減少している。コモディティ化した商品，あるいは特産品，限定品など稀少性を持った商品のネット利用での購買は今後ますます進展すると考えられる。

こうしたなか，アマゾンは 2017 年 6 月アメリカの高級自然食品スーパーのホールフーズ・マーケット（Whole Foods Market）を買収した。ネット通販のリアル小売への参入であり，ネットとリアルの融合ともいえる。アマゾンは 1994 年に書籍のネット通販で創業したが，取扱商品を増やし，物流システムを拡充し，近年はシアトルやニューヨークに実店舗も設置してきた。また，AI と課金システムなどの技術革新によるレジなし精算の実証実験店舗「Amazon Go」（2016 年 12 月）も行っている。ホールフーズは，カナダ，英国

にも進出しており，460超の店舗を持っている[27]。アマゾンは，すでに2007年8月（日本では2017年4月）「Amazonフレッシュ」サービスを開始していたが，食品の生鮮性に基づく鮮度の維持と直接の受け渡しの必要性などの点で課題をかかえていた。書籍などでの配送ルート最適化，複数商品のまとめ配送などのノウハウが充分に生かされていなかった。460超の実店舗を得ることによって，2017年3月に開始したオンライン注文食料品を実店舗で受け取る「Amazonフレッシュ・ピックアップ」サービス[28]の拡充も期待される。

　アメリカでは，約4分の1の家庭が食品の買物をオンラインで行っているとされるが，食品マーケティング協会（Food Marketing Institute）らの調査では2025年には食料品市場規模が5倍になるとともにオンライン利用が70％を超えると見込まれている[29]。高齢化の進む日本においても同様かそれ以上の状況になってもおかしくない。アマゾンによって，倉庫などの物流機能の自動化，ロボット化，レジなし精算などに加え，高い技術優位性を持っている顧客の様々なデータ蓄積と分析・提案能力が駆使されれば，注文・決済・配送までの過程がさらに最適化・効率化され，既存店舗型小売企業にとっては大きな脅威となる。

　既存の店舗型小売企業は，ネット通販と既存店舗とを併存・補完させていくのか，あるいは金融事業などのサービスを進め店舗型として生き残る方策を見出していくのか。情報通信技術を，生産，調達，人事，財務などの基幹ICTシステムに利用することはもちろんであるが，顧客接近をさらに推し進めたサービス向上また戦略策定などのために，アマゾンが一歩先を行っているとしても，AI，IoTをどのように自社として利活用していくのかが求められている。

6　サービス化の展望

　あらためて「サービス」を考えてみると，必要なもの，便利なものをつくる作業である生産とそれを使用する消費という交換の懸隔を埋めるために商人が生まれた。サービスの担い手としての商人である。第1次産業，第2次産業がモノの生産に携わっているなら，サービスは消費に寄り添っている。金融サー

ビスと ICT が融合したフィンテック（Fintech：Financial Technology）革命が進んでいるが，その代表的なアリペイなどのモバイル決済は，スマホでいろいろなことが手軽にできないかということに応えた「サービス化のさらなるサービス化」である。

　事実，中国・上海では，買い物の支払いだけでなく，病院の予約，宅配サービスの注文，自転車レンタル，P2P レンディング（個人間の資金の融通）など，多くがモバイル決済できる。また，それだけではなくアリペイやウィーチャットペイは，預金，貸付，送金，さらには与信，債権回収など銀行業務，売掛債権の買い上げなども行っている[30]。アメリカでは，フィンテック関連会社が17 カテゴリ 1,072 社（2015 年 4 月現在）[31]あるといわれ，英国（2017 年 2 月），EU（2018 年）ではアプリ利用などで外部企業と銀行につなぐオープン API（Application Programming Interface）が義務づけられ，日本でも各行，全国銀行協会でその検討が始まり，みずほ銀行では「FinTech 共通 API」として2017 年 5 月に公開し，オープンバンキング化が国際的に進展している。金額は数字に置き換えられ，ネットで移動できる。ゆえに，金融機関は情報企業であるが，規制緩和や技術革新はまさにその実態を明らかにしてきている。

　蒸気機関の発明に始まる産業革命は，蒸気機関車によってヒトの「移動」時間を短縮し，綿製品をはじめモノの大量生産化への途となり，原材料の調達網，製品の販売網の構築というモノの調達・販売「空間」を地球規模に近い形で拡げた。1990 年代のインターネット（ICT）革命は，「情報・知識」の移転時間が瞬時化され，空間もまさに地球規模となった。そして，今日の IoT，AI，フィンテックの進展では，ヒトとヒトだけでなく製造企業やサービス企業など企業間でのデータ共通・連携によって新たなイノベーションへの期待もされる。様々なモノのつながりを深め，時間だけでなく空間を越え，さらに手軽で生活を便利なものにしようとしている。ただ反面，一人ひとりの行動のみならず，各人の頭脳のなかまでビッグデータとして把握され，処理される時代となった。結果，われわれはそれに依存し，自らが創造していくことをやめ，怠惰への道を歩んでいく可能性も否定できないし，われわれを統治しようとする立場からの利活用も容易に想像できる。セキュリティの側面だけでなく，IoT，AI，フィンテックの進展に付随する落とし穴，それらがまたわれわれ一人ひとりにも

230　第Ⅲ部　国際ビジネス：焦眉の課題と将来展望

たらす作用・反作用の側面を考えるおく必要はあるだろう。

(注)

（1）「クラウド・サービス」と類似した言葉に「クラウド・コンピューティング」という言葉があるが，その言葉自体は，Google 社 CEO（最高経営責任者）エリック・シュミット（当時）が 2006 年に使ったといわれている。クラウド・サービス向けプラットフォーム　の OS は，「Amazon Web Services」，「Windows Azure」，「Google App Engine」などによって，2006 年から 2008 年にかけて普及が進んだ。

（2）≪https://news.microsoft.com/ja-ja/2017/09/26/170926-ignite2017/≫（2017 年 10 月 5 日）。

（3）≪https://iotnews.jp≫ 2016.07.06 配信版参照（2017 年 10 月 5 日）。

（4）クラウド・サービスは，データなどをストックしておき，顧客が適宜適時にサービスを利活用できる事業である。理論的にはサービスはストックが難しいとされてきた説明の修正にもつながる事業でもある。

（5）Smith, Adam, *The Wealth of Nations*, Vol. 1（E. Cannan's ed.）Methuen, London, 1776. ほか参照。

（6）The World Bank Date≪https://data.worldbank.org/indicator/NV.SRV.TETC.zs≫（2017 年 9 月 20 日）ほかを参照。

（7）≪http://www.meti.go.jp/committee/materials/downloadfiles/g60306e06j.pdf≫（2017 年 9 月 10 日）参照。

（8）Bell, Daniel, *The Coming of Post-Industrial Society*：*A Venture in Social Forecasting*, Basic Books, 1973.（内田忠夫ほか訳『脱工業社会の到来—社会予測の一つの試み（上・下）』ダイヤモンド社，1975 年）。また，*The End of Ideology*：*On the Exhaustion of Political Ideas in the Fifties*, The Free Press, 1960.（岡田直之訳『イデオロギーの終焉— 1950 年代における政治思想の涸渇について』東京創元新社, 1969 年）。Toffler, Alvin, *Third Wave*, Bantam Books, 1980.（鈴木健次ほか訳『第三の波』日本放送出版協会，1980 年）。また，*Future Shock*, Bantam Books, 1970.（徳山二郎訳『未来の衝撃　激変する社会にどう対応するか』実業之日本社, 1970 年）。

（9）梅棹忠夫『情報の文明学』中公文庫，1999 年を参照。所収論文の初出は，①「放送人，偉大なるアマチュア—この新しい職業集団の人間学的考察」『放送朝日』第 89 号，1961 年 10 月，8-15 ページ，②「情報産業論—きたるべき外肺葉産業時代の夜明け」『放送朝日』第 104 号，1963 年 1 月，4-17 ページで，②は，若干の手直しのうえ，『中央公論』78(3)，第 905 号，1963 年 3 月，46-58 ページ。

（10）≪SocioLogic/http://www5.big.or.jp/~seraph/mt/000131.html≫（2005 年 12 月 19 日）を参照。

（11）経済学における価格を柱とした合理的行動で説明してきた新古典派から感情や習慣などに基づく非合理的な意思決定について心理学などを援用しながら説明しようとする行動経済学への流れもこうした一環であると考えられる。

（12）神戸大学大学院経営学研究室編『経営学大辞典』第二版「顧客満足」中央経済社，1999 年を参照。

（13）≪https://www.ibm.com/think/jp-ja/watson/what-ibm-sees/≫（2017 年 9 月 10 日）および「Microsoft Cognitive Services の概要（第 10 回）」≪http://impressbm.co.jp/

第 12 章　サービス化と国際ビジネス　　231

articles/-/14406≫（2017 年 9 月 10 日）ほかを参照。

(14)　EDI の普及，標準化，国際化のための活動を行う団体として日本では，たとえば EDI 推進協議会（JEDIC）が 1992 年 10 月 6 日に設立された。1997 年までに鉄鋼，中古自動車，電力，家具，出版，電子機器，紙流通，機械工具，電機 4 団体，建設，住宅設備，海上貨物，陸上運送などの業界標準 EDI が次々と誕生した。JEDIC はその後，EDI の高度化および電子タグへの取り組みのために，2007 年 12 月 21 日，次世代 EDI 推進協議会（JEDIC）へと拡充・改組された。そして，2012 年 3 月 31 日解散した。

≪http://www.jipdec.or.jp/archives/jedic/main.html≫ 参照。

一般社団法人日本情報経済社会推進協会（JIPDEC）は EDI 実施に不可欠な「標準企業コード」登録管理を行い，同登録件数は 2012 年 3 月末で約 25,000 社であるという（平成 23 年度事業報告書≪http://www.jipdec.or.jp/pdf/ov/disc/h23/h23_hokoku.pdf≫参照）。

(15)　≪https://xera.jp/entry/iot≫（2017 年 9 月 25 日）参照。

(16)　Ashton, Kevin, That 'Internet of Things' Thing in the real world, things matter more than ideas, *RFID Journal*, 22 July 2009.

(17)　詳細は，大東和武司『国際マネジメント』泉文堂，1999 年を参照されたい。

(18)　ゲマワット（Ghemawat, P., *Redefining Global Strategy Crossing Borders in a World Where Differences Still Matter*, Harvard Business School Press, 2007）は，Adaptation（適応），Aggregation（集約），Arbitrage（裁定），市場ごとに適応しつつも共通（可能）部分は集約し，また市場ごとの差異を活かす AAA 戦略としてこうした状況を説明している。

(19)　Vargo and Lusch（"Evolving to a New Dominant Logic for Marketing," *Journal of Marketing*, Vol. 68, No. 1, 2004, pp. 1-17）などはサービス・ドミナント・ロジックとしてモノをサービスに寄せて考え，Grönroos（"Adopting a Service Logic for Marketing," *Marketing Theory*, Vol. 6, No. 4, 2006, pp. 317-333）はサービス・ロジックとしてサービスにモノを引き込む考え方である（村松潤一編著『価値共創とマーケティング論』同文舘出版，2015 年参照）。

(20)　村松『同上書』では，コマツのほか，ブリヂストンのリトレッド，ネスレのアンバサダーなどの事例をあげている。

(21)　矢作敏行編著『欧州の小売りイノベーション』白桃書房，2000 年，163-205 ページを参照されたい。

(22)　有力企業は流通企業同士においてインターネットでの世界規模での調達のための取引所，いわゆる B2B 市場を設立した。たとえば，グローバルネットエクスチェンジ（GNX）とワールドワイドリテールエクスチェンジ（WWRE）の 2 社が合併し 2005 年に誕生した Agentrics（アジェントリクス）などである。

(23)　詳細は，Rugman, A and G. Stephane, "Retail Multinationals and Globalization: The evidence is regional," *European Management Journal* Vol. 21, No. 1, 2003, pp. 24-37 を参照されたい。

(24)　イトーヨーカドー・セブンイレブンは，2000 年 11 月 6 日，銀行免許の予備申請を金融再生委員会・金融庁に提出し，2001 年 4 月 6 日予備免許取得を経て，2001 年 4 月 10 日アイワイバンクを設立した。2005 年 10 月 11 日セブン銀行に社名変更した。

(25)　詳しくは，土井一生・大東和武司・高井透「小売業のアジア市場進出における金融

232 　第Ⅲ部　国際ビジネス：焦眉の課題と将来展望

　　サービス事業とその有効性」パーソナルファイナンス学会著『パーソナルファイナンス
　　研究の新しい地平』文眞堂, 2017 年, 第 6 章を参照されたい。
（26）　詳細は，土井ほか『前掲書』を参照されたい。
（27）　「アマゾン，米高級スーパーを 1.5 兆円で買収」（2017 年 6 月 12 日 ≪https://www.
　　nikkei.com/article/DGXLASDZ16ID8_W7A610C1EA6000/≫ 参照（2017 年 9 月 15 日）。
（28）　ウォルマート（Wal-Mart）やクローガー（Kroger）でも同様のサービスはあるが,
　　それらでは注文品を揃えるのに 2 ～4 時間かかるが，アマゾンでは 15 分といわれている
　　≪http://wired.jp/2017/07/12/amazon-whole-foods-aquisition/≫参照（2017 年 9 月 15 日）。
（29）　同上 WEB サイトおよび ≪17/01/30/online-grocery-sales-set-surge-grabbing-20-
　　percent-of-market-by-2025.html cnbc.com≫ 参照（2017 年 9 月 15 日）。
（30）　中国・独立系越境 EC・豊趣海淘 CEO などへのヒアリング（2017 年 3 月 11 日・14 日）
　　ほかによる。
（31）　≪Escannersight.wordpress.com/2015/04/17/fintech-ecosystem-update-april-2015≫
　　参照（2017 年 10 月 5 日）。

```
[Review & Discussion]
（1）　サービス業および製造業のサービス化の進展について考えてみよう。
（2）　サービス化のなかで企業間の連携・融合が進む背景を考えてみよう。
（3）　IoT 進展の作用・反作用について考えてみよう。
```

──次のステップへの推薦・参考文献──
1　江夏健一・大東和武司・藤澤武史編『サービス産業の国際展開』（シリーズ国際ビジ
　　ネス 4）中央経済社, 2008 年。
2　中島潤『日系多国籍企業』中央経済社, 2000 年。
3　Rugman, A. and G. Stephane, "Retail Multinationals and Globalization：The evidence
　　is regional," *European Management Journal*, Vol. 21, No. 1, 2003, pp. 24‐37.
4　土井一生・大東和武司・高井透「小売業のアジア市場進出における金融サービス事業
　　とその有効性」パーソナルファイナンス学会著『パーソナルファイナンス研究の新しい
　　地平』文眞堂, 2017 年。

（大東和　武司）

第 13 章　対日直接投資の新潮流

キーワード

アジア企業の対日直接投資，日本市場の新たな魅力，R&D 投資，地域統括拠点，
人材の国際化

1　対日直接投資の推移

　日本での外資導入は第二次世界大戦中停止していた。1949 年の「外国為替
および外国貿易管理法」（以下，外為法）制定により再開されたが，対外取引原
則禁止の建前であった。その後，1964 年に日本が OECD（経済協力開発機構）
に加盟したことで，1967 年から対日直接投資は段階的に自由化が進められる
ことになった。ここでの自由化とは認可申請後 1 ヵ月以内に自動的に認可され
ることを指すが，1976 年 5 月には農林水産業，鉱業，石油業，皮革製造業と
国家安全保障等にかかわる業種を残して一応完結した。

　さらには図表 13-1 にみるように，1980 年の外為法改正により，原則許認可
から届出は要するが即日投資可能となるいわゆる原則自由が確立された。それ
にともない，商社や合弁相手に任せていた輸入業務や日本国内での生産，販売
などの活動を自社で行うために，各国の多国籍企業は製造業における対日直接
投資を活発化させた。1985 年のプラザ合意を契機とする円高以降は，日本市
場における外国製品の競争力が高まり，それまでの部品や原材料の輸入に加え，
完成品の輸入が急増，販売拠点設立による商業分野の新規投資が増加した。し
かしながらその後，日本国内がバブル経済に突入すると，日本でのビジネスコ
ストが急上昇し，対日直接投資は低迷，1980 年代終わりには外資の引き上げ
超過となり，流入額から流出額を差し引いたネットで戦後初めてマイナスを記
録した。対日投資が伸び悩むなか，1989 年 9 月に開始された日米構造協議に

234　第Ⅲ部　国際ビジネス：焦眉の課題と将来展望

図表13-1　為替管理政策の変遷

年	内　　容
1945	GHQ の全面管理
1949	単一為替レートの設定　1ドル＝360円 「外国為替及び外国貿易管理法」（外為法）並びに「外資に関する法律」（外資法）の制定
1952	IMF（国際通貨基金），世界銀行へ加盟
1964	外国為替予算制度の廃止，IMF8条国へ移行，OECD に加盟
1973	変動相場制へ移行，対内直接投資につき，例外業種を除き原則自由化の閣議決定
1980	外為法を原則自由の法体系に改正，外資法廃止
1992	対内直接投資等につき，事前届出制から原則事後報告制への移行に伴う外為法の一部改正
1998	内外資本取引等の自由化，外国為替業務の完全自由化への移行に伴う外為法の一部改正（題名から「管理」を削除し，外国為替及び外国貿易法となる）
2002	米国同時多発テロ事件（2001年9月）を受け，テロ資金対策強化のために，本人確認に係る努力規定の義務化等（2003年1月6日施行），関係省庁等による情報提供等の根拠となる規定の整備等（2002年5月7日施行）からなる外為法の一部改正
2004	我が国の平和及び安全の維持のため特に必要があるときは，閣議決定に基づき，支払，資本取引，役務取引，貨物の輸出入取引などに対する規制の発動を可能とする外為法の一部改正（2004年2月26日施行）

出所：財務省ホームページより抜粋（2017年9月1日）。

おいて日本市場の閉鎖性が指摘され，外国企業の国内での活動を阻む要因として，系列取引など6つの分野での改善が要求された。

　1992年1月には外為法が改正され，一部業種を除き対日直接投資の事後報告制度が導入された。また同時に，非上場企業については株式の10％未満の取得は，報告が不要となる緩和措置もとられた。1994年3月より届け出基準が3,000万円から1億円に変更された。1994年頃から対日直接投資は回復の兆しがみえたが，特徴的な傾向として非製造業投資が製造業投資を上回るようになった。1998年には事前の許可・届出制度を原則として廃止，また外国為替公認銀行制度および両替商制度を廃止し，取引の迅速化が図られた。1998年，投資総額に占める非製造業のシェアは76.7％に達した。とくに流通，情報関連サービス，金融分野での投資の伸びが著しい。

　1990年代に入り，対日直接投資はそれまでの化学，機械中心から，電気部品，

音楽ソフト，航空物流，通信関連など業種的な広がりをもつようになった。90年代後半にはさらに，広告業，複合映画館，衛星デジタル放送など投資領域が多様化してきた。また金融・保険業といった部門の伸びが顕著であったが，この傾向は欧米のみならずアジア諸国からの投資についても同様であった。こうした背景には，国際的な業界再編の波，技術革新，消費者の嗜好の多様化，日本社会の国際化などの要因と並んで，広い範囲での規制緩和の進捗があった。JIS の国際規格への整合化，海外検査データの受け入れや自己検査制度の導入など，基準・認証制度の国際規格への整合化も図られた。当時の対日投資の促進要因として，①規制緩和（通信，金融，小売などの分野への参入），②経営破綻企業の救済型買収の増加（金融，ゴルフ場など），③世界規模での業界再編（自動車，医薬，通信など），④資産価値の下落，⑤株式の持ち合いや安定株主の減少，⑥ M&A 関連法制の整備，⑦投資ファンドなど資金供給者の拡大，⑧外資系企業の成功例の増加などが指摘された。

　図表 13-2[(1)]に見るように，事前の許可・届出制度を原則として廃止し，取引の迅速化が図られた 1998 年以降は，対内直接投資は概ね増加傾向をたどった。ただし 2006 年には，英ボーダフォンの投資引き上げ[(2)]や米 GM とスズキとの資本提携解消の影響により，一時的に対内直接投資は流出超過に転じた。

　その後，2008 年に入っても，フォードモーターのマツダ株の売却などの資本流出はあったものの，9 月のリーマン・ショックまでは大幅な流入超過が続いた[(3)]。2008 年は，全体の 9 割超が金融・保険業を中心とする分野への投資であった。2009 年の対日直接投資は約 1 兆 1,500 億円にとどまったが，2008年 9 月のリーマン・ショックの影響から一時的に米国からの投資が大幅に減少したことの影響が大きい。

　日本政府は 2006 年，「対日直接投資加速プログラム」を発表した。2008 年 5月には「対日投資の抜本的な拡大に向けた 5 つの提言[(4)]」を提示し，同年 12月にはこれを受けて，政府は前述のプログラムを改定，法人実効税率のあり方の検討，二ヵ国語間投資協定，経済連携協定（EPA）の締結の積極的な推進，外資規制のあり方の検討，M&A を通じた国内企業の事業継続や再生などを追加した。また政府は，2010 年に決定した「新成長戦略」のなかで「ヒト・モノ・カネの日本への流れを倍増させることを目標」に掲げ，「法人実効税率引き下

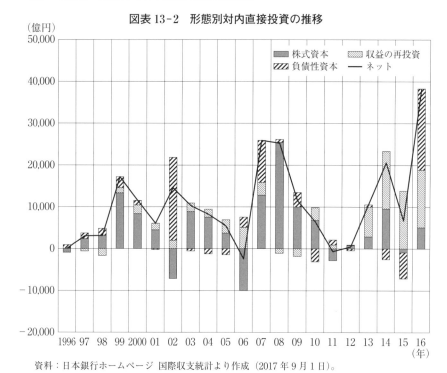

図表 13-2　形態別対内直接投資の推移

資料：日本銀行ホームページ　国際収支統計より作成（2017 年 9 月 1 日）。

げとアジア拠点化の推進等」を国家戦略プロジェクトに盛り込んだ。

対日直接投資残高の対 GDP 比は，他の先進諸国では概ね 10 ％から 40 ％の間であるが，日本は 2016 年末で 27 兆 8,400 億円，対 GDP 比 5 ％弱である。政府は 2013 年 6 月に発表した「日本再興戦略」のなかで，2020 年末の対日直接投資残高を 35 兆円にするという目標を設定し，翌 2014 年には低い収益性と高いコストを日本の課題とし，投資環境改善の政策提言をまとめた。

2　リーマン・ショック以降の対日直接投資の変化

日本貿易振興機構（以下，ジェトロ）対日投資部では，2010 年 1 月から 2011 年 2 月までの代表的な対日直接投資の事例に基づいて，特徴をまとめているが，

投資の動機について 2 つに大別している。①生産・研究開発拠点としての日本の魅力，②市場としての日本の魅力である。研究開発拠点としては「低炭素立地」，「グローバル・アライアンス」，「日本企業の非中核部門売却」，「技術・ブランド・ノウハウ」の 4 点，後者の市場の魅力としては「ICT（情報通信技術）」，「医療・高齢化」，「大型小売」，「観光」，「不動産」の 5 点を挙げている。

　具体的には，最初の「低炭素立地」型対日直接投資として，政府の立地補助金でリチウムイオン電池関連の工場設立を決定したベルギーのユミコアがある。また，先進型リチウムイオン電池を開発製造している米 A123 は日本の IHI と共同事業を開始した。スマートグリッド（次世代送電網）関連では米 GE と富士電機ホールディングが合弁事業を開始した。太陽電池関連では，従来型の結晶系太陽電池の主要メーカーの多くが日本に販売拠点を設置，次世代型の有機薄膜，色素増感型太陽電池製造企業は，主に研究開発を目的として拠点を設置した。「グローバル・アライアンス」型の例としては，中国レノボと NEC のパソコン事業での合弁企業設立や，台湾の鴻海精密工業（以下，ホンハイ）と日立製作所の液晶パネル事業における合弁事業がある。製薬産業においては，独ベーリンガーインゲルハイムがエスエス製薬を完全子会社化した。「日本企業の非中核部門売却」に対応したケースとしては，HOYA によるハードディスク用ガラスメディア製造部門の米ウェスタンデジタルへの売却や，日本航空による機内食サービス会社ティエフケーのシンガポール SATS への売却がある。「技術・ブランド・ノウハウ」獲得型としては，中国企業による本間ゴルフの買収がこれに当たる。また，たとえば「どさん子ラーメン」を展開するホッコクが行ったように，日本企業側が自社のブランド力を利用して中国や他のアジア市場でのビジネスを拡大するために，積極的に中国資本を導入したケースもある。

　次に「市場としての日本の魅力」を進出動機とする対日直接投資について見ていく。「ICT」分野では，クラウドコンピューティングの普及にともなうデータセンターの設置や，ソーシャルゲームやクーポン共同購入という新たな市場を狙った対日進出が行われた。米ジンガはソフトバンクと合弁企業を設立するとともに，日本のソーシャルゲーム大手，ウノウを買収した。「医療・高齢化」では，2007 年，政府が後発医薬品の国内シェアを 2012 年度までに 30 ％に倍

増させる目標を設定したことを受け，インドやイスラエルの有力後発医薬品企業の参入が相次いだ。2008 年に設立されたイスラエルのテバと興和の合弁企業，興和テバは，2010 年，大正薬品工業を完全子会社化した。シンガポールの不動産投資信託パークウェイライフ・リートは，2008 年 5 月から 2010 年 7 月までに日本で 28 の老人ホームを買収した。「大型小売」においては，家具や食品系のみならず，スウェーデンの H&M，米フォーエバー21 などファストファッション企業の店舗数も増加している。ネット販売の米アマゾンは 2000 年に日本法人を設立以来，日本国内での物流拠点拡大に力を入れている。「観光」では，2009 年までのオーストラリア系，フィリピン系，韓国系の格安航空企業（LCC）3 社の日本乗り入れに加えて，2010 年には新たに韓国系，シンガポール系，中国系，マレーシア系の 4 社が就航した。また香港企業による蔵王老舗旅館の買収，マレーシア企業による北海道ニセコの大型リゾート施設の買収などがある。最後に「不動産」では，シンガポールや香港の企業が日本企業との間で合弁事業を開始，商業施設，物流施設，都心高級レジデンスの買収や開発を進める。シンガポールには 2 つの政府系投資会社，GIC およびセマテク・ホールディングスがあるが，GIC 傘下の GIC リアルステートは住友商事との合弁事業として，水戸，阪神御影駅前，府中市などで商業施設の開発を行った。一方，セマテク傘下のメイプルツリー・インベストメンツも各地の物流施設を買収している。

3 対日直接投資の新潮流

　本節では 2012 年以降を中心に，①外資系企業の二次投資と地方経済への影響，および②アジア系企業の投資の増大に注目する。

　第 1 の外資系企業の二次投資であるが，すでに日本に拠点を持っている外資系企業が追加投資を行うことを指す。増加傾向にある二次投資には新規投資とは異なる効果がみられる。現在，7 割弱の外資系企業の本社は東京都に立地している[5]一方で，二次投資の立地先は東京都が約 35 ％，それ以外が 65 ％である[6]。東京以外を選択する理由はいくつかある。二次投資にはすでに販売

拠点を保有する外資系企業が製造拠点を設立するケース，あるいは研究開発拠点を設立するケース，物流センターなど流通系企業の投資拡大，リゾート開発，地方都市における商業施設開発等，広大な土地を必要とするケース等がある。研究所設立などでは，特定分野の技術の特定地域での集積地，クラスターとしての価値を評価している。地方への外資系企業の投資は，地方経済へも影響を及ぼす。雇用創出効果，外資系企業と地元企業の観光分野における共同開発，地方ブランド力の向上，地方の中小企業にとっての海外市場への進出の足がかりとなるケースもある。

　仏ユーロコプタージャパンは2012年，神戸空港の整備場内に研究開発拠点を新設した。仏ロレアル[7]は2013年，川崎市の研究開発拠点を拡充したが，研究開発拠点としてアジアで唯一，基礎，応用，開発評価の機能を備えた施設である。太陽光発電事業では，伊エルゴサンが秩父市に1MWのメガソーラー施設を竣工，仏シエル・テールは2013年設立以来日本各地で太陽光発電事業にかかわっており，2016～17年には，姫路市，大垣市，阿波市，鈴鹿市などに投資している。

　米マイクロン・テクノロジーは2013年，経営破綻した半導体メーカー，エルピーダメモリを完全子会社化したが，2015年には1,000億円を投じて広島工場に最新設備を導入，韓国サムスン電子に対抗すると発表した。また，1965年より日本での合弁事業を開始し，1984年三重県に100％出資子会社を設立した米ボルグワーナー・モールスシステムズをはじめ，自動車部品関係企業の研究開発の強化・新設，既存工場の拡張が活発化している。観光分野では，中国の旅行代理店が日本各地で支店を設立，同時にリゾート施設を開発するなど，地元企業や自治体と協力を深めている。また，中国のEコマースサイト運営会社により，中国の消費者向けに日本製品をネットで販売する越境ECビジネスが行われるようになり，そのための物流センターが地方に設立されている。

　次に，アジアからの投資をみてみよう。対日直接投資残高は過去最高を更新し続けている。世界全体で2010年末18兆7,353億円（GDP比3.9％）であったが，2015年末には24兆3,843億円（GDP比4.9％）へと増大した。図表13-3は地域別投資残高の推移であるが，2015年末の地域別対日直接投資残高と2000年末と比較すると，北米は5.6％減少，欧州は3.5％減少，これに対し

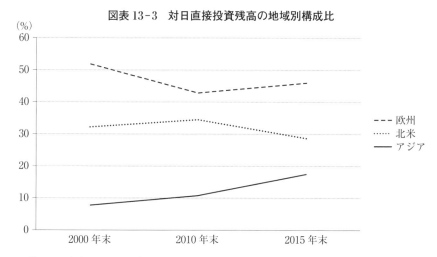

図表 13-3　対日直接投資残高の地域別構成比

注：2000 年末および 2010 年末と 2015 年末のデータに連続性はない。
出所：『2016 年版　ジェトロ貿易投資報告』40 ページより作成。

アジア諸国からの投資は 9.8 ％の増加である。アジア企業の対日直接投資が近年急増していることがわかる。

業種としては，電力発電，後発医薬，LCC，シェアエコノミーなど多様化し，新たな業態も増えている。2012 年 7 月，電力固定価格買取制度の開始により，中国インリーグリーンエナジーは日本法人を設立した。インド医薬大手ルピンは 2005 年共和薬品工業と協力契約を締結，2007 年ルピンは共和薬品の株式の過半数を取得，さらに 2017 年には鳥取工場を竣工した。インド IT 企業であるインフォシスは，1997 年東京に，2012 年には名古屋にインフォシス日本オフィスを開設し，顧客である日本企業に対してビジネステクノロジー・イノベーションを提供している。

また，IT 業界では 2014 年，インドのタタ・コンサルタンシー・サービシズジャパンが 51 ％，三菱商事が 49 ％を出資し，日本タタ・コンサルタンシー・サービシズが発足した。同じく 2014 年，台湾の中國信託商業銀行股份有限公司（CTBC）による東京スター銀行の買収が行われた。シンガポール塗料大手ウットラムグループと日本ペイントは 1960 年代からアジアで塗料の合弁事業を展開，日本側は技術を提供，ウットラムのアジア販売網を活用することで相

乗効果を享受してきた。2014 年，日本ペイントはアジアの合弁会社 8 社の出資比率を 51 ％に引き上げ連結子会社化し，塗料メーカーとして世界 10 位から 4 位に浮上した。また，2004 年設立の中国初の民間資本系航空会社，春秋航空公司は 2010 年上海と結ぶ茨城線，定期チャーター便を就航させたが，現在までに日本国内 9 都市に就航している。また，2015 年には日本でホテル事業に参入することを発表した。

2016 年に台湾のホンハイ傘下に入ったシャープはグローバルな「人により添う IoT 企業」への転換を図っているが，2017 年 3 月期，営業損益が 3 年ぶりに黒字に転じた。同 2016 年，中国美的集団が東芝の白物家電事業を買収，長城汽車が横浜に電気自動車および自動運転の研究開発拠点を設立，中興通訊（ZTE）は東京都内に IoT の研究拠点を開設した。2017 年，中国企業は日本において新業態のビジネスを加速している。アリババ集団のスマホ決済，民泊サイトの途家は楽天と提携，自転車シェアの摩拝単車は札幌でサービスを開始した。華為技術は中国企業として初の大型工場を千葉県に新設し，早ければ年内の稼働を目指す。中国が欧米諸国と自由貿易協定（FTA）を締結する可能性は低いため，日本から欧米諸国への輸出も視野に入れた投資といえよう[8]。

4　外資系企業を取り巻く経営環境の変化

外資系企業にとって日本市場での経営環境は，着実に改善してきている。1990 年代外資系企業を取り巻く経営環境の改善に貢献した要因として，まず第 1 に，バブル崩壊の影響として地価を筆頭にビジネスコストが低下したことが大きかった。第 2 に，日本企業の相次ぐ倒産や金融不安により，外資系企業の相対的評価が高まりイメージが向上したことがある。学生の就職希望に関する調査では，外資系企業について「将来性・発展性」「技術力・企画力」を評価する学生が増えた。第 3 に，外資系企業の望む人材の確保が容易になりつつあった。日本企業の経営破綻にともない，即戦力を持つ中高年転職者の労働市場への流出，また英語を自在に使える人材が増加した。第 4 に，電気通信，放送，金融・保険，医薬品・化粧品など様々な分野で法的規制の緩和が進んだ。

242 第Ⅲ部 国際ビジネス：焦眉の課題と将来展望

第5に，日本企業同士のM&Aも増加したことを背景に，国内におけるM&Aに対する否定的なイメージが緩和された。ただし，経営環境の悪化要因として，経営不振に苦しむ日本企業が提示する取引条件が，厳しさを増した点が指摘されたことも忘れてはならない。

当時は日本で成功する外資系企業の特徴として，①日本のビジネス慣行に積極的に適応する，②日本人従業員を信頼する，③日本市場の重要性を認識する，④親会社が国際的に通用する経営理念を持っている，⑤優れた技術力があるなどの点が挙げられた。

とりわけ製造業に関しては，日本企業に対する外資系企業の競争上の強みとして，①それまでになかった新たな文化を創造するような市場創造型のニッチ戦略，②ブランド製品や強い個性を主張する高級製品などのハイ・エンド型ニッチ戦略，③世界的なネットワークの活用により実現したコスト・パフォーマンス上の優位性，④独自のマーケティング手法に基づく差別化戦略の推進などが指摘された。

図表 13-4　国別・拠点別立地競争力に関する 2015 年度調査結果

（外国企業からみてビジネス拠点タイプ別の投資先として最も魅力的なアジアの国・地域）

拠点タイプ	＊	日本		中国		シンガポール		香港		インド		ベトナム	
		順位	％	順位	％	順位	％	順位	％	順位	％	順位	％
R&D 拠点	105	①	43	4	10	②	15	7	2	②	15	11	1
地域統括拠点	172	②	20	4	10	①	42	3	13	9	1	6	2
販売拠点	162	①	32	3	18	②	20	5	5	6	4	11	1
金融拠点	73	3	10	5	1	①	51	②	30	n.a.	0	n.a.	0
バックオフィス	69	②	19	7	4	4	13	5	12	①	20	n.a.	0
物流拠点	73	4	10	②	18	①	36	3	16	10	1	6	3
製造拠点	90	6	4	①	46	6	4	12	1	14	6	②	14

注 1）＊は回答企業数欄。
2）回答企業 222 社（日本進出済み 106 社含む）から「該当なし」「不明」を除く百分率（欧州 82 社，北米 67 社，アジア 73 社）。
3）ビジネス拠点タイプ別に，アジアの 21 ヵ国・地域から投資先として最も魅力的な国・地域を 1 つ選択。本社所在国・地域は除く。
出所：PwC あらた監査法人『欧米アジアの外国企業の対日投資関心度調査報告書』経済産業省委託調査，2016 年，4 ページより抜粋。
〈http://www.meti.go.jp/policy/investment/pdf/2015kanshindochosa.pdf〉

2008年9月のリーマン・ショック以降はこうした状況が大きく変化した。在日外資系企業においても役割の変化や組織の改革などが進められた。欧州，北米，アジアに本社を持つ180社に対して行われた，アジアの都市の投資対象としての魅力度に関する調査[9]によると，日本は，研究開発環境の質と能力，知財等の法整備の充実，インフラ整備，外国人に適した生活環境の4項目においてのみ1位であった。最先端の技術や知識，産業の基盤をなすインフラ等，蓄積に比較的時間を要する項目については，それまでの日本の蓄積が評価されたといえよう。それに対し，中国は当時多くの項目において1位を占め，圧倒的な強さを発揮していた。

しかしながら，近年その傾向に変化がみられる。図表13-4は，外国企業か

図表13-5　日本のビジネス環境の強みと弱みに関する2015年度調査結果

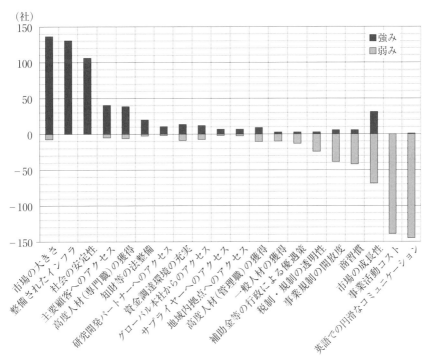

出所：図表13-4と同じ（6ページ）。
＊「強み」に回答した企業は220社，「弱み」（マイナス表示）に回答した企業は209社。

244 第Ⅲ部　国際ビジネス：焦眉の課題と将来展望

ら見たビジネス拠点タイプ別のアジア各国・地域の魅力についての2015年度の調査結果である。2010年の調査結果と比べると，中国が後退し，シンガポールと日本が大きく浮上した。図表13-5は同じ調査であるが，日本のビジネス環境の強みと弱みについて質問している。強みとしては，「市場の大きさ」および「主要顧客へのアクセス」等，日本の消費者への評価が高い。日本社会に関連した項目として，「整備されたインフラ」および「社会の安定性」が魅力となっている。また，「高度人材（専門職）の獲得」および「研究開発パートナーへのアクセス」の評価が比較的高いことと，図表13-4ではR&D拠点としての魅力が1位であり，日本企業の技術力は依然高い評価を得ていることがわかる。弱みとしては，「英語での円滑なコミュニケーション」，「事業活動コスト」，「商習慣」および「税制・規制の透明性」が挙げられているが，これらの点は対日直接投資が開始して以来諸外国から指摘されてきた点である。「市場の成長性」については，マイナス評価が多いが，近年創造されつつある新たな市場や業種の成長性がプラスに評価されていると考えられる。

　以上，見てきたように，対日直接投資は増加傾向にあり，地方経済にプラスの影響をもたらす二次投資も活発化している。今後は外資系企業の活動が国内経済の活力としていくべく，経営環境の整備，とりわけ英語でビジネスができる人材の育成やさらなる事業活動のコストの引き下げなどの努力の継続が求められる。

（注）
（1）　2014年より資本形態による集計方法が変更された。「株式資本」とは新規の株式取得や売却が反映，「収益の再投資」とは直接投資企業の未配分収益のうち，直接投資家の出資比率に応じた取分，「負債性資本」とは直接投資関係にある当事者間の資金貸借や債券の取得処分等，祖父・孫会社，兄弟会社等との取引を含む。以上の3項目の合計が「ネット」として示されている。
（2）　英ボーダフォンは2001年日本テレコムを買収したが，その後の通信バブル崩壊により，2006年にはボーダフォンの日本法人をソフトバンクに売却した。
（3）　2008年にはとりわけ，2007年4月から2008年1月にかけて行われた米シティグループによる日興コーディアルグループの株式取得が貢献した。
（4）　「対日投資の抜本的な拡大に向けた5つの提言」では，M&Aの円滑化に向けた制度整備，外資規制のあり方の包括的検討，セクター別の重点戦略の策定，ビジネスコストの削減と制度の透明性の向上，外資誘致による地域活性化と外資歓迎アピールの強化が提示された。

第13章　対日直接投資の新潮流　　245

（5）　『第49回外資系企業動向調査』によると，68.5％の外資系企業の本社が東京都に立地している（11ページ）。

（6）　二次投資の効果については，前川直行「外資系企業の二次投資」『産業立地』2017年5月号（22-23ページ）による。

（7）　仏ロレアルは，1963年日本企業との提携によりサロン事業を開始し，1996年日本ロレアルを設立し，日本市場での長い経験と実績を有する。

（8）　中国企業の2017年の動きについては，『日本経済新聞』2017年6月29日による。

（9）　同調査の結果は，『経済産業省委託調査：対日直接投資促進施策に関する調査（欧米アジアの外国企業の対日投資関心度調査)』三菱UFJリサーチ＆コンサルティング株式会社，2010年，によるものである。

[Review & Discussion]

（1）　外資系企業が日本市場でプレゼンスを高めることは，日本経済にとってどのような影響があるか，プラスの影響とマイナスの影響をあげてみよう。

（2）　今後，在日外資系企業はどのような分野で成長していく可能性があるか，検討してみよう。

（3）　近年の様々な変化を踏まえながら，外資系企業の求める人材について考えてみよう。

──次のステップへの推薦・参考文献──

1　古川裕倫・Brian Minahan『日本で仕事がなくなってもグローバル企業で働ける人になる本』中経出版，2012年。

2　石田英夫・吉原英樹・和田充夫・古川公成・高木晴夫・鈴木貞彦『グローバル企業の日本戦略』講談社，1990年。

3　岸永三『図解外資系企業ハンドブック』東洋経済新報社，1998年。

4　小島郁夫『一目でわかる外資系企業の日本攻略地図』日本実業出版社，2003年。

5　桶田篤編著『外資企業 イン ジャパン PART I』『外資企業 イン ジャパン PART II』同文舘出版，1988年。

6　吉原英樹『外資系企業』同文舘出版，1994年。

7　『ジェトロ貿易投資白書』日本貿易振興会2002年版〜2009年版。

8　『ジェトロ世界貿易投資報告』日本貿易振興会2010年版〜2016年版。

9　『欧米アジアの外国企業の対日投資関心度調査報告書』経済産業省委託調査PwCあらた監査法人，2016年。

10　『第49回外資系企業の動向　平成27年外資系企業動向調査（平成26年度実績)』経済産業統計協会編，経済産業統計協会。

（長谷川　礼）

第14章　新興国市場と日本企業

キーワード

BRICs，立地資産，ビジネス制度，取引コスト，Doing Business 報告書，東アジア，域内販売・調達，マーケティングの STP

1　新興国市場とは何か

1-1　定義

新興国市場（emerging markets）という用語に厳密な定義があるわけではない。類似の言葉として，低開発国（underdeveloped countries），発展途上国（developing countries），新興工業地域（NIEs：Newly Industrialized Economies），移行経済国（economies in transition），BRICs などがある。「新興国市場」という用語は 1990 年代半ば以降使われるようになり，最広義には先進国以外のすべての発展途上国を指す。しかし，一般的には，①市場経済に基づいて開放的な経済体制を敷いていること，②経済発展の水準とペースが一定以上であることを条件とする。もっとも，その条件に照らしてどの国を新興国市場とするかについて明確なコンセンサスがあるわけではない。

ホスキソン（R. E. Hoskisson）らは，かつて上述の定義を踏まえ，国際金融公社（IFC）が挙げた 51 ヵ国の急成長国に加え，体制転換の進む移行経済国 13 ヵ国の計 64 ヵ国を新興国市場と特定した[1]。図表 14-1 は日本企業との関係が深く，世界経済において影響力の大きな新興国市場のプロフィールをまとめたものである。

IMF（国際通貨基金）は世界各国を先進経済国（advanced economies）と新興国市場・発展途上経済国（emerging and developing economies）に分類している。かつて「金持ちクラブ」といわれた OECD（経済協力開発機構）加盟国

図表 14-1　主要新興国市場のプロフィール

	国内総生産 年平均成長率 2000-10年	国内総生産 年平均成長率 2010-16年	国内総生産 2016年 10億米ドル	1人当国内総生産 2016年 米ドル	人口 2016年 100万人	日本企業 進出企業数
BRICs						
ブラジル	3.7 %	0.3 %	1,798.6	8,726.9	206.1	344
ロシア	4.8 %	1.1 %	1,280.7	8,928.7	143.4	157
インド	7.5 %	6.8 %	2,256.4	1,723.3	1,309.4	646
中国	10.5 %	7.7 %	11,218.3	8,113.3	1,382.7	3,056
NIEs						
韓国	4.4 %	3.0 %	1,411.3	27,538.8	51.2	730
台湾	4.2 %	2.4 %	528.6	22,453.4	23.5	919
香港	4.1 %	2.8 %	320.7	43,528.0	7.4	1,051
シンガポール	5.8 %	3.8 %	297.0	52,960.7	5.6	1,023
ASEAN						
インドネシア	5.4 %	5.4 %	932.4	3,604.3	258.7	985
タイ	4.6 %	3.0 %	406.9	5,899.4	69.0	1,727
マレーシア	4.6 %	5.1 %	296.4	9,360.5	31.7	711
フィリピン	4.8 %	6.1 %	304.7	2,924.3	104.2	443
ベトナム	6.8 %	6.0 %	201.3	2,173.3	92.6	800
西アジア						
サウジアラビア	3.3 %	4.6 %	639.6	20,150.1	31.7	44
トルコ	4.0 %	6.4 %	857.4	10,742.7	79.8	88
アフリカ						
南アフリカ	3.5 %	1.9 %	294.1	5,260.9	55.9	70
先進国						
米国	1.6 %	2.0 %	18,569.1	57,436.4	323.3	1,864
日本	0.6 %	1.0 %	4,938.6	38,917.3	126.9	—

出所：IMF, World Economic Outlook Database, April, 2017 から筆者集計。
注）日本企業の進出数は，『2017年版海外進出企業総覧　国別編』東洋経済新報社, 2017年による。

に香港，シンガポール，台湾などを加えた36ヵ国が先進経済国とされる。逆に，OECD加盟のトルコ，メキシコ，ポーランド，ハンガリー，チリの5ヵ国は新興国市場・発展途上経済国に分類される。

　G20は先進国とともに，世界の政治や経済において主要な役割を果たしている主要新興国によって構成される。中国，南アフリカ，インド，ロシア，トルコ，ブラジル，アルゼンチン，サウジアラビア，インドネシア，メキシコなど経済規模が一定以上の国々であり，新興国市場の代表といってよいであろう。

248　第Ⅲ部　国際ビジネス：焦眉の課題と将来展望

　NIEs は工業製品の輸出を通じて，経済発展を図るアジアの 4 ヵ国・地域を指し，4 匹の虎（または龍）と呼ばれた。NIEs の前身は，OECD が 1980 年前後に，工業部門の成長（輸出と雇用）と国民所得の増加を基準に選んだ発展途上の 10 カ国であり，新興工業国(NICs)と名付けられた。経済危機等によって，足踏みが続いたブラジル，スペイン，旧ユーゴスラビアと異なり，東アジアの韓国，台湾，香港，シンガポールはその後 30 年以上にわたって，成長を続け，現在では先進国の仲間入りを果たした。各国・地域それぞれ特色はあるものの，外資と外国技術の導入，工業製品の輸出を通じて，経済活動を中進国型から先進国型へと進化させてきた。もっとも，経済規模が限られているため，生産面でも消費面でもアジア地域や世界経済へのインパクトは限定的であった。

　ASEAN（東南アジア諸国連合）成長国は，NIEs 4 ヵ国に続き，経済的離陸を果たしたマレーシア，タイ，インドネシアの ASEAN 原加盟国である[2]。NIEs と同様に，外資導入と輸出志向型工業化によって，経済的離陸に成功し，中進国入りを果たした。しかし，経済活動の高度化に手間取っており，「中進国の罠」を抜け出せずにいる。その後，インドシナ半島の 4 ヵ国（ベトナム，カンボジア，ラオス，ミャンマー）が ASEAN に加盟し，原加盟国のあとを追いかける展開となっている。ASEAN はアジアにおいていち早く市場統合を進め，自由貿易協定の中心に位置する（ASEAN ＋ 1）。2015 年には共通市場化が実現した。中国とインドという巨大新興国に挟まれ，これまで通りの存在感を維持し，向上させることができるかどうか。それが ASEAN の目標であり，課題である。

　移行経済国は，市場経済化を進める旧ソ連や中東欧の旧社会主義国を指す。中国やベトナムのように引き続き共産党が指導する国々も，市場経済化が進展している。ところで，移行経済国の「移行」の目的は経済的離陸の実現であり，経済発展につなげることである。移行自体は目的ではなく，経済発展の手段と捉えるべきである。

　BRICs は米証券会社のゴールドマンサックスが，経済規模が大きく，成長著しいブラジル，ロシア，インド，中国を指す造語で，広く使われるようになった。もっとも BRICs といっても，中国は人口規模のみならず，国内総生産(GDP)，対内直接投資額，貿易額など，抜きん出た存在である。経済規模の

みならず，豊かさ，消費市場の質とレベルもそれぞれ異なる。成長する新興大国であること以外の共通点はそれほど多くない。語呂の良さもあって，主要新興国市場のグルーピングで，「BRICs[3]」は最も普及した用語になった。

1-2　国際ビジネス研究における位置づけ

　国際ビジネスの理論研究は，なぜ企業は国際化するのかという問いから出発した。その答えは，多国籍企業が進出国企業に比べて絶対的ともいえる競争優位を保有していることを前提に，優位性を活用するために国際化する，であった（産業組織論アプローチ）。さらに，その優位性を他社に供与（ライセンシング）するよりも，自社内で有効活用した方が効率的と判断するときに，海外子会社を設立すると考えた（内部化アプローチ）。しかし，その後，国際化する企業の優位性は絶対的ではなく，わずかであったり，乏しかったりするからこそ，国際化する場合があるとも考えるようになった。国際化がどのように競争優位の獲得に結実するのかという，戦略論や組織論に基づいた議論へと発展した。21世紀に入ると，イノベーションの芽は新興国市場も含め世界中に偏在しており，それらを獲得すべく，アンテナを張り巡らすことが重要であるとする，メタナショナル経営論が注目を集めるようになった。国際ビジネス論は競争優位の活用から獲得へと議論の力点がシフトしたのである。

　ロシアやチェコなどの中東欧の旧社会主義国は，一定の経済発展を遂げていたにもかかわらず，サービス産業が極度に未発達であった。体制転換後，流通や金融などの欧米企業が大挙して進出した背景には，競争優位を活用するための国際化展開という産業組織論アプローチの論理があった。未成熟なビジネス制度（後述）によって取引コストが高い新興国市場に参入する際は，ビジネスパートナーとの関係構築に細心の注意を要するというのは，内部化アプローチの教えるところである。また，新興国市場のなかには，特定の分野で世界的にみてもトップクラスの能力（たとえば，研究開発能力）を有する国もある。多国籍企業がそれらを探索し，活用することができれば，競争優位の構築が可能になる（メタナショナル経営論）。新興国市場は国際ビジネス論に多様な題材を提供しており，国際ビジネス研究のフロンティアを切り開く可能性を秘めている。

250　第Ⅲ部　国際ビジネス：焦眉の課題と将来展望

2　ビジネス制度と進化

2-1　特　　徴

　国際ビジネスにとって，新興国市場はどのような特徴をもっているのだろうか。ビジネス立地としての新興国市場を規定する要素を2つに分けて考えたい。1つは企業にとって利用可能な経営資源を提供する立地資産であり，もう1つはビジネス活動を抑制したり，時には促進したりするビジネス制度である（図表14-2）。

　まずは前者から検討しよう。生産性に比べて，安価な労働力を手に入れられることは，企業にとっては魅力的である。しかし，20世紀のように垂直統合と内製部品[4]が主流であれば，国内に一定程度のワンセット化された産業構造がないと工業は成立しない。しかし，今日のように，バリューチェーンを，国境を越えて分割し，モジュール化された部品を組み合わせることのできる製品が多くなれば，ビジネスパラダイムが一転する[5]。先進国と新興国の強みを統合することによって，高品質製品の低コスト生産が可能になり，多くの国が生産活動に参加できるようになる。

　東アジアが代表例であるが，こうした多国籍企業の生産活動によって，当該地域の購買力が高まり，販売市場も急拡大する。東アジアは「世界の工場」に

図表14-2　立地資産とビジネス制度

変数	構成要素
立地資産	天然資源の賦存 要素市場（労働力，原材料，機械設備，エネルギーなど） 販売市場 専門職人材，科学技術研究資源
ビジネス制度	法律，規則の信頼性 行政機関の効率性 経済・産業政策 物理的・制度的距離 社会インフラ（輸送，通信） ビジネス慣行（企業間関係）

出所：今井雅和『新興大国ロシアの国際ビジネス』中央経済社，2011年，134ページ。

加え，「世界の市場」という性格を併せ持つようになった。21世紀に入り，新興国市場への注目が高まったのは何といっても，BRICs および東アジアを中心に人口の多い巨大市場が猛烈な勢いで成長したからである。先進国の市場規模が縮小しているわけではないが，成長は頭打ちである。成長率の高い新興国市場は，毎年新たな販売市場が誕生しているに等しく，成長を期する企業にとって主戦場となる。また，新興国市場の旺盛な需要によって天然資源とエネルギー価格が高騰し，天然資源産出国の立地資産の価値が高まり，企業活動を誘引した。専門職人材や科学技術分野の研究資源と理系人材が豊富な新興国には，それらにアクセスし，活用するため，先進国企業が参入するようになった。このように，特定の新興国の立地資産の有効性が表面化するだけでなく，異なる立地資産が相互に影響し合い，相乗効果をもたらすことで，新興国市場への注目が俄然高まった。

　他方，新興国市場のビジネス制度は先進国と異なり，企業にとって高コスト要因となり得る。ビジネス制度は，制度資本と関係資本という構成要素に分けて考えると理解しやすい。制度資本は政府が定め，運用する法律，規則など，社会を律するルールであり，執行の有効性を含む概念である。社会を垂直方向に規定するビジネス制度である。関係資本は，社会特性と経済主体間の関係性に関する概念であり，社会を水平方向に規定する制度である。政府の有効性がビジネス環境を左右するのは確かであるが，法律や様々な制度設計だけでビジネスフレンドリーな環境が生まれるわけではない。ビジネス活動において，最も重要な基盤は，所有権と契約の保護であるが，それらの確実な履行のためには法律のみならず，社会のあり方が重要である。このように，ビジネス活動のソフトインフラとしてのビジネス制度（制度資本と関係資本）への留意が必要である。そして，先進国と比較したとき，新興国はビジネスの歴史が浅く，ビジネス制度が未成熟なため，とりわけ外国企業にとっては不確実性（ビジネス活動における因果関係が不明）が高く，大きな問題に直面する可能性が高い。

2-2　ビジネス環境

　法律，規則の信頼性の乏しさ，行政機関の非効率性，制度的距離といった制度資本，不明瞭なビジネス慣行，外国企業や外国人への対応が異なるなどの閉

252 第Ⅲ部 国際ビジネス：焦眉の課題と将来展望

鎖的な社会といった関係資本は企業活動に多大な取引コストを課す。世界銀行が各国のビジネス制度を比較するために毎年発行する報告書[6]によれば，先進国や立地資産に乏しい新興小国（シンガポールなど）がビジネス制度の整備に熱心で上位にランクされる一方で，BRICs に代表される新興大国のランキングは低位にとどまりがちである（図表14-3）。同報告書には，各国のビジネスの開始，所有権設定，納税，貿易，融資獲得，投資家保護，契約強制力などの手続き数，時間，金銭的コストなどが具体的に示されている（図表14-4）。企業は付加価値の生産コスト，組織運営コストに加え，ビジネス制度に対応するための取引コストを負担しなければならない。先進国と比較した時の新興国市場

図表14-3 ビジネスフレンドリーランク

ランク	1	2	3	4	5	6	15	24	26	34	35	60	68	72	78	82	92	100	113	125
国名・地域名	ニュージーランド	シンガポール	デンマーク	韓国	香港	米国	台湾	マレーシア	タイ	日本	ロシア	トルコ	ベトナム	インドネシア	中国	南アフリカ	サウジアラビア	インド	フィリピン	ブラジル

出所：The World Bank, *Doing Business 2018*, 2017.

図表14-4 ビジネス活動を規定する要素

大項目　　　　項目	内容
規制の複雑さとコスト	
起業	手続き，時間，コストなど
建設許可	手続き，時間，コストなど
電力供給	手続き，時間，コストなど
所有権設定	手続き，時間，コストなど
納税	支払方法，時間，課税率など
外国貿易	書類，時間，コストなど
法制度の適格性	
融資獲得	担保制度，与信情報制度など
少数出資株主保護	少数出資株主の権利など
契約の強制	手続き，時間，コストなど
清算手続き	時間，コスト，支払不能に対する補てん率など
労働市場の規制	雇用制度の柔軟性，労働者の利点，労働争議解決方法

出所：The World Bank, *Doing Business 2018*, 2017. に基づき，筆者が分類，作成。

の最大の特徴は取引コストの高さにあり、企業にとっては対応策が重要となる。

企業は取引コストをどのように見積もり、立地選択を行うのだろうか。むろん、企業にとっては取引コストの低い、効率的な立地での事業が好ましい。しかし、成長する巨大市場や生産拠点の魅力といった立地資産の利点が、取引コストの負担を上回るようであれば、企業は市場参入の意思決定を下すであろう（図表14-5）。事業を進めるなかで、ビジネス制度のマネジメント方法を学習し、取引コストを低減できるかもしれない。ビジネスの本質が裁定である以上、ハイリスク・ハイリターンか、ローリスク・ローリターンになることが多い。取引コストの高さから参入企業が少ない市場では失敗の可能性もあるが、成功したときの利益率も高くなる。このことを実証したのが、ビジネス立地（国）の違いに関する牧野らの研究成果である[7]。新興国市場における企業業績の平均値は、先進国に比べて高いが、バラツキも大きい。新興国市場の取引コストは高いが、それらをうまくマネジメントできれば、成長する新興国市場での優位性を、先進国を含む世界市場での競争優位につなげる可能性が高まるのである。

図表14-5　初期参入の利点と不利点

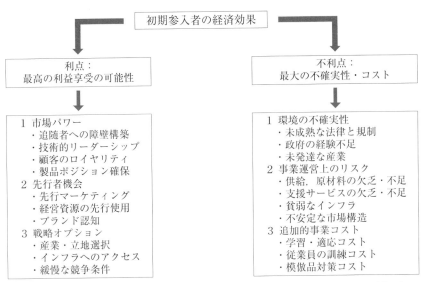

出所：Shenkar, O., Y. Luo and T. Chi, *International Business* 3rd ed., New York and London：Routledge, 2015, p. 353.

254 第Ⅲ部 国際ビジネス：焦眉の課題と将来展望

　かつての社会主義国が市場経済に移行することの困難さを示すため，計画経済の廃止と市場の導入は数ヵ月でも，法律の整備には数年かかるし，人々の意識を変えるには数十年の年月が必要であるといわれた。計画経済を廃止すれば効率的な市場が誕生するわけではないし，法律も他国からの輸入で簡単に機能するわけではないので，数ヵ月，数年でも十分とはいえない。演繹的に十全な法律を制定することはできず，社会における実践を通して（判例の積み重ね），法体系は少しずつ整備されるのである。人々の意識転換に数十年の年月が必要というのも，あながち大げさなことではない。

　では，制度資本と関係資本の進化は時の流れに委ねることしかできないのであろうか。時間がかかることは確かであるが，適切な制度設計と市場機能による経済主体間の接触頻度の増加によって，社会の進化を促進することはできる。ビジネス制度の進化が，ビジネス活動を活発化させ，必要に迫られる形で制度資本がさらに進化する。こうしたスパイラルは人々の意識と行動に大きな変化をもたらすのである。ロシアをはじめとする旧社会主義国のこれまで四半世紀の変化，中国の世界貿易機関（WTO）加盟からの十数年を振り返れば，このことは明らかであろう。むろん，新興国のビジネス制度の進化は未だ十分なものとはいえないが，かつて想像もできなかったほど，進展していることだけは確かである。

　世界銀行によれば[8]，インドのランキングは190ヵ国中100位で未だビジネス環境への評価は低い。しかし，モディ首相は「レッドテープ（官僚主義）からレッドカーペット（外国企業誘致）」を合言葉に，ビジネス環境の整備に力を入れている。たとえば，工場を新設し，電力の供給を受けるのに，2016年までの2年間で，手続きにかかる日数が138日から45日に短縮し，費用も1人当たり所得の8倍以上であったものを2倍以下に減少した[9]。また，新規システムの導入によって，納税と輸出入手続きが大幅に改善された。会社設立時の最低資本金の制約も撤廃され，商業活動開始のために必要であった証明書の取得も不要となった。こうした取り組みにもかかわらず，インドのビジネス環境ランキングが低位にとどまる理由は，他国も同様にビジネス環境の改善に力を入れているからである。世界銀行の報告書をみると，ほぼ8割の国々は絶対指標を向上させている。ビジネス環境改善競争が展開されているといえよう。

第 14 章　新興国市場と日本企業　　255

3　日本企業の新興国市場ビジネス

3-1　日本企業とアジア市場

　世紀の変わり目を挟んだ約 30 年間の日本企業の海外事業活動を概観してみ
よう。図表 14-6 は，経済産業省が毎年実施している「海外事業活動基本調査」
から，日本企業の海外事業地域別売上高と経常利益・構成比，海外現地法人数，

図表 14-6　日本企業の地域別売上高・経常利益の推移

	1987 年		1995 年		2005 年		2011 年	
売上高（兆円）								
北米	29.2	53 %	37.8	40 %	66.2	36 %	50.8	28 %
アジア	8.6	16 %	24.7	26 %	65.4	35 %	79.8	44 %
欧州	11.7	21 %	24.5	26 %	38.3	21 %	31.2	17 %
海外事業合計	54.8		94.8		185.0		182.2	
経常利益（百億円）								
北米	4	9 %	24	16 %	241	32 %	189	18 %
アジア	16	34 %	43	29 %	250	33 %	395	37 %
欧州	2	4 %	7	5 %	94	12 %	105	10 %
海外事業合計	47		146		761		1,062	
海外現地法人数	n.a.		10,416		15,850		19,250	
現地生産比率	10.8 %		24.5 %		30.6 %		32.1 %	
	2012 年		2013 年		2014 年		2015 年	
売上高（兆円）								
北米	57.9	29 %	74.4	31 %	87.2	32 %	93.9	34 %
アジア	89.3	45 %	107.7	44 %	121.3	45 %	119.7	44 %
欧州	31.1	16 %	36.3	15 %	38.5	14 %	39.4	14 %
海外事業合計	199.0		242.6		272.2		274.0	
経常利益（百億円）								
北米	149	20 %	202	20 %	268	25 %	274	28 %
アジア	416	54 %	501	51 %	573	53 %	613	64 %
欧州	73	10 %	109	11 %	107	10 %	46	5 %
海外事業合計	764		987		1,079		963	
海外現地法人数	23,351		23,927		24,011		25,233	
現地生産比率	33.7 %		35.6 %		38.2 %		38.9 %	

　　出所：経済産業省「海外事業活動基本調査」各年報告書。
　　　　最新報告書は，経済産業省「第 46 回海外事業活動基本調査（2015 年度実績）」2017 年で，
　　　　有効回答は本社企業 6,766 社，現地法人 25,233 社。

256 第Ⅲ部 国際ビジネス：焦眉の課題と将来展望

現地生産比率を集計したものである。日本企業の海外売上高は 1987 年の 55 兆円から，1995 年の 95 兆円，2005 年の 185 兆円，そしてリーマン・ショックを挟んで，2013 年には 243 兆円，2015 年には 274 兆円と海外事業比率は着実に拡大している。なかでもアジアでの売上げは，2000 年代の半ばには北米を凌駕し，2010 年代になると海外事業全体の 44-45 ％と安定している。アジアは日本企業にとって，ますます重要性が増している。

　日本企業のアジアでの事業活動は，単に売上高と経常利益の絶対額と比率が上昇しているだけではない。図表 14-7 のように，これまでの 30 年間，日本企業の在アジア現地法人の域内販売の比率は，全体ではそれほど変わっていないが，現地国向けが減少し，アジア域内向けが大きく伸びており，市場統合の進展を物語っている。他方，在アジア現地法人の調達先は，日本からの比率の減少を現地国および域内からの調達で相殺した形になっている。北米や欧州と同様に，アジアの現地法人は域内でより自律的に事業を行うことができるよう

図表 14-7　現地法人の域内販売・調達比率

(単位：%)

		1987 年	1989 年	1999 年	2006 年	2015 年
販売						
アジア		71.5	72.5	68.6	69.6	79.3
	現地国	61.8	62.4	49.4	51.9	54.1
	域内	9.7	10.1	19.2	17.6	25.1
日本		15.8	16.4	24.2	22.1	15.5
アジア＋日本		87.3	88.9	92.8	91.7	94.8
北米		95.5	95.2	93.3	93.5	94.0
欧州		95.4	96.9	95.1	91.9	84.1
調達						
アジア		60.4	55.7	57.4	68.9	76.6
	現地国	52.3	48.6	42.4	55.5	66.2
	域内	8.1	7.1	15.0	13.4	10.4
日本		35.5	40.2	35.7	29.6	20.5
アジア＋日本		95.9	95.9	93.1	98.5	97.1
北米		41.8	48.4	51.2	63.7	69.6
欧州		43.1	52.3	52.3	60.3	66.0

出所：経済産業省「海外事業活動基本調査」各年報告書。

になった。シンガポールや中国にアジアの地域本社を設立し，本社から一定程度の自治を与えられ，地域経営を行う多国籍企業が増えている。アジアは新興国市場ではあるが，先進地域と同様に，自己完結的にビジネスを展開できる地域になった。

　21世紀に入ると，日本企業の新興国市場での退潮，韓国企業や中国企業，他のアジア企業の躍進が伝えられるようになった。20世紀の最後の四半世紀，世界市場を席巻した日本企業の苦戦が目立つようになった。しかし，日本企業は，アジア市場への参入を経て，米欧先進国市場へと力点を移してきたのであって，発展途上国市場をなおざりにしてきたわけではない。日本企業は，発展途上国でも，富裕層市場向けの製品で競争優位にあった。しかし，世紀の変わり目以降の10年間，日本企業は本国市場の不振，米欧市場へ本格参入などがあり，アジアをはじめとする新興国市場への対応が相対的に手薄になってしまった。また，同時並行で進んだモジュール化，デジタル化の進展によって，とりわけ家電やエレクトロニクス分野では製品のコモディティ化が進み，後発の韓国企業などのキャッチアップが容易になった。新興国市場の成長を背景にボリュームゾーンの需要が拡大するなか，日本企業は新興国市場の認知価値[10]を理解し，それに対応する製品を投入することができなかったのである。このことが苦戦を強いられる要因になった。

　しかし，2010年代に入り，流れは変わりつつある。日本企業のなかには新興国市場における自社製品の使用状況調査を行い，市場適合的商品開発を始めるところも出てきた。マーケティングのSTP（市場セグメンテーション，ターゲティング，ポジショニング）に忠実な製品開発とマーケティング活動が本格化するようになった。かつてのように，先進国モデルをそのまま新興国市場に持ち込んだのでは，中間層のマス市場を攻略できない。また，コモディティ化した製品分野での競争には限界があるため，サービスとの融合，システム化，アフターサービスを組み込んだビジネスモデルによって，差別化を図る動きが強まっている。

　自動車関連産業やエレクトロニクス産業は，早くから新興国市場を含む世界市場への参入を進めてきた。しかし，サービス産業や日用品消費財産業は国内市場が一定以上の規模で着実な成長が続いたため，海外展開は遅れぎみであっ

258 第Ⅲ部 国際ビジネス：焦眉の課題と将来展望

た。しかし，21世紀に入り，国内での販売増が期待できなくなり，アジアを中心とする新興国市場に参入し，活躍する会社も増えてきた。このように，日本企業の新興国市場への対応も大きく変わりつつある。

3-2 新興国市場といかに向き合うか

　ビジネスは市場が求めるニーズを満たす製品やサービスを提供することで実現する。もちろん，消費者や企業の認知価値が価格を上回ることが必要である。先進国市場にはすでに多くの製品やサービスが提供されており，企業は潜在需要を発掘し，顧客に提案しなければならない。他方，新興国市場で必要とされるニーズの多くは顕在的である。消費者にとっても，顧客となる企業にとっても何が必要か，どのようなサービスが有用かは明らかなことが多い。むろん，購買者が支払い可能な価格で提供できるかどうか，未成熟なビジネス制度によって発生する不確実性に対処できるかどうかなど，難しい課題はある。ただ，少なくとも，新興国市場のニーズは明らかな場合が多い点を指摘しておきたい。企業に意思さえあれば，新興国市場に入り込み，顧客に接近することができる。そうすれば，顕在需要を満たすための製品やサービスの提供方法に知恵を絞ることで，新たなビジネスを実現できる。

　本章は，新興国市場とは何か，日本企業の新興国市場ビジネスの現状について議論してきた。20世紀の国際ビジネスにとって，発展途上国市場は，販売市場としては富裕層・上位中間層，生産地としては労働集約的で単純な製品の生産に主眼があった。21世紀に入り，世界の多国籍企業は，新興国市場の中間層および底辺市場も標的にできるようになり，アジアで自立的な生産体制を構築することができるようになった。新興国が国際ビジネスの主要な市場になり，そこでの実績が全社の業績を大きく規定するようになり，企業の長期ビジョンと全社戦略に直結するテーマになった。もちろん，多国籍企業にとって，本国を含む先進国市場の重要性が失われたわけではない。先進国は，引き続き最先端技術の開発立地であるし，世界のトレンドを牽引する最先端の販売市場でもある。要は，新興国市場と先進国市場のバランスをいかに取るかが，問われているのである。

（注）

（ 1 ） Hoskisson, R.E. et al., "Strategy in emerging economies," *Academy of Management Journal*, Vol. 43, No. 3, 2000, pp. 249-267.

（ 2 ） フィリピンは，英語が堪能な国民が多く，キリスト教徒も多いため，欧米からみると，アジアのなかでは最も成長が期待される国であった。しかし，開発独裁が機能せず，長く「アジアの病人」といわれたが，21世紀に入り，安定成長を始めた。

（ 3 ） 南アフリカを加え，BRICS とする場合もある。

（ 4 ） 自社内，一国内でバリューチェーンを完結しないと要求品質を満たすことができない状況を指す。

（ 5 ） 内製部品による垂直統合生産に比べ，製品品質が劣るとしても，それをはるかに上回る生産コストの削減が可能な状況を指し，オープン・モジュールともいう。

（ 6 ） 2017年12月現在の最新号は，*Doing Business 2018* である。

（ 7 ） Makino, S., et al., "Does country matter?," *Strategic Management Journal*, Vol. 25, Issue 10, 2004, pp. 1027-1043 を参照されたい。

（ 8 ） World Bank, *Doing Business 2018*, 2017 を参照されたい。

（ 9 ） "India has embarked on an ambitious reform path," World Bank, *Doing Business 2017*, 2016 を参照した。

（10） 単なる技術的な製品品質ではなく，購買者や使用者が何に価値を見出しているか，そのことを製品に反映する必要がある。技術優位のプロダクトインの製品開発の弱点が，露呈してしまった。

［Review & Discussion］

（ 1 ） 任意の新興国市場を選び，マクロ経済，ビジネス環境，それに日本からの進出企業について調べてみよう。

（ 2 ） 任意の企業の新興国市場への参入戦略，参入形態を調べ，それは競争優位の活用が目的か，それとも獲得が目的か考えてみよう。

（ 3 ） 任意の新興多国籍企業（新興国出自）を選び，先進国と他の新興国市場でどのように事業展開しているか調べてみよう。

──次のステップへの推薦・参考文献──

1 浅沼信爾・小浜裕久『途上国の旅：開発政策のナラティブ』勁草書房，2013年。

2 磯部剛彦，牧野成史，クリスティーヌ・チャン『国境と企業─制度とグローバル戦略の実証分析』東洋経済新報社，2010年。

3 今井雅和『新興大国ロシアの国際ビジネス』中央経済社，2011年。

4 今井雅和『新興国市場ビジネス入門』中央経済社，2016年。

5 Khanna, T. and K. G. Palepu, *Winning in Emerging Markets*, Harvard Business Review Press, 2010.（上原裕美子訳『新興国マーケット進出戦略』日本経済新聞出版社，2012年）。

（今井　雅和）

第 15 章　国際ビジネスの進化・共進化

キーワード

メタ・グローバル化，メタ・グローバル・ビジネス・ダイヤモンド

1　メタ・グローバル・マネジメントへの進化の道程

　21世紀の国際ビジネス活動は，時空間の短縮がもたらした世界市場と顧客の同質化，およびそれらへのより効率的な対応策として世界統合化戦略(Global Integration；以下，GI)の追求が，競争優位の1つの決め手となる。と同時に，それとはまったく対照をなす地域対応化戦略（Local Responsiveness；以下，LR）のさらなるコミットメントもまた，いま1つの競争優位としてますます求められる。

　この一見あい矛盾する2つの戦略，GIおよびLRの達成の度合いを機軸にすえ，バートレット（C. Barelett）とゴシャール（S. Ghoshal）が類型化した国際ビジネス活動の4つのステレオタイプ，すなわち①インターナショナル（米国）型，②マルチナショナル（欧州）型，③グローバル（日本）型，④トランスナショナル(未来)型をマトリックス化して図示したものが図表15-1である。

1-1　変化する経営環境，共進化するビジネス・コンセプト

　国際ビジネスは，時流とともにその概念や適用範囲を繰り返し，しかも劇的に変化・拡張させていく。

　20世紀末，バートレットとゴシャールが提示した図表15-1のGI＝LR・マトリックスのなかで，「未来型」とされてきた「トランスナショナル」は，あれからわずか20年余りしか経っていない今日（21世紀初頭）には，早くも図表15-2に示されているように「未来型」から「現在型」に進化した。また「近

第15章　国際ビジネスの進化・共進化　261

図表15-1　GI＝LR・マトリックス

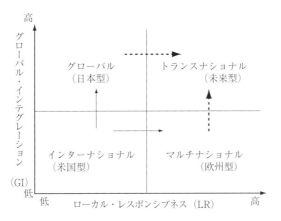

出所：Spender, "Information Technology and a Theory of Knowledge Mamagement in the Globalized MNE," 7th International Conference on MNEs, Chinese Culture University, Dec. 1999 より。

図表15-2　MGI=MLR・マトリックス

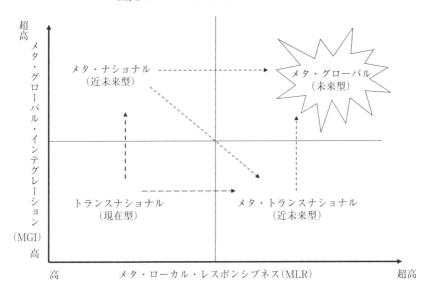

出所：図表15-1に基づき筆者作成。

262　第Ⅲ部　国際ビジネス：焦眉の課題と将来展望

未来型」として「メタ・ナショナル」や「メタ・トランスナショナル」，さらには「メタ・グローバル」が「未来型」として登場してきた。グローバル化が急速に進んできたのである。まさに「ドッグ・イヤー」の呼称にふさわしい様相を呈してきたといえるであろう。

　ところで，ビジネスの原点は「現場（スポット）」での従業員（店員）による「労働」あるいは「サービスの提供」の本質を「理解する」ことにある。そもそも「理解する」と訳されている understand の原義は，「下に立つ」，「その場に立ってとらえる」であり，そこでは「現場重視」のマインドセットが重視される（松田ほか，2010）。

　それぞれの現場で従業員，店長，支店長，……と順次役職が上がるに従って，「スポット・マネジメント」→「ショップ・マネジメント」→「リージョナル・マネジメント」→「ナショナル・マネジメント」→「インターナショナル・マネジメント」→「マルチナショナル・マネジメント」→「グローバル・マネジメント」→「トランスナショナル・マネジメント」→「メタ・ナショナル・マネジメント」→「メタ・トランスナショナル・マネジメント」，そして，ついには→「メタ・グローバル・マネジメント」へとその活動の時空間，責務の質と量は進化・拡大していく。

　21 世紀の宇宙時代を迎えた今日では，トップ経営層にとってその経営の時空間は，地球を超脱した「メタ・グローバル・マネジメント（Meta-Global Management）」の時代を迎えたのである。その様相を 3 次元で表したものが図表 15-3 である。そこには図表 15-1 に示された GI ＝ LR・マトリックスから図表 15-2 の MGI ＝ MLR・マトリックスへの超脱（メタ化）から生まれるニュー・マネジメント・モード（NMM）へと飛躍する有様が描写されている。

1-2　ビジネスの「現場」と経営目線の拡張

　ビジネスの「現場」で業務に携わる関係者の立ち位置（もっと平明にいうと「気配りをする目の高さ」）によって，その関係者がかかわる仕事は，ダイナミックに変化する（図表 15-4 を参照）。

　ここで注目するメタ・グローバル・マネジメント戦略とはしたがって，上記のレベル 1 からレベル 7 までの時空間のすべてを包括するホリスティックでダ

図表 15-3　メタ・グローバル経営に向けての３次元構図

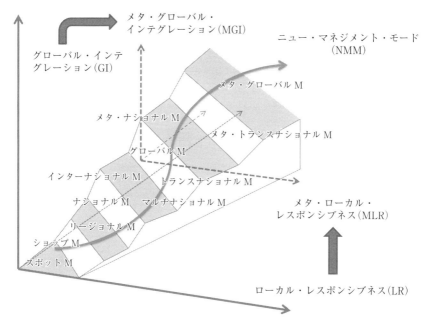

出所：藤澤武史編著『グローバル・マーケティング・イノベーション』同文舘出版，2012年，の図表 9-2 を拡張。

イナミックな戦略行動を意図している。

　そもそも「メタ」とは超脱（beyond）を意味し，ドズら（Doz et al., 2001）が提唱したメタ・ナショナル経営論にその端を発している。「メタ・ナショナル経営の本質は，自国優位性に立脚した戦略を超え，グローバル規模での優位性を確保する戦略……。……本国のみでなく世界中で価値創造を行い競争優位を構築する企業戦略のことである（浅川 2003，2011）」。ここでは，宇宙時代に呼応して，その時空間を「超」地球レベルにまで拡張しようと試みるものである。

　またそれは，レベル 7 の目線（立ち位置）からの経営戦略の構築・展開を意味する。レベル 7（高度 5 万メートル）の地球からはるか離れた（地球から超脱した）時空間にある，さしずめ無重力・無菌の宇宙ステーションのなかで素材分析や製品開発を試み，その立ち位置から，今日の科学技術を駆使して，文字通り世界全体を鳥瞰する。そこからなら，地球の表面（地上と海上）で起こ

264　第Ⅲ部　国際ビジネス：焦眉の課題と将来展望

図表 15-4　ビジネスの「現場」とマネジメントの動態

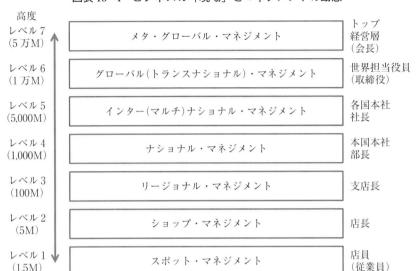

レベル 1（高度 1.5 メートル）：店舗内の作業現場（スポット）は，顧客との直接的なやりとりをする，店員（従業員）の立ち位置。

レベル 2（高度 5 メートル）：店舗（ショップ）マネジメントに従事する店長の立ち位置。営業戦略。

レベル 3（高度 100 メートル）：店舗がある地域における競合店の動きなどにも目配りをしながら業務的意思決定をするエリア・マネジャー（支店長）の立ち位置。ローカル（リージョナル）・マネジメント戦略。

レベル 4（高度 1,000 メートル）：産業全体の動向を調査分析しながら，会社全体の経営にその結果を反映させる本社部長の立ち位置。ナショナル・マネジメント戦略。

レベル 5（高度 5,000 メートル）：各国の動向に目線を据えて，管理的意思決定をする各国本社社長の立ち位置。インター（マルチ）ナショナル・マネジメント戦略。

レベル 6（高度 1 万メートル）：地球的規模で経営する世界担当役員の立ち位置。グローバル（トランスナショナル）・マネジメント戦略。

レベル 7（高度 5 万メートル）：宇宙（大気圏外）からの目線で戦略的意思決定をするトップ経営層の立ち位置。メタ・グローバル・マネジメント戦略。

出所：藤本隆宏，日本経済学会連合記念講演会（2010 年 10 月）での講演からヒントを得て筆者が作成。

るすべての森羅万象の変化が一目でわかるし，地底や海底で発生した天変地異すらほぼ正確に探知できる（たとえば，2010年10月，チリのサンホセ鉱山で発生した落盤事故で，地下700メートルに生存者がいたことを発見できたことが思い起こされる）。

21世紀におけるイノベーション志向に充ちた経営者にとって，こうしたメタ・グローバルな経営視野（perspective）が必須である。今日では，もはや西欧諸国市場のみに軸足をおいたグローバル・ビジネス・スタンスでは競争優位に立つことができない。20世紀型グローバリゼーションの推進から決別し，従来のグローバル・ビジネスから超脱して，新興市場や未成熟市場をも視野に入れた，地球の隅々にまで目配りのきいたメタ・グローバル・ビジネスの展開が求められているのである。そして，そこで推進されるメタ・グローバル・マネジメントとは，欧米をスタンダードとするグローバル経営から超脱して，新興地域や未成熟社会から創発された新しい，あるいは古くから伝承されてきたニーズやウォンツをも汲み取っていこうとする経営スタンスのことである。

2 5Eと5Cを基準とする新しい国際ビジネス・モデルの構築

今もし，時代の要請に応えて国際ビジネス・モデルの刷新を図るのであるならば，それに相応しい新しいパラダイムの採択が求められる。

ここにいう新しいパラダイムとは，先に述べた世界統合化（GI）と地域対応化（LR）に新たに加えられた次元＝経営手法を構築するにあたって重視すべき要因を指している。

ここでは敢えて，以下の5つのEと5つのCを頭文字に持つ新しい要因の採択・導入を提言したい。

2-1 5Eの確立を目指して

5Eとは，①equity（公平性），②efficiency（効率性），③effectiveness（有効性），④enrichment（潤沢性），そして⑤empowerment（権限委譲性）である。

266　第Ⅲ部　国際ビジネス：焦眉の課題と将来展望

①　まず equity（公平性）とは，文字通りの意味での公平さを問題にしている。ここではそれを国際ビジネスにかかわるすべてのステークホルダー（利害関係者）にまで及ぶようなシステム構築の必要性を強調するものである。

　また，ここにいうステークホルダーとは，顧客，サプライヤー，労働組合，業界団体，地域社会などの企業活動と関連するすべての外部構成員を指す。これまでにも確かに，売り手と買い手，生産者と消費者，企業と政府，地域社会と個人との位相・関係は，名目的には対等，したがって公平性が貫徹されてきた，といわれてきた。しかしながら，果たして本当にそうであったのか，と疑問視することすら稚拙であるといわねばなるまい。そのことは，各構成員がアクセスできる資源・情報・サービスの質，量両側面での格差や非対称性によっても端的に理解できるであろう。したがって，ここでは，可能な限り，また必要不可欠な範囲で，積極的に公平性を貫徹するための資源・情報・サービスの「提供・開示」を基本するビジネス・スタンスの確立が求められていると，われわれは主張したい。

②　次に efficiency（効率性）である。この概念は，とりわけ企業サイドのステークホルダーには比較的馴染みやすい概念である。とりわけ，企業経営をインプット／アウトプット活動，あるいは付加価値活動の連鎖であると端的に定義するならば，効率性とは，まさしく「最小のインプットで最大のアウトプットの達成を図ること」にほかならないからである。

　逆にノン・ビジネス利害関係者のなかには，企業側が効率性を極端に強調することに対して，ある種の拒否反応や誤解，偏見を誘う危険性をはらんでいる。それは，企業によるあくなき利潤追求，不公正な取引慣行，従業員からの搾取，地球・自然環境破壊などの直接・間接的原因である，と知覚されるおそれがあるからだ。

　このような誤解やバイアスを含む価値判断にともなう対立を避けるためにも，したがって，十分な，双方向のコミュニケーションが，夙（つと）に望まれる。とりわけ国際ビジネス活動の主要な担い手が，巨大で，パワフルな多国籍企業である場合，このような配慮がいっそう重要であることは明白である。

　効率性を追求することと，利益追求とを同一視してはならない。

③　第3の要因は effectiveness（有効性）である。企業が内部的に所有する

経営資源，外部から調達可能な諸資源，地球に生息する生きとし生けるものすべてに入手可能な有形・無形の諸資源はすべて，希少で，限りあるものだ，という考え方が１つの常識となってきた今，それらを動員して展開される付加価値活動の有効性が問われることは，むしろ当然の摂理と考えるべきであろう。

　そのことを大前提として，ここでの課題は，「誰にとっての，何のための，どの程度の"有効性"が求められているのか」ということになるであろう。

　④　第４の要因は enrichment（潤沢性）である。競争優位の要件の１つとしてしばしば指摘されるものに，企業が持てるヒト，モノ，カネ，技術，情報などの経営資源の潤沢性（resourcefulness）がある。これらの資源のフローが継続的に維持されている企業は，当然のことながら競争上優位に立てる可能性が高い。しかしながら，可能性とその目的の達成とは別問題であって，それらを混同ないし同一視してはならない。むしろ，強いて両者の関係を明確に位置づけるとすれば，目的と手段のそれであろう。資源潤沢性とはあくまでも，ビジネス活動の目的を達成するための手段の１つであることを忘れてはならない。

　その意味では，「資源」潤沢性は，企業にとって，目的実現のための必要条件である。そこから直ちに「そのための十分条件とは何か」とう反問が予想される。

　それに答える１つの方途として，われわれは敢えて潤沢性（enrichment）というコンセプトを資源潤沢性（resourcefulness）の上位概念として導入することを提唱した。その理由は，ここにいう資源潤沢性が，夙に企業の内部に限定されること。したがって，その考慮の範囲は企業内部の目的達成にあるからにほかならない。

　他方，われわれがここに提示する潤沢性の守備範囲は，企業の外部利害関係者＝顧客に及ぶ。つまりは，顧客が企業側から提供された製品・サービスをどう知覚しているかが，ここでは問題視される。果たして真の意味で，顧客に対し十分に（潤沢な）物理的・精神的満足を与えているのであろうか。しかも，その満足が，リーズナブルな価格，納得できる質量とタイミングでなされているだろうか。

　これらの要件（imperatives）の充足を企業と顧客の双方で確認できたときに，

はじめて「潤沢性」が実現したといえるのである。平明な表現を用いるとすれば，顧客が本当の意味での「豊かさ，ゆとり，快適さ，安らぎ」を実感できる製品・サービスを提供しているか，ということである。現代の国際ビジネス活動は今，この要件の充足を求められている。

⑤　最後の要因は empowerment（権限委譲性）である。ここにいう権限の委譲を別の言葉に置き換えると，「"信頼関係"を構築するための相互的コミットメント」ということになるであろう。

情報化が急伸展し，様々な局面で人的なコンタクトが排除ないし減少，システム化が進捗すればするほど，人と人とが触れ合う対面（face to face）の直接的なコンタクトやサービスの価値が，逆に貴重かつ稀少化してくる。その反面，合理化，省力化といったことから，人間疎外，信頼関係の希薄化が深刻な問題として浮かび上がってきている。

最近「人に優しい……」といったキャッチフレーズが散見されるのも，このような問題の表象と理解できる。したがって，信頼関係の確認を促す意味で，国際ビジネス活動の様々な場面で，公式，非公式な権限委譲の手続や儀式，表明（広報活動）が不可欠となってきている。

「人はパンのみにて生きるにあらず」といわれるが，その証を提示することなくしては説得力に欠ける。empowerment という語彙が最近とみに多用されるようになってきた背景を的確に把握しておく必要があろう。

2-2　5つのEを下支える5つのC

われわれが上記の5Eを下支える要因として，ここに提示する5Cとは，①corporate culture（企業文化），②corporate governance（企業統治），③compliance（遵法性），④competency（組織能力），⑤competitiveness（競争力）である。

①　メタ・グローバル企業はまず，まさに国家や国籍，民族や文化を「超えて」，すべてのステークホルダーから親しまれ，評価される「企業文化」を構築・堅持しなければならない。

②　そして，メタ・グローバルにその立地が配置され，様々な形態による戦略展開が，IT を駆使したネットワークを通じてなされるためには，盤石

な「企業統治」がなされなければならない。
③ また，諸外国の諸制度，とりわけ法制度の相違に精通し，敏感にそれに対応する，いわゆる「遵法性」を担保しなければならない。
④ あるいは，その企業グループ全体（親会社とその関連会社すべて）が保有する諸資源・能力を，フルに活用できる「組織能力」を開発・利用しなければならない。
⑤ 最後に，持てる競争優位＝「競争力」を堅持・強化しなければならない。

2-3 メタ・グローバル・ビジネス・ダイヤモンド

以上の5つのEと5つのC要因から，図表15-5のようなダイヤモンドが構成される。

これは，たとえばメタ・グローバル時代の競争優位を構成する5つのEと5つのC要因のミックスを図示したものである。これらの要因の相互関係を順

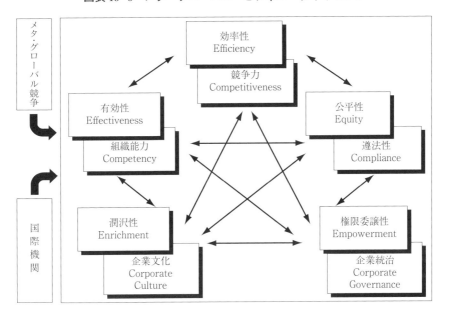

図表15-5 メタ・グローバル・ビジネス・ダイヤモンド

出所：筆者作成。

270　第Ⅲ部　国際ビジネス：焦眉の課題と将来展望

次トレイスすると，ポーター（M. Porter）が提示した競争優位のダイヤモンドに似たそれが描き出される。

　このダイヤモンドから，メタ・グローバル時代の国際ビジネス活動の成否は，「国際ビジネスにかかわるすべてのステークホルダーが，その活動から創造・提供される製品・サービスを，いかに公平に，効率よく，有効的，潤沢さを持った，権限委譲のできる水準に押し上げ・堅持できるか」に依存してくることがわかる。

　したがって，現代の国際ビジネス戦略課題とは，「メタ・グローバル・ビジネス・ダイヤモンドの各稜線をいかに明確（クリアー）かつバランスよくカットし，他のライバル企業に比べどれだけ抜きんでた輝きを放てるよう戦略的に行動できるか」，また，それを下支えるインフラをなす5つのCが，どれだけ盤石であるか，そのいかんによって命運が分かれる，といえるであろう。

3　日本企業と国際ビジネスの再構築

　最後に，メタ・グローバルな競争＝ウルトラ・ハイパー・コンペティション（超大競争）の時代に生き残り，21世紀においてもさらなる成長を目指す日本企業にまた，新しい競争優位を発揮できる日本型国際ビジネスを再構築するためには，いわゆる「創造的破壊」が不可欠だ，ということを述べておきたい。

　ここにいう「破壊」とは，物理的なそれにとどまるものではなく，意識の深層に及ぶことが予想される。

　ただし，だからといって，われわれは日本企業がこれまで国際ビジネスを展開するにあたって，強みであると認められてきた「モノづくり」「ヒトづくり」の再重視・再強化を決して軽視するものではない。しかし，それにもまして重要なのは，それらを下支えする経営理念の深層に内在する意識面での斬新的改革，「意」のマネジメント・パラダイムの再構築が求められている，と主張しているに過ぎない。

　いわゆる「失われた20年」からこの方，日本経済，産業・企業は長期的な低迷にもだえ苦しんできた。それは意識改革を含む思想的インフラを抜本的に

見直すことを先送りにし，守旧に走るあまり，いたずらに時を費やし，「トンネル」からの脱出を長引かせたことの必然的帰結であった。

　今こそ英知と勇気と活力（新たなる知と情と意のマネジメント・パラダイム＝競争優位の構築）を持って，新しい国際ビジネス・モデル構築に挑戦すべき時を迎えた，といえる。

[Review & Discussion]
（1） 21世紀における国際ビジネス活動の担い手となるためには，どのような「進化」，「共進化」を遂げなければならないだろうか。
（2） メタ・グローバル・マネジメントへの進化の道程について討論しよう。
（3） 新しい国際ビジネス・パラダイムを構成する要因とは何だろうか。

──次のステップへの推薦・参考文献──
1　浅川和弘『グローバル経営入門』日本経済新聞社，2003年。
2　浅川和弘『グローバルR＆Dマネジメント』慶應義塾大学出版会，2011年。
3　Doz,Y. *el al., From Global to Metanational : How Companies Win in the Knowledge Economy*, Harvard University Press, 2001.
4　松田義幸ほか『芸術都市の誕生』PHP研究所，2010年。

（江夏　健一）

CASE 8

中国での事業展開とブランド戦略：資生堂

1　はじめに

　資生堂は，1872 年，漢方薬が主流であった明治初期に，日本初の洋風調剤局として東京・銀座に誕生した。創業から 140 数年間，「大地のあらゆるものを融合することで新たな価値を創造し，お客さまの役に立ち，社会に貢献する」という「創業の精神」は，脈々と受け継がれ，今日の資生堂は，化粧品，化粧用具，トイレタリー製品，理・美容製品，美容食品，医薬品の製造・販売を主な事業とする，日本の化粧品業界のリーディング・カンパニーとなっている。

　さらに，資生堂グループは 2015 年度に，100 年先も輝き続ける企業となるため中長期戦略 VISION 2020 をスタートさせた。日本発のグローバル・ビューティー・カンパニーとして競争に勝ち抜くため，すべての活動をお客さま起点とし，グローバルでのブランド価値向上に取り組んでいる。2016 年 12 月期の資生堂グループ全体の売上高は 8,503 億円となっているが，その内訳は，国内 4,076 億円で総額の 48.0 % を占めるのに対して，中国 1,205 億円（14.2 %），アジアパシフィック 496 億円（5.8 %），米州 1,626 億円（19.1 %），欧州 852 億円（10.0 %），トラベルリテール（空港免税店等での化粧品の販売）248 億円（2.9 %）で，合わせて 52 % となる（図表 1）。

　これらの数値は資生堂がすでにグローバル・ビューティー企業であることを示していると同時に，国ベースで見れば，中国は日本に次ぐ市場規模を有し，

図表 1　2016 年 12 月期資生堂グループの地域別売上高（億円）

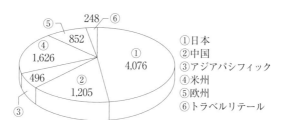

CASE 8　273

さらに成長していく可能性が高いと思われる。

　本ケースでは，これまでの資生堂の中国事業を概観することで，グローバル経営におけるブランド戦略，現地化戦略への理解を深める。

2　海外事業戦略

　資生堂の海外事業は，1957年に台湾在住の日本人の顧客に販売することからスタートした。アメリカへの進出は1962年のハワイ（本土は1965年），ヨーロッパ地域への進出は1963年にイタリアから始めた。その後も，1970年にシンガポール，1972年にタイに進出し，中国での事業展開は1981年から，そして，ロシアでは1999年から事業を展開している。

　資生堂ブランドの商品は，日本を含めて世界の約120ヵ国と地域（2016年12月現在）で展開し，国内3拠点，海外10拠点，合計13拠点から世界中へ製品を供給できる生産体制を整えている。市場の成長がとくに著しい中国では3拠点を配置し，事業規模の拡大に従い現地生産能力の増強を進めている。またアジア全域でのマステージビジネス[1]の展開に備え，2010年にベトナム工場を設立し，アジア地域への生産拠点としている。

　また，国民性，習慣，文化，気候，法規制など，地域の特性を踏まえた商品開発を行うため，資生堂は日本の3拠点のほか，シンガポール，フランス，アメリカ，中国で6つの研究開発拠点を持ち，それぞれの地域の消費者の肌や化粧習慣の研究，その地域の特性にマッチした商品開発など，ローカルな視点からの活動と海外の法規制や先端技術，天然資源などの情報を収集するグローバルな視点からの活動を同時に進めている。

3　資生堂の対中進出

　資生堂の中国進出は1978年に始まった中国の改革・開放政策，とくにそれにともなう外国企業に対する市場開放政策の実施に関係する。1981年に商社を通じて，資生堂の化粧品や石けん等の輸出販売が始まった。ターゲットは中国在住の外国人であり，外国人客の出入りが多い友誼商店および北京飯店（ホテル）内のストア[2]で販売された。

　当時の中国では，一般女性には，化粧はもとより，肌を手入れする習慣すらほとんどなかった。そのうえ，それまでの10年間続いた文化大革命の影響で，口紅やアイシャドー等の化粧品は「資本主義」の代名詞といってよいほど，資産階級（反革命的）の低俗な趣味とされる向きがあり，化粧品で中国市場へ参入するリスクは非常に高いとされていた。しかし，同時に，同社国際マーケテ

ィング部の調査によれば,「商品開発のため,現地工場で働いていた女性約200名を対象に肌測定を実施した結果,冬だったこともあったが,肌荒れが目立っていた。しかし,肌のきめの細かさはすばらしいということもわかった。それは『中国のマーケットとしての無限の可能性』を感じさせるものであった」とのことである(3)。

中国では,1983年には北京政府機関(軽工業局)の要請を受け,約10年間にわたり生産技術の協力を行った。技術供与という形を取ったのは,品質基準に関して資生堂独自の基準と中国政府機関による規定基準に乖離があったためである。当初は日常生活用品として需要の見込めるトイレタリー製品を中心に,「華姿(Huazi)」というヘアケアブランドで展開された。

図表2　ヘアケアブランド「華姿（Huazi）」

4　中国専用ブランド「AUPRES（オプレ）」の誕生

北京市から資生堂に対する当初の要請は資生堂からの「輸入品販売」と「現地生産」の2つであった。その後,長期にわたる技術協力で培われた双方の信頼関係をもとに,1991年11月,高級化粧品の開発,生産,販売を行う合弁会社「資生堂麗源化粧品有限公司」の設立合意に至った。1992年から工場建設に着手し,北京市のはじめての技術開発区に資生堂の工場は第一号として竣工された。

中国人の肌,中国の気候風土,原材料を緻密に研究して開発した化粧品は「AUPRES」(オプレ)である。オプレはフランス語で「傍らに,そばに」という意味で,ネーミングには「中国女性の傍らで美しく生活を彩り,いつまでも愛される商品でありたい」という願いを込めていた。日本と比べると,中国は乾燥地帯が多い。いち早く現地女性のニーズに応えた製品を高級デパートなどで販売し,ハイクオリティのブランドイメージを確立したことで,オプレは女性たちの憧れの存在になった。また,使用感のよさだけでなく,中国女性の美意識にマッチしたことや200元(約2,700円)前後という都市部のOLがちょっと背伸びすれば手が届く価格設定で,オプレはたちまち人気を集めていった。デパート各店でトップシェアを競い,2000年のシドニーオリンピック,2004年のアテネオリンピックの中国選手団の公式化粧品にも選ばれ,ナショナルブ

CASE 8   275

ランドとして認知され，定着していった。

　沿岸部を中心として発展の速い中国経済の成長とともに，中国事業も拡大し，1998年には上海地区に合弁会社「上海卓多姿中信化粧品有限公司」を設立した。オプレより安い価格帯の新ブランド「Za（ジーエー）」[4]を投入し，中間層の本格開拓を進めた。また，現地向けの化粧品開発や消費者調査，技術情報の発信のため，2001年，北京市に研究所「資生堂中国研究開発中心有限公司」を設立した。それを皮切りに，商品開発の現地化にも踏み切った。基礎化粧品の化粧水や乳液は，日本人はみずみずしくてさっぱりしたものを好むが，中国人はしっとりとして濃いものを好む。こうした気候や嗜好の違いを商品開発に反映させ，2006年には化粧品専門店専用ブランド「ウララ」を投入した。

5　チャネル別ブランド戦略の推進

　中国事業では，販売チャネルごとに顧客のニーズに対応した商品やマーケティングを展開するチャネル別ブランド戦略を推進している。

　専門店チャネルでは，専門店専用ブランド「ウララ」や中間所得層を対象としたブランド「ピュア＆マイルド」が継続して好調に推移したほか，高価格帯ブランド「ディシラ」を2011年より新たに導入したことも加わり，高い成長性を維持している。

　デパートチャネルでは，ブランド価値を発揮できる店舗に絞り込み，世界共通展開のグローバルブランド「SHISEIDO」（カウンター数190）と「オプレ」（同950）を販売している。

　オプレの成功で事業基盤を強化した後，2004年から内陸部を中心とした個人経営の化粧品店と契約を結び，化粧品専門店事業を開始した。1店1店と地道に店舗数を拡大し，全土で5,000店を超えるまでに成長し，資生堂製品の「高品質」，「安全」，「安心」といった企業ブランドイメージを確立している。化粧品専門店チャネルでは，資生堂の理念や経営方針に共感する化粧品店だけと契約し，化粧品専門店向け中国専用ブランド「ウララ」等を扱う契約店数は5,500超まで成長した。そのうち，ほとんどの店で資生堂商品の売上が店内でトップとなっている[5]。

　2010年からは，薬局向けに専用ブランド「DQ」（ディーキュー）の販売開始に加えてヘアサロン向けプロフェッショナルヘア製品の展開も始めた。このようにデパート，化粧品専門店，薬局，ヘアサロンなど各チャネルに進出し，チャネル別ブランド展開を実施し，それぞれのマーケティング活動を行うことでより多くの顧客に近づくことができ，高品質の資生堂ブランドの浸透が実現さ

276 第Ⅲ部 国際ビジネス：焦眉の課題と将来展望

れている。

　他に，最初は日本から輸入販売していたヘアケアブランドの TSUBAKI 製品をローカライズして中国で現地生産し，ハイパーストア，ドラッグストアを中心に 1 万店舗規模で販売している。

6　中国でのネット通販事業

　日本国内化粧品の業態別販売動向のなかで，唯一成長を続けている通販は，巨大市場・中国での存在感も日増しに高まっている。中国のインターネット関連のサービス機関 CNNIC（China Internet Network Information Center）が発表した中国国内のインターネット利用状況に関する報告書によると，2016年 6 月末時点のインターネット利用者数は 7 億 1,000 万人となり，半年間で 2,132万人，年間では 4,189 万人増加した。インターネット普及率は 51.7 ％，ネットユーザー数で世界一をキープしている。

　日本よりも中国市場はリアル店舗に繋がる既存チャネルが十分形成されておらずチャネルが未成熟で，リアル系の販路が十分に全土をカバーできているわけではなく，ネットによる販売が急速に成長している。また，広告・販促のツールとしてもネットが中国全土をカバーする魅力を持っている。

　2010 年に，資生堂は，米国の化粧品大手のベアエッセンシャルを買収した。ベアエッセンシャルはテレビ通販・ネット通販のノウハウを持ち，資生堂はこれを吸収し，日本・中国でもテレビ通販・ネット通販のノウハウを活用しようとして布石していたとみられる。

　2011 年 9 月に，中国において「E コマース」を開始するなど 4 つの新事業戦略を発表した。E コマースは，中国での通販専用シリーズとして「ピュアマイルド　ソワ」を開発し，専用サイトを開設している。中国の消費をリードする「80 後（1980 年代生まれ）」世代の自然派志向層を主なターゲットとし，外装ケースはサトウキビの繊維を原料にした「バガス紙」を採用するなど，環境に配慮している。当初はスキンケア 14 品目 14 品種を取り扱い，価格帯は90 元〜230 元の設定となっている。この通販事業は，問い合わせを受けるコールセンターを設置し，オンラインカウンセリングも実施するなど，「お客さま一人ひとりの肌タイプやニーズに基づいた最適な化粧品，美容法などを提案していく」としている。

　当時，中国のマーケティング事情に精通している mdi-planets の中溝理和子社長によると，中国における総ネット人口のうちショッピングユーザーの構成比は 25 ％ほどだという。このうち女性が 6 割超を占めるほか，年代別でみる

と 30 歳までが約 80 ％を占めている。また，顧客属性として高学歴者や中・高所得層の利用が多いとされる通販で取引される商品カテゴリーのうち，「化粧品・宝石類」の流通総額は「アパレル・インテリア・アクセサリー」に次いで 2 番目に多く，全体の 20 ％超を占める。地域性でいうと，中国の通販は沿海部の大都市に住む人の利用頻度が高く，北京や上海などの大都市では利用率が 50 ％を超えていることも報告書では明らかにしている。

中溝氏によると，中国の消費者がネットショッピングを利用する最大のメリットは，「価格」にある。購買力が高まった中国人にとっても，一部の富裕層を除けば「化粧品はまだまだ贅沢品の部類に入る。百貨店などの実店舗ルートで購入するより安く購入できるのは大きな魅力」という実態がある。利用者の多くが，商品の購入判断基準にクチコミのレビューを参考にする傾向が強いことも，ネットショッピングの特徴の 1 つとなっている。

しかし，資生堂が E コマースを開始して 6 年たった現在，中国では中間層が急速な広がりをみせている。中国国家統計局の調べでは，中国の都市部の 1 人当たりの可処分所得は 2015 年までの 5 年間で 1.5 倍に増え，約 3 万 2,000 元（約 52 万円）に達した。消費のプレミアム化が進み，とくに若い世代を中心に価格の高い化粧品に人気が集まり，資生堂の E コマース事業の下支えとなっている。

2016 年 5 月に販売支援で提携したアリババ・グループ・ホールディングのショッピングサイト「天猫（T モール）」では，提携の前後で資生堂製品の売上高は倍増し，さらに，中国の消費データを調査する米サンダルウッド・アドバイザーズによると，高級化粧品ブランド「クレ・ド・ポーボーテ」の T モール上の月間販売額は，2017 年 5 月までの 1 年間で約 1,150 倍に増えた。その理由として，多くの中国人が観光で日本を訪れ，百貨店などで商品に接し，また多くのクチコミがブランドへの認知度向上に貢献していると考えられる。まさに実店舗と E コマースの相乗効果が実現されたといえよう。

7　ロードマップと中国での取組

資生堂は 2008 年に，「グローバル企業の躍進（国内外の融合）」と題する 10 年間のロードマップ（図表 3）を策定した。ロードマップでは，10 年間を 3 つのフェーズに分けている。最初の 2010 年度までの第 1 フェーズをすべての活動の質を高める期間として設定し，第 2 フェーズでは，成長軌道に乗ることでアジアでの存在感を確立する。第 3 フェーズで，世界規模でのさらなる成長と収益性の向上により躍進を果たしていく。そして，10 年後の 2018 年 3 月期には，

278　第Ⅲ部　国際ビジネス：焦眉の課題と将来展望

図表 3　資生堂 10 年のロードマップ

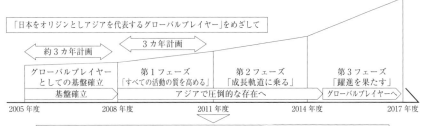

出所：『株式会社資生堂　アニュアルレポート 2009』10 ページ。

　グループ全体で「売上規模では 1 兆円を超え，その半分以上を海外で獲得し，グローバルコンペティター並みの営業利益率 12％以上，ROE15％以上をコンスタントに確保できる会社」に成長する，というものである。

　資生堂にとって成長エンジンである中国は，同様にほかのグローバルコンペティターのプレステージ市場でもある。中国での先発優位を持続していくために，最優先で経営資源を投入し，グローバルメガブランドや「オプレ」を中心とする中国専用ブランドの育成に加え，現地開発体制の整備など新たな仕組みづくりを進めることにより事業基盤を強化するため，資生堂は以下の 4 つの目標を設けた。

　① 新 3 カ年計画として，資生堂は，中国で実施しているチャネルブランド戦略をさらに強化し，デパートチャネルでは，ハイプレステージ領域へのニーズの高まりに対応し，「オプレ」のプレミアムラインを上位 150 店に

導入すると同時に，グローバルブランド「SHISEIDO」の拠点店を新カウンターに刷新し，プレステージイメージを高める。さらに，ハイエンドの強化のため「クレ・ド・ポーボーテ」を2，3年内で，50店規模にまで拡大するとともに，ビューティーコンサルタントの応対力を強化していく。その結果，デパートチャネルはトータルで二桁の成長を目指す。

② 同社の強みである専門店チャネルでは，一店一店の店頭売上を高めながら，引き続き店舗網を拡大していこうとしている。「ウララ」や「ピュアマイルド」を継続強化することに加えて，新たに「コラーゲン」と「美白」ドリンクを上位1,600店に導入し，専門性の高い提案の幅を広げることにより，引き続き2桁の売上成長と，持続的な利益成長を目指す。

③ マステージ領域の基幹ブランドであり，アジア8ヵ国，6,000店以上で展開する「Za」は，ドラッグストアやハイパーチャネルでの展開を拡大するとともに，TVCMや店頭ビジュアルを強化し，ブランド力を高めていく。

④ 2011年12月に中国市場に向けて，現地で生産し，販売を開始した「TSUBAKI」は，圧倒的な売場づくりとTV広告の投下によって，一気に認知度の拡大を図る。春には「ツヤ」，夏には「地肌」，秋には「ダメージ」と，シーズンごとにプロモーションのためのテーマを投入するとともに，配荷店数を順次拡大していく。

これらの目標を達成することができれば，資生堂のプレゼンスは，化粧品業界の成長センターである中国において，ますます注目され，同社のグローバル戦略が同業界だけでなく，ほかの業界，企業の良い手本にもなるかもしれない。今はまさにそのロードマップを検証すべき時である。

（注）
（1） マステージとは通常のマス商品よりも高級感はあるが，プレステージ商品に比べると値ごろ感がある商品領域を指す。「マス」と「プレステージ」をもとにした造語である。
（2） 当時の中国では，政府が外貨を管理するために外貨兌換券を発行し，外国人が観光や商用で外貨を両替すると渡される通貨を代替するものである。外貨兌換券と人民幣の額面価値は等価であったが，外貨に両替可能なことや，人民幣では買えない外国製品が買えることなどから，外貨兌換券に中国人の人気が集まり，人民幣との闇両替が横行した。闇両替のレートは，兌換券1元＝人民元1.5〜1.8元ほどであった。友誼商店での買い物は「兌換券」を必要とすることが多く，また「北京飯店」も北京屈指の高級ホテルであったため，外国の駐在客以外，国内

280 第Ⅲ部 国際ビジネス：焦眉の課題と将来展望

のごく少数の特権階級しか買い物ができなかった。
（3）「中国におけるマーケティング展開について（1990年〜現在)」RIETI経済
　産業研究所≪http://www.rieti.go.jp/jp/events/bbl/03121701.html≫より。
（4）「Za」は，アジアの中間所得層をターゲットにしたマステージの重点育成ブ
　ランドであり，タイや台湾などアジア各国・地域で積極的なプロモーション展開
　を行い，アジア専用スキンケア・メーキャップブランドとしてのプレゼンスを向
　上させている。
（5）　カウンター，店舗数は，2011年6月末のデータである。

[Review & Discussion]

（1）　資生堂が中国市場に進出した当初には，どのようなリスクがあったかについ
　て議論してみよう。
（2）　中国の化粧品市場において，資生堂のライバルとして，どんな会社があるか
　を調べてみよう。
（3）　中国で展開する資生堂のチャネルブランド戦略は，ほかの業界のモデルにな
　りえるかについて議論してみよう。

（参考文献）
　1　『株式会社資生堂　アニュアルレポート2009』。
　2　RIETI経済産業研究所≪http://www.rieti.go.jp/jp/events/bbl/03121701.html≫。

（肖　威）

CASE 9 ·····································

新興国企業の成長とグローバル化：タイ・ビバレッジ社

1　タイ国内のアルコール事業で成長：ビールを中心に

　1991 年，タイ国政府は，それまで認可事業であったビール事業を自由化した。これを受けて，ビア・タイ（Beer Thai：タイ・ビバレッジの前身）社は，カールスバーグ（デンマーク系）などとともに率先して参入申請をし，アユタヤにビール製造工場を建設した。翌年には「チャーンビール（チャーンとは，タイ語で象の意味で，ロゴマークは白象）」を市場へ投入，ビア・タイのビール事業がスタートした。

　新規事業のビール事業を軌道に乗せるには，生産の効率化と配送の充実が必要であった。そこで，さらに工場や物流センターを設置し，タイ全土へビールを届ける仕組みをつくった。また，ビール事業を拡大するためには，より効率的で効果的な生産体制とマーケティング活動が急務であった。そのため，生産活動やマーケティング活動などを包括的にマネジメントする目的で，2003 年，タイ・ビバレッジ（ThaiBevarage）社[1]を設立，スピリッツ（蒸留酒）およびビール事業を持つ大手アルコール飲料メーカーへと進展していった。

　市場シェアを拡大するために，ビールになじみのない消費者に合わせて，アルコール度数がチャーンビールより低く，安価な「アーチャービール」を投入したが，一時期タイ国内における市場シェアを逆転したシンハービールに2008 年，再度トップの座を奪われた。こうしたなか，経済成長にともなって，アルコール度数が高く苦みの強いビールはタイでも受け入れられなくなりつつあるなど消費者の嗜好も変化してきていた。そこで，消費者ニーズの多様化に対応して，主力製品のチャーンビールにアルコール度数 6.4 ％のクラシック，5.0 ％のドラフト，4.2 ％のライトの 3 種類を投入することにした。これまでの安価なビールというイメージから脱却し，ブランド化する必要性を認識したことから，3 種類のチャーンビールには，統一感ある洗練されたラベルデザインをほどこし，街中では交差点にチャーンビールの看板を設置するなど，大々的なキャンペーンを展開した。さらに 2015 年には，ハイネケンのような見た目の，高級感のあるエメラルドグリーン色のボトルを採用したチャーンビールに一新

した。加えて，プレミアムビールの「フェダーブリュー」を新たに投入，これまでのチャーンビールのリーズナブルなビールというイメージを刷新していった。その結果，約40％の市場シェアを得るほどに成長している。他方，タイ国内のみならず，チャーンブランドをグローバル市場に浸透させようと，イングランドのプレミアリーグ，エバートンFC，スペインのFCバルセロナやレアルマドリードC. F. とスポンサー契約を結ぶなど，積極的なマーケティング活動を展開，地歩を固めていった。

しかし，タイ国内におけるアルコール産業を取り巻く環境に変化が起こってきた。政府は国民の飲酒を抑制するために，酒税の増税や広告・販売に対する規制を段階的に強化しており，タイ国内におけるビールを含めたアルコール市場は縮小しつつあった。

2　ノンアルコール事業への展開

アルコール事業を取り巻く環境が大きく変化している一方で，多角化による企業成長を志向するタイ・ビバレッジは，国内の有力な飲料企業の買収を試みた。まず，ランヨー・ビバレッジ（Wrangyer Bevarage）社を買収し，エナジードリンク事業を手に入れてノンアルコール事業への第一歩を踏み出した。続く，緑茶飲料最大シェアをもつオイシ・グループ（Oishi）の買収は清涼飲料事業の拡大を狙ったものであった。オイシ・グループは緑茶のほか，冷凍食品やビュッフェ式の日本食レストラン，回転寿司，ラーメン店を展開する飲料・外食大手でもあったため，食品，外食分野への参入も果たす結果となった。2017年には，ファストフード「KFC」のタイ国内事業も手に入れ，食品事業も強化している。

また，米ペプシコのボトラーであり，タイ大手飲料メーカーであるスームスック（Sermsuk）の持つ販売・物流網に魅力を感じていたタイ・ビバレッジは，スームスックの経営権を狙って米ペプシコが仕掛けたTOB（株式公開買い付け）に対してスームスック側が反発したとみると，ホワイトナイト（白馬の騎士：友好的な買収企業）として米ペプシコ保有株を友好的に買い取ることに成功し，獲得して，スームスックを手に入れた。これによって，1,200台のトラック，15万台の冷蔵庫，そして20万店の取引先を一気にタイ国内の販路と緑茶，炭酸飲料などの商品知識と技術を獲得し，同社の戦略の幅を広げることになった。

タイ・ビバレッジの売上高構成比をみてみると，アルコール事業からノンアルコール事業への多角化を進展させようとしていることがわかるが，ビール，

図表1 売上高構成比

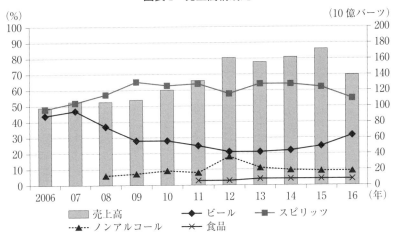

注：2011年までのノンアルコールにはノンアルコール、その他を含む。2008年までのビールには飲料水も含む。2016年の売上高は1-9月の間。
出所：ThaiBevarage Annual Report 各年より筆者作成。

スピリッツのアルコール事業に依存する傾向が強い(図表1)。このことはタイ・ビバレッジがもう1つの多角化の柱として国際化を進めていくこととも関係があるとみていいだろう。

3 グローバル企業への飛躍

多角化を通じた企業成長を志向するタイ・ビバレッジは、国内で圧倒的なシェアを持つスピリッツ、1990年代以降注力してきたビール、2000年代以降注力してきたノンアルコールだけでなく、海外市場にも目を向けている。

2006年、シンガポール証券市場に上場して以降、国際化をますます進展させていく。現在までに、スコットランドで5つの蒸留所、中国で1つの蒸留所を買収し、欧州を中心に90ヵ国以上にスピリッツを販売、タイのビール工場からはアメリカ、イギリス、欧州、東南アジアの40ヵ国以上に輸出しているが、とりわけ、文化の面でも消費者嗜好の面でも類似性の高いシンガポールやマレーシア[2]など近隣のアジア諸国の市場開拓に注力している。

チャーンビールを広くASEAN（東南アジア諸国連合：アセアン）に展開しようとしていたタイ・ビバレッジにとって、シンガポールに本社を置き、ビール、清涼飲料、不動産のコングロマリット（複合企業）であるフレイザー・ア

ンド・ニーブ（Fraser and Neave：F&N）社は，きわめて魅力的な企業であった。そのため，F&N グループのアジア・パシフィック・ブリューワリーズ（APB）社の買収を考えたが，結局 APB はハイネケンの子会社となってしまった。APB を獲得できなかったタイ・ビバレッジは，F&N の筆頭株主になった後，TOB を仕掛け，F&N の買収に成功した。

　F&N の買収はタイ・ビバレッジの ASEAN 市場への参入に大きく貢献することになった。F&N ビジネスがもたらす営業利益はタイ・ビバレッジの営業利益の 14％を占めるが，F&N 買収の効果は，そうした数字上のものだけではない。たとえば，オイシの商品やエスト（スームスックが開発したコーラ飲料）を F&N の関連会社からミャンマーで販売したり，マレーシアにある F&N の工場からインドネシアなどへハラール商品（イスラム教の規則に則った商品）を輸出したり，F&N を通じてマレーシアのセブンイレブンでオイシの商品を販売している。つまり，F&N がこれまでに構築してきたシンガポールやマレーシアでのプレゼンス，ミャンマーやベトナムなどの経済成長著しい ASEAN 諸国への進出の足がかりとなる設備や機会を活かすことが可能となったのである。

　さらなるグローバル企業への飛躍を期し，2020 年までのロードマップ「ビジョン 2020」を 2014 年に掲げている。①成長，②多角化，③ブランディング，④リーチ，⑤プロフェッショナリズムの 5 つを戦略的インペラティブ（要件）として，2020 年までに ASEAN における飲料メーカーのリーダーになることを目標として，さらなる多角化と国際化を進展させている。

4　成長のキーとしての買収：多角化と国際化

　タイ・ビバレッジは，タイ国内のスピリッツ市場で圧倒的なシェアをもちながらも，さらなる成長を目指して事業多角化と国際化を進めてきた。

　スピリッツからビールへの進出においては，ビール事業自由化を受けて迅速に参入の意思決定を行い，外国企業からの技術協力を受けて工場を建設した。経営基盤の安定と企業成長のため，アルコール事業だけでなくノンアルコール事業への参入を図った際は，被買収企業の商品開発能力や販売網などを活かすなどシナジー効果を得られる，タイ国内のオイシ，スームスックなど有力な大手企業を買収した。また，国際化の際には，当該地域でのプレゼンスとノウハウを持つ F&N を買収し，マレーシアやミャンマー，ベトナムなど ASEAN 諸国への流通チャネルを得た。タイ国内のみならず海外市場でも自社製品のブランド化をしようと，サッカーチームのスポンサーになるなど，積極果敢なプロ

モーションも行っている。そして，2017年12月には，ベトナムのビール最大手，サイゴンビール・アルコール飲料総公社（サベコ：主力ビールは333（バーバーバー））を買収した。東南アジア最大のビール市場で経済成長著しいベトナム企業の買収は，ベトナム市場およびASEAN市場へのさらなる浸透を目指しているものと推察される。

通常，新興国企業は既存のグローバル企業が無視するような機会に挑み，また失敗への耐性も高いとされるが[3]，タイ・ビバレッジの場合はどうだろうか。ビール事業が自由化された際には真っ先に手を上げ，また2003年にタイ・ビバレッジとして設立されてからも，シナジーを見込める買収先を冷静に選択しつつも，迅速な意思決定によって大胆な買収を仕掛けることで成長してきた。

また，新興国企業は成長を第一義に考え，イノベーションやブランド管理を怠りがちになる[4]という指摘もあるが，同社の場合はチャーンビールの市場シェアの伸び悩みを受けて，生産設備の高度化や品質の向上，新製品の投入を続けるとともに，スポンサーシップや看板など多額のコストをかけてのプロモーションによってブランド化を進めている。

コングロマリットはマネジメントが複雑化したり，企業価値が低くなる傾向があるとされ，近年，先進国では多くの企業が選択と集中を続けてきた。しかし，コングロマリットであるTCCグループ（タイ・ビバレッジはその中核企業）は近年，アルコール，ノンアルコール，食品以外の事業にも参入している。ベ

図表2　タイ・ビバレッジのグローバル企業へのプロセス

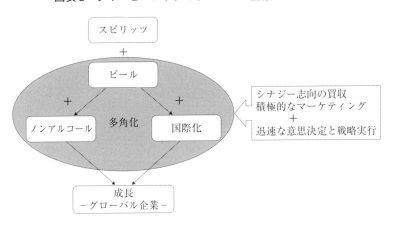

出所：筆者作成。

286　第Ⅲ部　国際ビジネス：焦眉の課題と将来展望

トナムのフータイを買収し，コンビニエンスストア「フータイ」を開業，仏カジノグループからスーパーマーケットチェーン「ビッグＣ」のタイ部門を買収して，小売事業への参入を果たしている。さらに，バンコク市内チャオプラヤー川沿いや東部パタヤでは商業施設を開発しており，今後はバンコク中心部のウィッタユ通りに巨大複合施設を建設するなど不動産事業にも参入している。

　事業部化か売却かという選択に代替するコングロマリットという選択肢は，その構造ゆえに事業ポートフォリオを効果的に管理できるともされており[5]，より迅速な意思決定と戦略の実行が可能になると考えられる。

　タイ・ビバレッジはスピリッツからビール，そしてノンアルコールへと多角化，そして国際化するに際して買収を活用してきた。買収においてはシナジー効果が得られるかを考慮して企業を選別している。また，消費者ニーズの変化への対応とグローバル市場でのプレゼンスを獲得するために，材料の選定と改良，革新的な商品の開発，積極的なマーケティングを展開している。そして，それらを実現させる迅速な意思決定と戦略の実行がタイ・ビバレッジの成長，すなわちグローバル企業への飛躍を促進していると考えられる（図表2）。

　（注）
　（1）　タイ・ビバレッジはもともとスピリッツ事業を展開してきた企業である。2016年の同社の売上高構成比は，ビール事業32％に対し，スピリッツ事業が55％，ノンアルコールおよびフーズ事業が13％となっており，スピリッツ事業への依存度が高くなっている。タイ・ビバレッジの記述については，同社年次報告書や同社ホームページ，『日本経済新聞』，『日経産業新聞』，『日経MJ』を参考にしている。
　（2）　マレーシアでは，オイシの緑茶はシェア1位，ペットボトル（缶）入りお茶は4位である。
　（3）　Guilen and Garcia-Canal（2014）。
　（4）　Jullenz（2014）。
　（5）　Ramachandran, et al.（2014）。

　[Review & Discussion]
　（1）　タイ・ビバレッジ以外の新興国企業について調べ，グローバル化への戦略について考察してみよう。
　（2）　企業の買収や合併には様々な困難が付随するとされている。どんな困難さが存在し，それらを克服するにはどうしたらよいのか調べ，議論してみよう。
　（3）　かつて企業の国際経営戦略は産業ごとに異なるといわれていたが，飲料メーカーや食品メーカーなどのグローバル化について，他の産業との違いなどの観点から調べ，比較・検討してみよう。

（参考文献）

1　Govindarajan, V. and C. Trimble（2012）, *Reverse Innovation*, Harvard Business Review Press, 2012.（渡部典子訳『リバース・イノベーション』ダイヤモンド社，2012年）。

2　Guilen M.F. and E. Garcia-Canal（2014）"Execution as Strategy".（倉田幸信訳「新興国のグローバル企業に学べ」『ダイヤモンドハーバードビジネス』2014年2月。

3　今井雅和（2016）『新興市場ビジネス入門』中央経済社。

4　Jullenz, J.（2014）"How Emerging Giants Can Take on the World".（編集部訳「新興国企業はいかにしてグローバル企業へと進化するのか」『ダイヤモンドハーバードビジネス』2014年5月）。

5　橘川武郎・黒澤隆文・西村成弘（2016）『グローバル経営史』名古屋大学出版会。

6　Ramachandran, J., K.K. Manikandan and A. Pant（2014）"Why Conglomerates Thrive（Outside the U.S.）".（編集部訳「コングロマリット経営を再評価する」『ダイヤモンドハーバードビジネス』2014年5月）。

（清水　さゆり）

CASE 10 ··

グローバル競争と新興国企業：ナチュラ・コスメティコ

1 ナチュラの沿革

ナチュラはブラジルを代表するビューティ&パーソナルケア（以下，B&P）企業である。主に，マスマーケットを対象にしているが，中・上層消費者に対して直接販売している。訪問販売員は国内外に約190万人，本国他7カ国に生産販売拠点を持つ。

2015年度の総売上高は約79億レアル（R）[1]，税引き後利益は約15億R。海外売上高は約25億R，海外税引き後利益は約2.5億R。本国市場のシェアは11.1％（2位），本国を除く中南米諸国のそれは4.1％（6位）である。競争相手には，ユニリーバ，P&G，エイボン，ロレアルなどがいる。

近年では，2013年にオーストラリアのイソップ（Aesop）を買収，2017年6月にロレアルとザ・ボディショップの買収に関し独占交渉（買収額は10億ドルユーロの見通し）を始め注目を集めている。

2 業界に渦巻く不満・不信感とナチュラの創業

1969年，当時27歳のセアブラは，サンパウロにスキンケア製品を開発・生産・販売する会社を設立した。コンセプトは化粧品に「セラピック・トリートメント」の考えを取り入れること。体に良い天然成分をベースにした製品を開発し，顧客一人ひとりに合った形で対面販売するというものであった。

彼が起業した背景には，当時業界を支配していた欧米企業に対する消費者の不安や不満があった。化学物質に対する安全性や，性別・年齢・民族に関する偏見に満ちたイメージなどが盛んに議論されていた。彼もこの変化を捉えた起業家の1人で，既存製品はブラジルの気候と肌質に合わないと考えた。

また，彼は顧客と接するなかで，化粧品が自尊心に影響を及ぼすこと，つまり体だけでなく心にも影響を与えることに気づいた。そこで，彼は商品に機能だけでなく，情緒的な価値を付加することで，顧客の生活を変えることができると考えた。後に，このときの経験は販売方式の選択や企業理念の再定義に大きく影響した。

3 ブラジルの失われた10年と事業規模の拡大

1974年，セアブラは店舗での販売をやめ，（すでにブラジルに参入していたエイボンに倣い）コミッション形式の訪問販売員による直接販売方式に切り替えた。小売を支援する資金的余裕がなく，一方でコンセプトを守りたいと考えていた彼にとっては現実的な選択肢であるように思われた。

その後，ナチュラの業績は伸び始めた。直接販売ネットワークは顧客と1対1の関係を築かなければならず，立ち上げるのに大変手間がかかるが，一度立ち上げると低い限界費用で拡大できるという利点があった。また，小売業者よりも先に消費者情報を手に入れることもできた。

1980年代，ブラジルは激しいインフレと低成長に見舞われたが，ナチュラにとってむしろ事業拡大の機会となった。外国企業の多くはブラジルから撤退，もしくは投資を中止した。米系企業は不安定な政治経済環境を嫌い，参入を見送った。

経済の低迷は，販売員確保だけでなく，製品需要にも大きく影響した。実質所得の低下を補うため，女性の社会進出が加速した。ブラジルは文化的にセルフイメージを重視しており，経済の悪化はB&P製品の需要を増大させた。さらに，ナチュラは販売員として有能な女性を確保することができた。

幸運にも，ナチュラは働き口を求める有能な女性を採用することができたが，彼女たちにもっと良い仕事ができるようにトレーニングを施した。彼女たちは商品の価値を伝え，顧客から情報を得て，今度は研究開発にその反応を届けた。

この時期，ナチュラは製品ポートフォリオと販売地域を広げていった。ブラジルは輸入を制限していたため，競争相手はマスマーケット向けに現地生産をしている企業に限られていた。その企業の多くは百貨店やドラッグストアに依存しており，ハイパーインフレの影響を受けた。ナチュラは訪問販売方式を採用していたため，驚くべき低コストで事業を拡大できた。

広大な国土に人口が分散する地方で直接販売は威力を発揮した。1980年代末まで，閉ざされた市場でナチュラは成長を遂げた。ブラジル経済は低迷していたが，同社の販売員は2,000人から3万3,000人に，売上げは500万ドルから1億7,000万ドルに増加した。

4 事業環境の悪化と企業理念の再定義

しかし，1989年に経済危機が進行すると，ナチュラの成長は止まった。さらに，経済自由化により経営が不安定になった。新しい競争相手が市場に現れ，ナチュラは多くの欠点を抱えていることに気づいた。欧米系多国籍企業と比べ，

290　第Ⅲ部　国際ビジネス：焦眉の課題と将来展望

生産能力，製品ポートフォリオ，販売員のマネジメントの点で劣っていた。売上げは落ち込み，従業員の15％を解雇せざるを得なかった。

　事業環境の悪化にともない，工場，技術，人材への投資をめぐり，社内で意見が対立した。1989年，成長するための投資を主張したセアブラらがパートナーから株式を買い取り，新会社のナチュラ・コスメティコを創設した。

　統合後，セアブラはナチュラの企業理念と価値観を再定義した。企業理念を「*well-being-well* を促す商品を生み出し，販売していくこと」とした。*well-being-well* とは「正しいやり方で，幸せになる」という意味だが，彼は「良い製品によって個人の生活の質を向上させる」という思いを込めた。

　この企業理念は，創業時のコンセプトと対面・訪問販売での経験を結晶化したものだった。つまり，良い製品とは機能以上のもの，つまり，感情や感性，そして知性にも訴える製品を指していた。そして，こうした理念のもとで，ブランド・ポートフォリオや製品開発，販売員のマネジメントを進めた。

　ナチュラは，新しい企業理念を体現する製品として，1992年に皺防止クリーム「クロノス」を発売した。またそれに合わせて，「リアル・ビューティ」キャンペーンを展開した。そこでは，「女性の美しさは永遠に若いということではなく，本来備わっているものにあり」，「本当の美しさ」は自尊心と深い関係があると主張し，「若さを取り戻すのではなく，加齢に対し適切な態度をもつことで人は美しくなる」という新たな美の基準を打ち出した(2)。

　これまで業界は，若さこそ美であるという固定観念を顧客に植えつけ，それに対する恐怖を煽ることで商品を販売してきた。しかし，セアブラはそれが顧客の自尊心を傷つけると考えていた。この他にも，ナチュラは製品成分を正確に表示し，的確なアドバイスのできる販売員を養成するなど，顧客に誠実であることを約束した。

　こうした努力により，クロノスは成功を収め，最も収益性の高いブランドの1つとなった。ナチュラはこうしたアプローチが顧客ロイヤルティの形成に寄与し，製品の重要な差別化要因になると考えるようになった。

　またこの時期，ナチュラは技術開発や品質管理にも投資を行い，将来の基盤を築いた。工場を新設し，生産能力を50％増強した。生産と流通センターをまとめ，効率よいロジスティクスを実現した。生産ラインに新技術を導入し，オペレーション，情報，プランニングシステムに多額の投資を行った。

　こうして，1994年のブラジルの通貨安定化プランにともない販売機会が高まったとき，ナチュラは素早く対応することができた。その後4年間で売上高は6倍に伸びた。同社は，能力以上に企業が成長したことを認識し，外部から

多くの人材を幹部として採用した。中途採用組は経営のベンチマーク（指標）を定め，ベスト・プラクティスを実施し，世界標準のマネジメント・ツールを導入した。

5 経済自由化と外国企業との競争

1990年代半ば，ブラジル経済が安定すると，多くの外国企業があらゆるチャネルを通じて参入するようになり，ますます競争が激しくなった。現地企業の多くが業績不振に陥ったり，買収されたりした。ナチュラは，絶え間ないイノベーションが参入障壁となっている B&P 産業で，グローバル・プレーヤーと効果的に競争する方法を見つける必要があった。

このとき，共同経営者のひとりは，今後，消費者の購買決定に大きな影響を与えるものとして，環境とサステナビリティに注目した。ブラジルでは，倫理的消費への関心が高まりつつあり，それは全世界的にもみられた。次いで，研究開発のプラットフォームとして，アマゾンの自然に注目した。ブラジルの豊かな自然を活用するだけでなく，その保全に努めることで，天然成分を使用した B&P 製品の先導者として，同社を位置づけることにした。

この戦略を牽引した要因は2つあった。1つは，環境へのコミットがブランドに与えるインパクト（ナチュラ，ポルトガル語で「自然」）。もう1つは，ブラジルを企業の出自としていること（国土の5分の2がアマゾン）。ナチュラは「この2つを組み合わせると，アマゾンへのコミットは，われわれの戦略であり，能力であり，使命でもある」と考えた。

ナチュラは，B&P 製品に対する顧客ニーズと同社が活用できる資源を結びつけることで，製品の着想を得た。そして，このときも，企業理念がブランド・コンセプトに重要な役割を果たした。それは，*well-being-well* の対象をバリュー・チェーン全体に広げ，アマゾン由来の天然原料を用いるだけでなく，環境的・社会的に持続可能な形で生産するというものであった。

ナチュラはライバルとの差別化を図り，同社を象徴するプレミアム・ブランドとして「エコス」の開発を思い立った。同社の社会的活動には長い歴史があり，それなりに知識もあったが，エコスでは，経済，環境，そして社会的な成果を同時に向上させることが求められた。こうした試みは戦略レベルで初めてであり，まだどの企業も天然資源の持続的活用方法を確立していなかったので，同社は試行錯誤しながら商品開発を進めていった。

エコス計画のカギを握っていたのは，原料の調達であった。アマゾン地域には多くの資源が眠っていたが，実際に原料を採取するのは地域住民である。ナ

チュラは彼らの伝統的な知識を活用したいと考えた。ただ，彼らの資源採取方法は，時に環境に悪影響を及ぼすこともあった。それは，多くの場合，貧困に起因しており，エコス計画は貧困問題の解消と深くかかわっていた。

　商業利用となると原料の大量栽培が必要であり，従来の農法では持続可能という目標が達成できなかった。しかし一方で，持続可能な農法には準備（資金と時間）が必要であった。以前，他の企業とうまくいかなかった経験を持つ地域住民は企業との協力に懐疑的であった。メーカーに依存するリスクが問題となっていた。

　ナチュラは地域住民に公正な価格を保証し，技術や設備を供与した。原料に付加価値を与える方法と手段を供与し，そのための訓練や能力構築も行った。最初は住民一人ひとりと契約を結んでいたが，コミュニティ単位の方が効果的であったため，コミュニティ組織の開発・運営も支援した。

　不確実性が高いビジネスであることから，販路をナチュラ以外に広げたり，他の作物を栽培したりすることも地域住民に指導した。需給に変化などが起きた場合に信頼関係が崩れないように，情報を公開し，どのような経緯で取引条件を変更するのかという点について透明性の確保に努めた。

　エコス計画を進めるにあたって，ナチュラは自社の知識だけでは不十分であると考えた。コミュニティ支援や，持続可能な方法で栽培・製造しているかを検証する認証プロセスなどの点で，NGO（非政府組織），原料加工業者，政府とパートナシップを築いた（図表1）。

　こうした多様なステークホルダーとの協議は難しかったが，ナチュラ自身もビジネスのやり方を変えることでそれに対応していった。様々なステークホル

図表1　エコス・ブランドのバリュー・チェーン

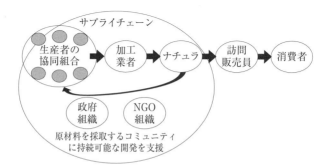

出所：筆者作成。

ダーの意見を聞き，それを戦略の策定に生かすことができるように，経済的な成功だけでなく，社会・環境面でのパフォーマンスを重視する「統合報告（Integrated reporting）システム」を構築し，改善を重ねていった。

エコスは消費者に受け入れられ，発売後数年間でナチュラ全体の売上げの10％以上を占めるまでに成長し，同社を象徴するブランドとなった。エコスの発売によって同社は新しい段階に入った。ブラジルの豊かな自然を研究し，持続的な方法で活用し，その保全に貢献する企業として認識されるよう努めた。「統合報告システム」の活用を進め，エコスの考え方を日常のオペレーション全体に浸透させていった。

2003年以降，こうした努力により，ナチュラはいくつもの消費者調査でブラジルB&P市場の一流ブランドとして評価されるようになった。そして，2005年には国内市場シェア首位の座をユニリーバから奪い，2013年までそれを維持し続けた。

6　ナチュラのグローバル化

1980年代初め，セアブラは「ナチュラの価値観・信条の多くは普遍的であり，地域や文化を超えて共有できる」と考えていた。そこで，ナチュラはいくつかの中南米諸国に投資を行ったり，アメリカ市場の富裕層を狙って輸出したり，同じ言語を使用しブラジルより豊かな国としてポルトガルに目をつけたりした。しかし，最初，これらはいずれもうまくいかなった。

1982年，初めて海外に進出したチリでは，現地流通業者への委託販売という形をとったが，パートナーはナチュラの製品を販売することに熱心ではなかった。チリは他の中南米諸国と比べ，小売全体に占める直接販売比率が低く，消費者行動も西欧諸国のそれに近かった。

1983年には，米国のフロリダとポルトガルに輸出用ブランドを立ち上げ，両国ともナチュラで以前働いていたか，個人的に関係のある人物が現地の責任者となったが，間もなくその事業を中止した。その後も，ナチュラは，ボリビア，ペルー，アルゼンチンに参入した。チリと同様に現地の流通業者とパートナーを組み販売ネットワークを構築したが，成功しなかった。

この時期，ナチュラには海外事業を展開しなければならない経済的な事情もなければ，経営資源を海外に振り向ける余裕もなかった。セアブラ自身も国際市場の開拓にはそれほど熱心ではなかった。ブラジル本国の事業を守ることに関心があった。このときの海外展開は，衝動的なもので，十分な計画も市場に関する知識もなかった。

294　第Ⅲ部　国際ビジネス：焦眉の課題と将来展望

　その後，中南米市場は成長し，ブラジルに対する評価も以前と比べて好ましいものに変わったが，ナチュラはブラジルと近隣諸国の違い，そして近隣諸国同士の違いを過小評価していた。間接的にしか管理できない状態で，ナチュラと販売員の関係は希薄になり，現地の嗜好に関する十分な情報を本国研究所に伝えられなかった。ブランド・アイデンティティも定まらなかった。

　アルゼンチンでは，エイボン出身のマネジャーを責任者に採用した。販売ネットワークおよび売上高は伸びたものの，満足いくものではなかった。訪問販売を熟知した人物であったが，ナチュラの文化を理解していなかった。しばらくして，ナチュラはアルゼンチン子会社が「共通の製品を有する別の会社」になってしまったことに気づいた。価値提案，ポジショニング，価格，製品ミックスなど，ブラジルの方針から外れていた。

　1999年，販売ネットワークを築くため，当時ブラジルの販売担当役員のアレサンドラ・カールッチがアルゼンチンに派遣された（後に彼は本社社長となった）。ナチュラが十分な権限と資源を有する幹部社員を海外に派遣するのは初めてであった。その狙いは，ナチュラの中核となる価値観にコミットし，強力なブランドを構築するためであった。彼は販売員との関係を強化し，離職率を抑えようとした。

　しかし，2001年末，アルゼンチンの通貨は大幅に下がり，経済が大きく後退した。このとき，多くの外国企業が価格を上げたが，ナチュラは顧客との関係を築き，販売員との絆を深めるため，価格を据え置き，コスト削減によって乗り切ろうとした。これにより，ナチュラは善いことをするためその国で活動し，長期的な利益に関心があることを示した。こうした戦略が功を奏し，1999年以降，同国の業績は大きく伸びた。

　ナチュラはアルゼンチンの経験を地域内の他市場にも移転し，海外でも販売員が同社の価値観に深くコミットし，ブランド力を高めるよう段階を踏んでいった。これらの国々でも，マネジメントやポジショニングの点で同様の問題を抱えていた。ペルーではブランド認知に力を入れ，チリとボリビアでは経営陣を刷新し，ナチュラの幹部が流通業者とより緊密な関係を築くようにした。

　2003年，ナチュラは経済や人口構成，社会動向だけでなく，化粧品に対する感情や直接販売の伝統がブラジルと似ていると評価したことからメキシコへの参入を検討し始めた。何よりもメキシコの市場規模はブラジルに次いで大きく，魅力的であった。しかし，メキシコはエイボンが1956年から事業を展開しており，ナチュラは後発企業であった。ブランド構築の点で遅れをとっており，これまでとは異なる戦略が必要であると感じた。

CASE 10   295

図表2　ナチュラの海外事業

	参入	生産	流通	R&D	コンサルタント
ブラジル	1969	○	○	○	1,400,000 人
チリ	1982		○		73,400 人
ボリビア	1983				代理店*
ペルー	1994		○		91,500 人
アルゼンチン	1994	○	○		139,600 人
メキシコ	2004	○	○		130,400 人
コロンビア	2007	○	○		72,300 人
フランス	2005		○		1,060 人

＊「代理店」は「（ナチュラの子会社ではなく）代理店経由で販売」という意味。
注）メキシコ，フランス，ブラジルには実店舗を展開。○は現地に拠点があることを示す。
出所：2016 年時点，ナチュラ投資家向け資料より。

図表3　中南米諸国の B&P 市場規模と関連指標

	B&P市場の規模 （10億ドル）	B&P市場における直接販売の割合	人口 （100万人）	1人あたり名目GDP （米ドル）
ブラジル	29.2	25.2 %	20,800	8,800
チリ	2.7	15.4 %	1,800	13,300
ペルー	2.1	35.4 %	3,100	6,000
アルゼンチン	6.2	22.7 %	4,300	13,600
メキシコ	9.0	23.8 %	12,700	9,500
コロンビア	2.7	34.5 %	4,800	6,100

注）B&P 市場は 2016 年，人口と GDP は 2015 年。
出所：ナチュラ投資家向け資料などより。

図表4　世界主要各国の B&P 市場規模と人口

	B&P市場の規模 （10億ドル）	人口 （100万人）		B&P市場の規模 （10億ドル）	人口 （100万人）		B&P市場の規模 （10億ドル）
アメリカ	84.8	32,400	イタリア	10.8	6,000	北米*	87.1
中国	50.2	138,200	ロシア	9.1	14,300	中南米*	60.2
日本	37.1	12,700	スペイン	8.0	4,600	西欧*	91.3
ブラジル	29.2	20,100	タイ	5.3	6,800	中東アフリカ*	25.5
ドイツ	17.9	8,100	インドネシア	4.6	26,100	アジア太平洋	134.1
フランス	14.4	6,500	トルコ	3.7	8,000		
インド	12.1	132,700	ベトナム	1.3	9,400		

注）＊は 2015 年。
出所：2016 年，Euromonitor などより。

296 第Ⅲ部 国際ビジネス：焦眉の課題と将来展望

そこで，メキシコでは，2005年に参入したフランスでの経験から学び，ナチュラの企業理念や価値観に触れることのできる場所として，カーサ・ナチュラを開設した。これは，一種のクラブハウスであり，販売員がブランドに触れ，販売員同士が顔を合わせ，情報や知識を交換したり，講演や展示を通じてトレーニングを受けたり製品をテストしたりできるところである。ナチュラと販売員の関係を強化する場所として機能している。

なお，アルゼンチン，チリ，ペルーの三国合計では2008年から，メキシコとペルーの二国合計では2013年から黒字に転換している（2015年，ブラジルを除く中南米諸国の税引き後利益は1億7千万R）が，フランス事業は小規模のままで売上高，利益ともにほとんど貢献していない（図表2も参照）。

この他の海外事業としては，アメリカ，イギリス，そのほか中南米諸国などに輸出している（図表3，4）。グアテマラやベネズエラには拠点を設けたが，現在撤退している。2013年に豪イソップの株式65％を取得（後に完全子会社化）し，ナチュラとは別に2016年末時点で18ヵ国176店を展開している。イソップの売上高は4億3千万R，同税引き後利益は9千万Rである。一方，中国やロシアは参入を検討したが，同国消費者がブラジルやナチュラの企業理念と価値観にほとんど関心を払わなかったため見送っている。

　　＊ケース作成に際しては金﨑（2015）の他，ナチュラの年次報告書および外部投資家向け公開資料，Forbesの会社情報，Euromonitorの業界レポートなどを参照した。

（注）
（1）　B&P産業では世界19位（Euromonitor），消費者財産業では世界233位（Deloitte Touche Tohmatsu., "Global Powers of Consumer Products 2015"）に相当。後者によれば，同規模の日本企業としてアシックス231位，カシオ236位，ワールド239位がある。
（2）　2004年から，ユニリーバが同様のテーマでダヴのグローバルブランド化を進めている。

[Review & Discussion]
（1）　各国B&P市場について調べてみよう。市場規模，製品，流通チャネルなどの面で違いはあるだろうか。また，B&P市場における競争相手とそのグローバル戦略を調べ，ナチュラの今後のグローバル戦略について考えてみよう。
（2）　特定の産業に焦点を当て，新興国企業について調べてみよう。そして，その新興国企業に対する先進国企業の対応について検討してみよう。

〔参考文献〕

1 Jones, G., *Beauty Imagined: A History of the Global Beauty Industry*, Oxford University Press, 2010. (江夏健一監訳『ビューティビジネス』中央経済社，2011 年）。

2 金﨑賢希（2015）「新興国企業による外部資源の創造的活用と市場機会の追及」『国際ビジネス研究』第 7 巻 1 号，49-66 ページ。

3 クレイトン・M・クリステンセンほか「市場創造型イノベーション―アフリカを開拓する新手法」『DIAMOND ハーバード・ビジネス・レビュー』2017 年 10 月号，62-74 ページ。

4 Sirkin, H. L. et al., *Globality: Competing With Everyone from Everywhere for Everything*, Business Plus, 2008.（水越豊監訳『新興国発　超優良企業』講談社，2008 年）。

（金﨑　賢希）

索　引

［あ］

アーキテクチャー ……………………98
ICT ……………………………221
ICT 革命 ……………3, 12, 26, 223, 229
ILO …………………………………49
IMF …………………………………246
IoT …………………………219, 221
ISO …………………………………50
アジア NIEs 企業 ………………………6
アジアからの投資 ………………239
アジア企業の対日直接投資 ………240
アジア新興工業経済地域 ………………6
ASEAN ………………………248
アダム・スミス ……………29, 126, 216
アメリカ型大量生産方式 ………127

EC の航空自由化 ………………25
EDI ……………………………219, 220
EPA …………………………235
E-P-R-G プロファイル ………10
EU …………………………………229
移行経済国 ………………………248
1 段階モデル（世界市場細分化）………113
移転能力 ………………………48
イノベーションと学習 …………144, 148
異文化シナジー ………………171
異文化とのコンフリクト …………167
異文化トレーニング ……………107, 175
インターナショナル・ブランド ………223
インターナショナル組織 …………141, 142
インターネット革命 ……………229
インターネットサービス …………215
インターネットを利用したデータ共有シス
　テム ………………………223
インドのビジネス環境ランキング ………254

受入国人材 ……………………158

HRM ……………………………156
　ドメスティックな—— …………157
　——の範囲 ……………………156
AI ……………………27, 157, 221
エスノセントリズム的対応 ………169
SPA ……………………………97
FDI …………………………5, 93
FTA …………………………38, 241
FTA 締結国間での貿易制度の自由化 ……39
NGO …………………………42
M&A …………………………108
　——のマネジメント・プロセス ………109
MBA 留学 ……………………175
MNC（☞多国籍企業）
LR ……………………………260
LCC …………………………26
エレクトロニクス産業 ……………26, 88, 257

欧州事業本部 …………………23
欧米のビジネスマン ……………175
OECD ………………49, 233, 246, 248
　——の多国籍企業行動指針 ………49
オープン API ………………229

［か］

海外研修 ………………………165
海外子会社：
　貢献者の—— ……………………148
　戦略リーダーの—— ……………148
　ブラックホールの—— ………148, 149, 152
　——で設計された人事制度 ………162
　——の経営資源 …………147, 151
　——の役割差別化モデル ………147, 149
　——の役割と調整メカニズム ………151
　——への忠誠心 …………………160

海外直接投資 …………………………5
　　──を基盤とする多国籍企業 ………23
海外派遣者：
　フリーエージェント型の── …………161
　本社志向型の── …………………161
　　──の家族 …………………………160
　　──の帰属意識と忠誠心 …………160
　　──の忠誠心のパターン …………160
　　──の役割（ミッション） …………159
外国市場供給の決定プロセス …………93
外国市場への参入戦略 …………………93
外資系企業の二次投資 …………………238
カイゼン …………………………………129
カイゼン活動 ……………………………88
買い手要因 ………………………………91
科学的管理 ………………………………126
課業 ………………………………………127
格安航空会社 ……………………………26
カスタム化 ………………………………119
価値連鎖 …………………………………96
　　──の基本形 …………………………96
GATT ……………………………………222
カルチャーショック ……………………175
為替管理政策の変遷 ……………………234
環境問題 …………………………………42
関係資本 …………………………………251
関税と貿易に関する一般協定 …………222
間接貿易 …………………………………167
間接輸出 …………………………………114
完全所有子会社 …………………………116
カンバン …………………………………129

企業戦略 …………………………………157
企業統治 …………………………………269
企業内の専用情報システム ……………220
企業のドメイン …………………………90
企業批判 …………………………………43
企業文化 …………………………………268
　　──や企業理念による管理 ………170
「技術・ブランド・ノウハウ」獲得型 ……237
規制緩和 …………………………25, 223, 235
帰納的アプローチ ………………………121
規模の拡大 ………………………………92

規模の経済 …………………………89, 223, 226
供給業者要因 ……………………………91
競争業者要因 ……………………………91
競争優位 …………………………………12
　　──の源泉 …………………………89
　　──の源泉となる暗黙知 …………157
　　──のダイヤモンド ………………270
「競争力」の堅持・強化 …………………269
金融サービス事業と小売事業との連関性・
　相互支援 ………………………………227

空間特殊的取引コスト …………………36
空洞化 …………………………………27, 134
クラウド …………………………………221
クラウド・サービス ……………………215
クラスター ……………………………35, 239
グループ企業内の情報共有化 …………224
グローバリゼーション ………………27, 47
　　──の新たな潮流 …………………28
　　──の進展 …………………………28
グローバル・アライアンス ……………237
グローバル・スタンダード ………26, 87
グローバル・デファクト・スタンダード
　………………………………113, 120, 122
グローバル・ネットワーク ……………13
グローバル・ネットワーク型組織 ……14
グローバル・ネットワーク社会 ………26
グローバル・マーケティング概念の登場
　……………………………………………121
グローバル・マーケティングの調整と統制
　……………………………………………122
グローバル・マスカスタマイゼーション
　………………………………114, 118, 119, 122
グローバル・マトリックス組織 ………139
グローバル・マネジャー ……168, 174, 175
　　──の育成 ………………………173, 174
グローバル格差社会の出現 ……………28
グローバル企業の世界的再編 …………25
グローバル競争環境 ……………………140
グローバル競争戦略分析 ………………122
グローバル高度ネットワーク社会 ……26
グローバル人材の不足 …………………164
グローバル戦略 …………………………94, 148

索　引　301

グローバル戦略型の市場参入戦略 ········116
グローバル戦略提携 ·············14
グローバル組織 ···········140, 142, 143
グローバル組織戦略 ············94
　──の類型 ················95
グローバル適合化 ··············114
グローバルな CSR ············47
グローバルな競争優位 ··········140
グローバルな社会的価値 ··········53
グローバルな社会的価値創造 ········52
グローバルな組織学習 ············14
クロス・ファンクショナル・チーム ····175
クロスボーダーM&A ············177

経営資源の潤沢性 ··············267
経営戦略と価値連鎖 ············95
経営戦略立案 ···············91
経営戦略立案のための環境要因 ········91
経営の現地化 ···············168
経営目線の拡張 ··············262
経済協力開発機構 ··············49
経済のグローバル化やボーダレス化 ······3
経済連携協定 ···············235
形態別対内直接投資の推移 ··········236
研究開発競争も激化 ············25
権限委譲性 ···········265, 268
現地志向型 ················9
　──の海外派遣者 ············161
現地人社員 ················173
現地生産への移行 ·············115
現地適応的対応 ··············169
現地適合化 ············118, 122
「現場重視」のマインドセット ········262

コア・コンピタンス ············97
コア能力をダイナミックに拡張 ········104
貢献者 ··················148
高コンテクスト ··············171
工場の「国内回帰現象」 ··········134
高度情報ネットワーク ············27
公平性 ··············265, 266
合弁事業 ···········102, 116, 117
合弁事業パートナー ············116

効率性 ··············265, 266
コー円卓会議 ···············49
顧客満足 ·················218
国際 HRM ···············157
国際 M&A ···············118
国際化アプローチ ··············116
国際経営 ·················222
国際事業部 ················23
国際市場参入方式 ··············114
国際戦略提携 ···········101, 117
　──におけるコミットメント ······106
　──のタイプ ···········102
国際戦略のマネジメント ··········105
国際通貨基金 ···············246
国際提携 ·················101
国際的な業界再編 ··············235
国際ビジネス ················222
　──の再構築 ············270
　──の特徴と対象領域 ·········10
　──のパラダイム ···········12
　──の理論研究 ············249
国際ビジネス・モデルの構築 ········265
国際ビジネス─6つの環境要因 ······11
国際標準化機構 ··············50
国際マーケティング・ミックスの世界標準
　化対現地適合化 ·········113, 120
国際マーケティング・ミックスのなかの
　製品戦略 ···············118
国際マネジメント ·············222
国際労働機関 ···············49
コグニティブ ···············218
コグニティブ・システム ··········218
国連型モデル ···············146
国連グローバル・コンパクト ········50
コスト・パフォーマンス上の優位性 ·····242
国家間のバーゲニング競争 ··········39
コミットメント ··············106
コミュニケーション・ギャップ ·······171
コミュニケーション・スタイル ····171, 172
コングロマリット化 ············92
コンピテンシー（競争力） ··········94
コンピュータのBTO ············88

302 索　引

［さ］

サードパーティ・ロジスティックス ……225
サービス化 ……………215, 217-219, 224
サービス業 ……………………………221
　　狭義の―― ………………………217
サービス産業 …………………………216
サービスの特性 ………………………216
作業の標準化 …………………………126
サステナビリティ（持続可能性）……95-97
サプライチェーン ……………………88
産業組織アプローチ …………………249
産業別の付加価値割合 ………………217

CS ………………………………………218
CSR ……………………………………43-45
　　グローバルな―― ………………47
　　戦略的―― ………………………46
　　――（キャロルの定義）…………44
　　――（ボーエンの定義）…………44
　　――の概念 ………………………47
GDS ……………………………………120
GI ………………………………………260
GMC …………………………………114, 119
GM―海外現地生産 …………………22
仕入・販売促進における規模の経済 ……225
シームレスで戦略的なパートナーシップ …88
JIT ……………………………………88, 129
J・Pモルガン商会 ……………………18
時間を買う戦略 ………………………117
事業定義を変更 ………………………51
事業統合のマネジメントに関する４つの
　　教訓 ………………………………109
事業部制組織 …………………………22
資源潤沢性 ……………………………267
市場細分化 ……………………………112
市場細分化基準 ………………………112
市場創造型のニッチ戦略 ……………242
市場適合的商品開発 …………………257
市場のグローバル化 …………………87
システムと手続 ………………………150
姿勢基準 ………………………………8

自然的資産 ……………………………33
実行者 …………………………………148
自動車関連産業 ………………………257
シナジー効果 …………………………118
社会化 …………………………………150
社会性 …………………………………44
社会的価値を体現できる事業 ………51
社会的責任 ……………………………50
ジャスト・イン・タイム ……………129
ジャスト・イン・タイムシステム …88
自由裁量的責任 ………………………46
集団的意思決定 ………………………172
18世紀の英国で起きた産業革命 ……26
自由貿易協定 …………………………241
潤沢性 …………………………………265, 267
「遵法性」の担保 ……………………269
証券投資（間接投資）………………17
少数所有 ………………………………115
情報技術 ………………………………132
情報産業論 ……………………………217
情報通信技術 …………………………221
　　――の発達 ………………………226
情報ネットワーク ……………………26
初期参入者の利点と不利点 …………253
シリコンバレー ………………………94
新規参入業者要因 ……………………90
新興工業地域 …………………………246
新興国市場 ……………………………246, 258
　　――のニーズ ……………………258
　　――のビジネス制度 ……………251
新興国市場・発展途上経済国 ………246
新興国の立地資産の有効性 …………251
人工知能 ………………………………27, 157
人事政策 ………………………………153
人事制度
　　伝統的な日系MNCに見られる――-163
　　――の主な決定要因 ……………158
人事制度・慣行に対する従業員の認識
　　……………………………………163
人的資源管理 …………………………156
信頼関係の構築 ………………………106
"信頼関係"を構築する ………………268
信頼サイクル …………………………106

索　引　303

垂直的統合・多角化 ……………………92
水平的多角化 ……………………………92
ステークホルダー ………………43, 266
　　——の社会的要請 …………………44
擦り合わせ型 ……………………………133
　　——の製品 …………………………133
3PL ………………………………………225

成果基準 …………………………………8
生産管理 …………………………125, 126
　　——の概念 …………………………126
　　——の起源 …………………………126
生産管理能力 ……………………………126
生産システム ……………………126, 132
　　日本の—— …………………………129
　　——の移転 …………………………130
　　——の効率性 ………………………131
製造業のグローバル化 ………………167
制度資本と関係資本の進化 …………254
製品のコモディティ化 ………………257
製品別事業部組織 ………………………23
製品ライフサイクル …………12, 94, 120
　　——の短縮化 ………………………102
世界規模・製品別事業部制 …………139
世界志向型 ………………………………9
世界市場細分化 …………………………113
世界統合化戦略 …………………………260
世界のフラット化 ………………………28
世界標準化 ………………………………118
世界貿易機関 ……………………………222
1978 年航空会社規制緩和法 …………25
全社的な目標と価値観 ………………153
　　——へのコミットメント …152, 154
全社的品質管理 …………………………129
先進経済国 ………………………………246
戦略提携 …………………………100, 102
　　——が選択される要因 …………117
　　——の成果 …………………………107
　　——のタイプ ………………………103
　　——や M&A が増加 ………………100
戦略的 CSR ………………………………46
戦略的意図 ………………………………105
　　——の共有 …………………………105

戦略的資産 ………………………………103
戦略的フィランソロピー ………………46
戦略問題のトレード・オフ …………142
戦略リーダー ……………………………148
　　——の海外子会社 ………148, 149, 152

総合的品質管理 …………………………88
創造された資産 …………………………33
ソーシャルビジネス ……………………28
組織・構造基準 …………………………8
組織能力 …………………………………269
組織のコンティンジェンシー理論 ……139
ソフトウェアをサービス化 …………215

［た］

task ………………………………………127
第 4 次産業革命 …………………………27
第三国子会社から本国市場への輸出 ……116
第三国人材 ………………………………158
『第三の波』 ……………………………217
対内直接投資 ……………………………235
対日直接投資 ……………………………233
対日直接投資加速プログラム …………235
対日直接投資残高の対 GDP 比 ………236
対日直接投資残高の地域別構成比 ……240
ダイヤモンド ……………………………35
大量生産からネットワーク ……………89
大量生産方式 ……………………………21
多元的グローバリゼーションの進展 ……27
多国間ベースのバーゲニング ………38, 39
多国籍化の方向 …………………………10
多国籍企業 …………………6, 7, 11, 43, 156
　　海外直接投資を基盤とする—— ……23
　　21 世紀の—— ………………………14
　　——が持つ重要な行動特性 ………48
　　——と受入国のバーゲニング関係 ……37
　　——の CSR …………………47, 48, 50
　　——の人材 …………………………158
　　——の競争優位 ……………………140
　　——のグローバル・マーケティング戦略
　　………………………………………122
　　——のグローバル展開 ……………24

304 索 引

——の社会的価値創造 ·····················53
——の立地をめぐる選択肢 ···············34
——への様々な国際規制 ···················49
多国籍企業化の定義 ···························9
多国籍企業経営 ·····························222
多国籍企業行動指針 ·························49
『多国籍企業と国際開発』·····················7
多店舗経営管理 ·····························225
多能工 ··129
WTO ···222

地域志向型 ··9
地域対応化戦略 ·····························260
地域別事業部制 ·····························139
チェーン・オペレーション ···············225
チェーン化 ·····································225
——と PB 化の進展 ·······················226
地球規模での競争 ···························223
知識の消散リスク ·····························93
知的熟練 ··131
中間財 ···31
調整メカニズム ·····························149
直接投資 ··130
直接輸出 ··115

T 型フォード ··································127
TQC ·······································88, 129
低コンテクスト ·····························171
定性的な基準 ····································8
「低炭素立地」型対日直接投資 ·········237
テイラー・システム ························126
定量的な基準 ····································8
デル・コンピュータのビジネスモデル ···88
電子データ交換 ·····························219
伝統的な組織モデル ························145
伝統的な日系 MNC に見られる人事制度
···163
天然資源産出国 ·····························251
店舗型小売企業 ·····························226

統合されたネットワーク ···················95
統合プロセス ·································109
投資銀行 ···································18, 19

——の発展 ·····································18
ドメスティックな HRM ···················157
トランスナショナル ························261
「トランスナショナル」型の多国籍企業
···120
トランスナショナル戦略 ···················94
トランスナショナル組織 ············140,
143–145, 149, 154
——の統合 ·····································149
——のマネジメント ······················146
取引コスト ·······························249, 253

[な]

ナイキのビジネスモデル ···················42
内部化アプローチ ······················116, 249
ナショナル・ブランド ···················223

NIEs ·································6, 246, 248
二国籍企業 ·····································159
21 世紀の自動車産業 ·······················25
21 世紀の多国籍企業 ·······················14
二重帰属市民型 ·····························161
——の海外派遣者 ··························162
2 段階モデル（世界市場細分化）·······112
日米構造協議 ··································222
日系多国籍企業の台頭 ·····················24
ニッチ戦略 ·····································93
日本型生産システム ···············129, 131
——の「適応」と「適用」···············130
——の仕組み ································129
——の仕組み移転可能性 ················130
日本企業：
——における国際 HRM の課題 ·········162
——のアジアでの事業活動 ·············256
——の海外売上高 ··························256
——の海外直接投資 ··························5
——の新興国市場での退潮 ·············257
——の新興国市場ビジネス ·············258
——の生産システムに対する悲観論 ···135
——の地域別売上高・経常利益の推移
···255
——の非中核部門売却 ···················237

索　引　305

日本人派遣社員 ……………………………162
日本人マネージャー ………………………173
日本製の乗用車 ……………………………133
日本的経営システム …………………………24
日本的生産システム …………………………24
日本における生産システムへの悲観論
　……………………………………………132
日本の小型車 …………………………………24
日本の生産システム ………………………129
日本のビジネス環境の強みの弱み ………243
ニュー・マネジメント・モード …………262

ネット・ショッピングとの競争 …………227

[は]

バーゲニング …………………………………36, 37
バーゲニング・パワー（交渉力）…………91
バーゲニング能力 …………………………37, 38
ハーバードの多国籍企業研究プロジェクト
　………………………………………………8
ハイ・エンド型ニッチ戦略 ………………242
買収後のマネジメント ……………………109
発展途上国の下請工場における児童労働
　問題 …………………………………………42
VAN …………………………………………219, 220
範囲の経済性 …………………………………89
反グローバリズム ……………………………47

PLC ……………………………………………120
BOPビジネス ……………………………29, 46
B2B ……………………………………………221
東インド会社 …………………………………17
東日本大震災 ………………………………135
非政府組織 …………………………42, 76, 292
ビジネス・コンセプト ……………………260
ビジネス活動を規定する要素 ……………252
ビジネス環境改善競争 ……………………254
ビジネス制度（制度資本と関係資本）…251
　――の進化 ………………………………254
　――のマネジメント方法 ………………253
ビジネスの「現場」とマネジメントの
　動態 ………………………………………264

ビジネスフレンドリー ……………………252
ビジネス立地（国）の違い ………………253
ビッグデータ ………………………………229
被買収事業ののれん代の償却 ……………118
標的市場国への参入戦略の選択 …………116
標的市場の設定 ……………………………114

ファストファッション ………………………88
ファミリー形成 ……………………………121
ファミリービジネス …………………………17
不安定性 ……………………………………105
フィンテック ………………………………229
フォード・システム ………………………127
　――により確立された大量生産システム
　……………………………………………128
フォード ………………………………………21
　――による組立ライン ……………………20
　――生産システム …………………………89
　――の海外戦略 ……………………………21
　――T型モデルの自動車生産 ……………89
付加価値活動の配置と調整 …………………31
付加価値活動の有効性 ……………………267
付加価値通信網 ……………………………219
プライベート・ブランド …………………225
プラザ合意 ……………………………………24
ブラックホール ……………………………148
　――の海外子会社 ………………148, 149, 152
プラットフォーム …………………………222
フリーエージェント型の海外派遣者 ……161
BRICs …………………………6, 12, 246, 248, 252
　――の台頭 …………………………………27
文化的多様性のメリット …………………169

米国型大量生産システム …………………128
米国企業の海外直接投資 ……………………5
米国系自動車産業 ……………………………23
　――の海外展開 ……………………………21
米国系多国籍企業 ……………………………22
　――の基盤形成 ……………………………19
　――の国際戦略提携 ……………………104
　――の成立 …………………………………22
米国自動車産業の生成 ………………………20

306 索　引

貿易摩擦 ………………………………24
POS データベースの電子的情報交換 ……227
本国志向型 ………………………………8
本国人人材 ……………………………158
本社が設計しているグローバル人事制度
　…………………………………………162
本社権力症候群 ………………………146
本社志向型の海外派遣者 ……………161
本社統制 ………………………………150
本社への忠誠心 ………………………160

[ま]

マーケティング研究における価値創造　224
マーケティング手法に基づく差別化戦略
　…………………………………………242
マーケティングの STP ………………257
マーケティング能力 ……………………92
マーチャント・バンク …………………18
　──の台頭 ……………………………17
マクロ的環境 ……………………………91
マス・カスタマイゼーション …………90
マス・カスタム化 ……………………119
マッケナ関税 …………………………21
マニュアルや規範による対応 ………169
マネジメント・スタイル ……………172
マルチ・カルチャー …………168, 169
マルチナショナル戦略 …………………94
マルチナショナル組織 ……140, 141, 142

見えざる経営資源 ………………………13

メタ・グローバル ……………………261
　──な経営視野 ……………………265
メタ・グローバル・ビジネス・ダイヤモン
　ド ……………………………………269
メタ・グローバル・マネジメント ……262
メタ・グローバル経営 ………………263
メタ・トランスナショナル …………261

メタ・ナショナル ……………………261
メタナショナル・マネジメント ………15
メタナショナル経営論 ………………249

モジュラー・コンポーネント ………119
モデル T ……………………………20, 21
モノづくりの能力 ……………………125
モルガン金融グループ …………………19

[や]

有効性 ……………………………265, 266
輸出業務 ………………………………167
輸出段階から現地生産段階 …………167

4 つの教訓 ……………………………110

[ら]

ライセンシング ………………93, 115, 249
LAN ……………………………………220

リージョナリズムの台頭 ………………12
リーマン・ショック …………135, 235
リーマン・ショック以降の対日直接投資
　…………………………………………236
リーン（贅肉をそぎ落とした）生産方式
　…………………………………………131, 132
立地資産とビジネス制度 ……………250
立地選択 …………………………31, 32, 253
立地優位性 …………………………32 − 35
立地優位性要素とその水準 ………33, 34, 35
流通ビジネスと金融ビジネスの連携 ……226
リンケージの質 …………………………36
倫理的責任 ……………………………46

ロジスティクス ………………………225
ロボット ………………………………157

〈編著者紹介〉

江夏　健一（えなつ・けんいち）

早稲田大学大学院商学研究科博士課程修了，商学博士（早稲田大学）。
国際ビジネス論，ニュービジネス研究専攻。
現在　早稲田大学名誉教授，ハリウッド大学大学前学長，国際ビジネス研
　　　究学会元会長（フェロー），日本貿易学会名誉会員，日本経済学会連
　　　合理事長

桑名　義晴（くわな・よしはる）

駒澤大学大学院商学研究科博士課程修了。
国際経営論，経営戦略論専攻。
現在　桜美林大学名誉教授，国際ビジネス研究学会常任理事，異文化経営学
　　　会理事，パーソナルファイナンス学会元会長，日本経済学会連合理事・
　　　事務局長

IBI
国際ビジネス研究センター（International Business Institute, Co. Ltd.）

　グローバル時代における国際ビジネス，ニュービジネスの発展を企図した
諸活動の調査研究を企画・運営・支援するスタディ・グループ。国際ビジネ
ス研究学会，パーソナルファイナンス学会，日本労務学会，日本消費経済学
会，異文化経営学会，日本原価計算研究学会，日本会計研究学会，多国籍企
業学会，早稲田大学クレジットビジネス研究所，早稲田大学パブリックサー
ビス研究所のリエゾン・オフィス業務を受託。企業のコンサルティングや研
究会，セミナー，シンポジュウムを企画・実施。
代　表：吉廣　麻美（よしひろ・まみ）
事務所：〒162-0041　東京都新宿区早稲田鶴巻町 518　司ビル 302
　　　　TEL：03-5273-0473　FAX：03-3203-5964
　　　　e-mail：ibi@ibi-japan.co.jp
　　　　web サイト：http://www.ibi-japan.co.jp/

平成13年 4 月25日　初版発行
平成17年 4 月25日　初版 4 刷発行
平成18年11月15日　新版発行
平成21年 4 月10日　新版 2 刷発行
平成24年 9 月10日　三訂版発行
平成29年 3 月25日　三訂版 4 刷発行
平成30年 3 月23日　第 4 版発行　　　　　　《検印省略》
令和 3 年 4 月30日　第 4 版 4 刷発行　　　略称―国際ビジネス（4）

理論とケースで学ぶ
国際ビジネス（第 4 版）

編著者	江　夏　健　一
	桑　名　義　晴
発行者	中　島　治　久

発行所　**同 文 舘 出 版 株 式 会 社**
東京都千代田区神田神保町1-41　〒101-0051
電話　編集 03-3294-1803　営業 03-3294-1801
振替　00100-8-42935
http://www.dobunkan.co.jp

ⒸK. ENATSU & Y. KUWANA　　　　印刷：三美印刷
Printed in Japan 2018　　　　　　　製本：三美印刷

ISBN978-4-495-36874-6

JCOPY〈出版者著作権管理機構 委託出版物〉
本書の無断複製は著作権法上での例外を除き禁じられています。複製され
る場合は，そのつど事前に，出版者著作権管理機構（電話 03-5244-5088，
FAX 03-5244-5089, e-mail: info@jcopy.or.jp）の許諾を得てください。